U0580964

外商直接投资对制造业
绿色工艺创新的影响研究

杨朝均 毕克新 著

科学出版社

北 京

内 容 简 介

对于发展中国家而言,利用外商直接投资提升绿色工艺创新能力,是制造业实现绿色转型、突破资源环境约束的有效手段之一。鉴于此,本书从创新过程视角研究外商直接投资对我国制造业绿色工艺创新动力、绿色工艺创新路径和绿色工艺创新绩效的影响,并进一步细分检验外商直接投资通过研发本土化和溢出效应两种途径产生的影响,进而提出合理利用外商直接投资提升我国制造业绿色工艺创新能力的对策建议。

本书可作为高等院校绿色工艺创新、可持续发展等领域本科生、研究生的科研参考用书,以及高等院校研究人员的参考用书;也可作为政府相关部门制定绿色工艺创新政策、引进外资政策的参考用书,以及制造业进行绿色工艺创新决策的参考用书。

图书在版编目(CIP)数据

外商直接投资对制造业绿色工艺创新的影响研究 / 杨朝均,毕克新著. —北京:科学出版社,2017.3
　ISBN 978-7-03-051256-7

　Ⅰ. ①外… Ⅱ. ①杨… ②毕… Ⅲ. ①外商直接投资-影响-制造工业-无污染技术-研究-中国 Ⅳ. ①F426.4

　中国版本图书馆 CIP 数据核字(2016)第 314240 号

责任编辑:方小丽　李　莉　王丹妮 / 责任校对:刘亚琦
责任印制:徐晓晨 / 封面设计:无极书装

科 学 出 版 社 出版
北京东黄城根北街 16 号
邮政编码:100717
http://www.sciencep.com

北京东华虎彩印刷有限公司 印刷
科学出版社发行　各地新华书店经销
*
2017 年 3 月第 一 版　　开本:720×1000　B5
2018 年 1 月第二次印刷　　印张:13 1/4
字数:267 000
定价:88.00 元
(如有印装质量问题,我社负责调换)

前　言

制造业作为国民经济发展的主导产业，对我国经济高速增长起到了巨大的推动作用。但其以规模扩张为主的外延式发展模式，在推动经济快速发展的同时带来了巨大的环境污染问题，我国制造业发展已面临资源环境的极大约束。对于处在经济成长期的我国而言，绿色工艺创新是制造业突破资源约束、解决环境问题的最有效手段之一；同时，外商直接投资作为资金和技术全球流动的主要载体，对推动我国制造业发展和技术进步起到了重要作用，但在一定程度上也加剧了制造业对我国资源环境的压力。因此，在此背景下探究外商直接投资对我国制造业绿色工艺创新的影响，对于制定合理引资政策，在避免成为跨国公司"污染避难所"的同时，利用外商直接投资提升我国制造业绿色工艺创新能力，对解决我国制造业的资源环境问题具有重要理论意义和现实意义。

基于以上研究背景，本书通过对现有研究文献和相关理论的梳理，探讨外商直接投资对制造业绿色工艺创新动力、绿色工艺创新路径、绿色工艺创新绩效的直接影响与间接影响。具体而言，本书对以下内容进行了深入研究。

（1）外商直接投资对制造业绿色工艺创新的影响模型构建。首先，在界定绿色工艺创新基本概念及特征的基础上构建绿色工艺创新过程模型，进而从创新过程视角提出绿色工艺创新的关键问题，即绿色工艺创新动力、绿色工艺创新路径、绿色工艺创新绩效。其次，通过研究外商直接投资的理论基础，探讨外商直接投资对我国制造业绿色工艺创新影响的直接影响途径和间接影响途径，从而构建基于绿色工艺创新过程的外商直接投资影响概念模型，为打开外商直接投资影响绿色工艺创新的"黑箱"奠定理论基础。

（2）外商直接投资对我国制造业绿色工艺创新动力、绿色工艺创新路径、绿色工艺创新绩效的影响研究。第一，从技术推动力、市场拉动力和管制推动力三个方面构建绿色工艺创新三源驱动模型，进而在理论解析外商直接投资对绿色工艺创新技术推动力、市场拉动力和管制推动力影响的基础上进行实证研究；第二，在界定绿色工艺创新路径定义的基础上提出绿色工艺创新的两种基本路径，并从理论和实证视角分别探讨外商直接投资对两种绿色工艺创新路径及路径选择的影响；第三，评价我国制造业绿色工艺创新绩效，并在分析外商直接投资对我国制造业绿色工艺创新绩效影响机理的基础上，实证研究外商直接投资对我国制造业绿色工艺创新绩效的影响效应。

（3）外商直接投资研发本土化与溢出效应对我国制造业绿色工艺创新的直接影响与间接影响研究。首先，将外商直接投资研发本土化活动分为内生性研发与外生性创新两个维度，进而分析外商直接投资研发本土化对制造业绿色工艺创新动力、绿色工艺创新路径、绿色工艺创新绩效的直接影响。其次，界定外商直接投资溢出效应的概念、特征和形式，实证检验外商直接投资的示范-竞争效应、人力资本流动效应和前后向关联效应等溢出效应对我国制造业绿色工艺创新动力、绿色工艺创新路径、绿色工艺创新绩效的间接影响。

（4）外商直接投资促进我国制造业绿色工艺创新能力提升的对策建议。根据外商直接投资对我国制造业绿色工艺创新影响的理论研究和实证分析，有针对性地从绿色工艺创新动力、绿色工艺创新路径、绿色工艺创新绩效三个方面，提出利用外商直接投资促进我国制造业绿色工艺创新能力提升的对策建议。

本书在编写过程中参考了大量文献。在此，谨向各位同仁表示衷心感谢！由于作者水平有限，书中仍然会不可避免地存在不足之处，恳请各位读者提出宝贵意见和建议，促进本项研究成果不断修正、补充和完善。

杨朝均

2017 年 1 月于昆明

目　　录

第1章 绪　　论

1.1　研究背景及意义

1.1.1　研究背景

1. 绿色工艺创新是推动制造业绿色发展的关键

1）制造业是国民经济发展的支柱产业

制造业作为国民经济的支柱产业，一直以来都是国家经济发展的主要推动力。世界经济发展历程表明，无论是在过去、现在还是将来，制造业都是人类经济社会发展的"首席产业"，没有强大的制造业，就没有国家和民族的强盛。自新中国成立尤其是改革开放以来，我国制造业持续快速发展，逐渐形成了门类齐全、独立完整的产业体系，有力地推动了工业化和现代化进程，显著地增强了综合国力，支撑了我国的世界大国地位。总之，制造业在促进我国生产力提高、增加社会财富积累、改善人民生活条件等方面做了巨大贡献，是推动我国经济、社会快速发展的最主要力量之一，制造业是国民经济的主体，是立国之本、兴国之器、强国之基。

据《中国统计年鉴 2016》，2014 年，我国制造业增加值为 195 620 亿元，占国内生产总值的 30.38%，比上年增长 7.56%。2015 年，我国制造业解决全国 5 068 万人的就业问题，占全国就业人口的 28.06%；就业人员工资总额为 28 342 亿元，占全国工资总额的 25.3%。

近 10 多年来，我国制造业总体呈现稳步增长的发展趋势，如表 1.1 所示。2004~2014 年，我国制造业增加值从 2004 年的 51 749 亿元增加到 2014 年的 195 620 亿元，年均增长率为 14.22%；就业人员数从 2004 年的 3 051 万人增加到 2013 年的 5 258 万人，年均增长率为 3.79%，但 2014 年、2015 年的就业人员总数略微下降；就业人员工资总额从 2004 年的 4 316 亿元增加到 2013 年的 28 342 亿元，年均增长率为 18.29%。

表 1.1　制造业增加值、就业与工资情况统计表

年份	增加值		就业人员数		工资总额	
	规模/亿元	全国占比/%	规模/亿元	全国占比/%	规模/亿元	全国占比/%
2004	51 749	32.37	3 051	27.49	4 316	24.50
2005	60 118	32.81	3 211	28.16	5 057	24.51
2006	71 213	33.60	3 352	28.61	6 036	24.88
2007	87 465	33.99	3 465	28.82	7 241	24.57
2008	102 539	32.65	3 434	28.17	8 499	24.08
2009	110 119	32.30	3 492	27.77	9 302	23.09
2010	130 325	32.46	3 637	27.87	11 141	23.57
2011	150 597	31.83	4 088	28.36	15 031	25.07
2012	161 326	31.06	4 262	27.97	17 668	24.91
2013	181 868	30.55	5 258	29.04	24 567	26.40
2014	195 620	30.38	5 243	28.69	27 011	26.27
2015	—	—	5 068	28.06	28 342	25.30

关于制造业在经济发展中的规模和结构分析表明，制造业在我国经济发展中处于核心地位，随着经济发展与改革推进，制造业结构也在不断调整，制造业的健康、稳定和可持续发展对于平稳推进国民经济改革与发展起到至关重要的作用。

2）制造业发展面临巨大的资源环境约束

我们应该看到我国制造业与世界先进水平之间的显著差距，更应该认清我国是"制造大国"而非"制造强国"的事实。尤其是我国制造业以规模扩张为主的外延式发展模式，在推动经济发展的同时也带来巨大的资源、能源消耗和环境污染问题。

首先，在能源消费方面，据《中国能源统计年鉴》，2014 年制造业能源消费量为 245 051 万吨标准煤，占工业消费总量的 82.88%（表 1.2），全国消费总量的57.55%。近年来，全球气候问题越来越受到社会各界的关注。

自 1992 年《联合国气候变化框架公约》正式签署以来，从 1997 年的《京都议定书》到 2009 年的《哥本哈根协议》，再到 2014 年的利马会议，多数国家就碳减排的全球长期目标、资金和技术支持、透明度等焦点问题逐步达成了共识。其中，我国计划在 2030 年左右二氧化碳排放达到峰值并将努力早日达峰，并计划到2030 年将非化石能源占一次能源消费的比重提高到 20%左右。此外，我国制造业能源消耗总量在不断增加，如何通过绿色工艺创新降低制造业生产过程的能源消耗，减少二氧化碳的排放量，是我国制造业亟待解决的问题。

其次，在污染物排放方面，据《中国环境统计年鉴》，2014 年，制造业化学

表 1.2 制造业主要污染物排放量和能源消耗量

年份	化学需氧量		氨氮化合物		SO₂		烟粉尘		能源消耗	
	规模/万吨	占比/%	规模/万吨	占比/%	规模/万吨	占比/%	规模/万吨	占比/%	规模/万吨	占比/%
2004	407	79.91	36	86.06	694	36.70	1 182	66.01	115 261	80.47
2005	435	78.35	45	84.93	743	34.28	1 183	63.62	137 140	81.28
2006	359	66.22	34	79.13	754	33.72	1 078	64.41	151 275	81.79
2007	409	80.11	28	81.03	764	35.70	980	66.67	164 951	82.26
2008	368	80.42	24	79.88	727	36.53	830	66.09	172 107	82.23
2009	346	78.65	22	79.46	717	38.41	746	66.15	180 596	82.39
2010	329	75.67	21	77.09	760	40.78	713	67.74	189 415	81.64
2011	299	92.94	25	96.40	968	51.04	769	74.80	200 403	81.32
2012	279	91.83	23	96.24	953	53.68	683	71.33	205 668	81.46
2013	260	91.18	21	95.16	944	55.90	694	67.91	239 053	82.11
2014	251	91.33	20	95.17	939	59.25	939	73.99	245 051	82.88

需氧量的排放量约为 251 万吨，占工业化学需氧量排放总量的 91.33%；制造业氨氮化合物排放量约为 20 万吨，占工业氨氮化合物总量的 95.17%；制造业二氧化硫（SO₂）排放量约为 939 万吨，占工业二氧化硫排放总量的 59.25%；制造业烟粉尘排放量约为 939 万吨，占工业烟粉尘排放总量的 73.99%。

近年来，我国各地区越来越受到雾霾问题的困扰，尤其是京津唐地区和东北地区，空气污染已成为我国最主要的环境问题之一。有报告显示，中国最大的 500 个城市中，只有不到 1% 的城市达到世界卫生组织推荐的空气质量标准，与此同时，世界上污染最严重的 10 个城市有 7 个在中国。而制造业则是我国烟粉尘的主要排放源之一，制造业的生产活动已带来了巨大的空气污染问题。

从污染物排放量和能源消耗量的时间演化角度来看，我国制造业的大部分主要污染物排放规模呈逐年降低的发展趋势，但制造业的二氧化硫排放量和能源消耗量呈逐年递增的发展趋势。上述数据表明，我国制造业在化学需氧量、氨氮化合物、烟粉尘等污染物方面的绿色技术水平有了一定的提升，但在二氧化硫治理和能源技术等方面还需进一步提升。

由此可见，制造业已成为我国资源能源的主要消耗者和环境问题的重要污染源，制造业发展已面临极大的资源环境约束。

3）绿色工艺创新是制造业实现绿色转型的重要手段

随着全球资源和环境问题的日益严重，我国制造业发展已面临着资源环境的极大约束，如何在保持制造业增长的同时，节约资源、保护环境，实现制造业与资源环境的协调发展，已成为当前我国制造业亟待解决的问题。然而，与世界先进水平相比，我国制造业仍然大而不强，在自主创新能力、资源利用效率、质量效益等方面差距明显，转型升级和跨越发展的任务紧迫而艰巨（刘刚，2015）。

目前，我国制造业转型升级发展正处在机遇与约束并存的历史转折点。

一方面，我国制造业发展迎来了"互联网+"时代的新契机。在"互联网+"时代，新一代信息技术与制造业深度融合，正在引发影响深远的产业变革，这将形成新的生产方式、产业形态、商业模式和经济增长点，也使我国制造业转型升级、创新发展迎来重大历史机遇。

另一方面，我国制造业发展仍然面临着资源环境约束等挑战。资源和环境约束不断强化，劳动力等生产要素成本不断上升，投资和出口增速明显放缓，主要依靠资源要素投入、规模扩张的粗放发展模式难以为继，调整结构、转型升级、提质增效刻不容缓（隋俊，2015）。我国要形成经济增长新动力，塑造国际竞争新优势，重点在制造业，难点在制造业，出路也在制造业。经济发展新常态下，我国制造业发展面临新挑战。

为应对制造业发展问题，《中国制造2025》将"创新驱动""绿色发展"定为基本方针，要求"坚持把创新摆在制造业发展全局的核心位置，完善有利于创新的制度环境，推动跨领域跨行业协同创新，突破一批重点领域关键共性技术，促进制造业数字化网络化智能化，走创新驱动的发展道路"，"坚持把可持续发展作为建设制造强国的重要着力点，加强节能环保技术、工艺、装备推广应用，全面推行清洁生产。发展循环经济，提高资源回收利用效率，构建绿色制造体系，走生态文明的发展道路"。因此，绿色创新作为"创新驱动"和"绿色发展"的结合点，是突破资源环境约束、推动制造业可持续发展的有效手段之一，其在我国制造业发展中的作用比过去任何时候都显得更为重要。

解决制造业资源消耗过大、环境污染严重，突破资源环境约束的主要途径有三种：一是放缓经济发展速度，缩小制造业生产规模，从而降低制造业的污染排放量和资源消耗量（规模效应）；二是优化制造业产业结构，生产活动由污染密集度高的行业向污染密集度低的行业转移（结构效应）；三是通过绿色工艺创新，促进生产技术进步，提高生产技术的环境友好程度，从而降低制造业的污染排放强度和资源消耗强度（技术效应）。

对于处在经济成长期的我国而言，最根本、最有效的途径就是降低制造业的污染排放强度和资源消耗强度。因此，绿色工艺创新是突破资源环境约束，推动制造业绿色转身的有效手段，是实现我国制造业绿色发展的关键。

2. 外商直接投资对我国制造业绿色创新具有重要影响

作为资本和技术要素国际流动的综合体，外商直接投资（foreign direct investment，FDI）的大量进入，不仅促进了我国制造业的快速发展，也对我国制造业的技术创新产生了显著的影响，促进了制造业生产技术的进步，但也加剧了我国制造业对资源环境的负担。

1）外商直接投资促进我国制造业快速发展

随着我国改革开放的全面推进和全球经济一体化发展的日益加深，外商直接投资流入我国的规模不断扩大，在我国经济整体运行过程中的作用也越来越明显，已经成为我国经济发展的重要助推器。根据《中国统计年鉴 2016》，1979~2015年，我国累计外商直接投资合同项目 552 584 个，实际使用外商直接投资金额为14 629 亿美元。

总体来说，我国外商直接投资的流入过程包括以下三个阶段。

第一阶段为缓慢发展阶段（1979~1992 年），该阶段处于改革开放初期，市场开放程度相对较低，外商直接投资的流入较少；我国实际使用外商直接投资金额为 361 亿美元。

第二阶段为高速增长阶段（1993~2002 年），该阶段处于改革开放的快速发展阶段，市场开放程度不断提高，市场竞争机制更为公平，外商直接投资流入规模不断增加；我国实际使用外商直接投资金额为 4 119 亿美元，从 1993 年开始，我国外商直接投资流入量高居发展中国家第一位，2002 年更是首次超过美国成为世界第一。

第三阶段为稳步发展阶段（2003 年至今），该阶段处于我国深化改革阶段，实现了与国际市场的接轨，外商直接投资的流入量稳步增长；2003~2015 年实际使用金额为 11 915 亿美元。

从我国外商直接投资流入的产业分布来看，大量外商直接投资集中于制造业，如图 1.1 所示。1997~2015 年，我国制造业外商直接投资分为两个阶段：第一阶段为 1997~2009 年，该阶段我国制造业外商直接投资数量占全部外商直接投资流入量的 50%以上，制造业外资实际使用金额基本呈逐年增加的发展趋势；第二阶段为 2010~2015 年，该阶段我国制造业外商直接投资数量占全部外商直接投资流入量的比例低于 50%，制造业外资实际使用金额基本呈逐年减少的发展趋势。

2）外商直接投资对我国制造业技术创新的影响日益增强

在开放经济系统中，一个产业或企业技术创新能力的提高主要源于自主创新和国际技术溢出。外商直接投资的大规模进入，不仅对我国制造业发展起到了巨大的推动作用，也对我国制造业的技术创新活动产生了重大的影响。

一方面，外商和中国港澳台商直接投资企业的技术创新活动在我国内地创新活动中占有较大比重，直接促进我国内地技术创新绩效的提高，具体如表 1.3 所示。从技术创新活动开展情况来看，有 R&D 活动的外资制造业企业和中国港澳台资企业）共 3 827 家，占整个制造业有创新活动企业数的 30%以上，其 R&D 经费投入和 R&D 人员投入也均占整个制造业的 30%左右；从技术创新效果来看，

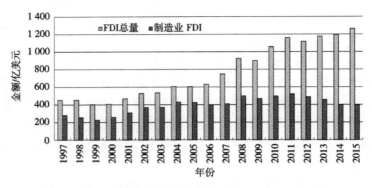

图 1.1   我国制造业外商直接投资情况（1997~2015 年）

外商和中国港澳台商直接投资制造企业的有效专利拥有量占整个制造业的 28.52%，而新产品销售收入所占比例更高，为整个行业的 37.74%。由此可见，外商和中国港澳台商直接投资企业的技术创新活动已在整个制造业体系中占有了重要地位。

表 1.3   大中型制造业企业技术创新活动情况（2010 年）

技术创新活动		内资企业	中国港澳台商企业	外商投资企业
有研发机构的企业数	总数/个	8 663	1 586	1 922
	所占比例/%	71.18	13.03	15.79
有 R&D 活动的企业数	总数/个	8 552	1 683	2 144
	所占比例/%	69.08	13.6	17.32
R&D 项目数	总数/项	99 881	13 556	21 789
	所占比例/%	73.86	10.03	16.11
R&D 人员全时当量	总数/人·年	878 509	148 965	248 082
	所占比例/%	68.87	11.68	19.45
R&D 经费	总数/亿元	2 729	355	6 875
	所占比例/%	72.36	9.41	18.23
专利申请数	总数/件	134 363	24 188	34 123
	所占比例/%	69.74	12.55	17.71
发明专利申请数	总数/件	48 117	7 236	15 345
	所占比例/%	68.06	10.24	21.7
有效发明专利数	总数/件	78 432	12 875	18 425
	所占比例/%	71.48	11.73	16.79
新产品销售收入	总数/亿元	45 024	6 528	20 758
	所占比例/%	62.26	9.03	28.71

资料来源：国家统计局（2010a）

另一方面，外商直接投资规模的扩大，使我国制造业创新的外部环境发生了很大变化。市场竞争更加激烈，迫使企业在技术创新的基础上围绕核心竞争力来组织经营；跨国公司的进入，也带来了一些比较先进的技术，更为重要的是，在该过程中我国内资制造业企业可以获得一定程度的知识技术溢出。

3）外商直接投资加剧了我国制造业的资源环境负担

一方面，外商直接投资的大量流入，在我国制造业提高资产质量、调整产业结构、优化创新资源配置、促进创新人力资源开发等方面发挥着积极作用，有力地促进了我国制造业的快速发展和技术创新能力的提升。另一方面，外商直接投资的进入加剧了我国制造业的资源消耗和环境污染，尤其是我国追求极度压缩过程并迅速显示结果的引资动机，加大了我国制造业成为"脏"企业的"污染避难所"的可能性。

因此，在此背景下，探究外商直接投资对我国制造业绿色工艺创新的影响，对于我国制造业制定合理的引资政策，在避免成为跨国公司"污染避难所"的同时，利用外商直接投资提升我国制造业绿色工艺创新水平，对解决我国制造业的资源环境问题具有重要的理论意义和现实意义。

1.1.2　研究目的及意义

1. 研究目的

绿色工艺创新在当前制造业发展过程中所起的作用比过去任何时候都更为突出和重要，已成为实现制造业绿色转身、提高核心竞争力的关键因素。相比于发达国家，我国制造业的绿色工艺水平较低、绿色工艺创新能力较弱，因此，如何通过引进外商直接投资促进我国制造业绿色工艺创新能力的提升，对于实现"以市场换技术"的战略目标，提高我国制造业的绿色工艺水平和绿色工艺自主创新能力将起到重要作用。

基于上述分析，本书的研究目的在于通过分析绿色工艺创新的基本理论，构建外商直接投资对绿色工艺创新的影响模型，基于绿色工艺创新过程的视角分析外商直接投资对我国制造业绿色工艺创新动力、绿色工艺创新路径、绿色工艺创新绩效的影响，进而揭示外商直接投资对我国制造业绿色工艺创新的影响机理；在将外商直接投资研发本土化活动分为内生性研发和外生性创新两个维度的基础上，探寻外商直接投资内生性研发和外生性创新对我国制造业绿色工艺创新的直接影响；在分析外商直接投资溢出效应本质的基础上，从示范-竞争效应、人力资本流动效应和前后向关联效应三个方面深入剖析外商直接投资对我国制造业绿色工艺创新的溢出效应，并进行溢出效应的实证检验。以期为我国制造业合理利用外商直接投资，促进外商直接投资对绿色工艺创新的溢出效应最大化，进而提升我国制造业绿色工艺创新能力，突破资源环境的约束，为实现制造业的绿色发展提供参考和指导。

2. 理论意义

外商直接投资与技术创新是近几十年来经济与管理学科的研究热点问题，大量学者研究了外商直接投资与东道国技术创新的关系，并取得了丰富的研究成果，但进一步研究外商直接投资对绿色工艺创新影响的文献较少。因此，本书研究的理论意义在于以下两个方面。

1）有助于丰富相关领域的研究成果

第一，丰富了绿色工艺创新理论的研究成果。作为 20 世纪 90 年代兴起的创新理论，受限于绿色工艺创新隐蔽性、难衡量性等特征，国内外关于绿色工艺创新的研究进展缓慢，一直是创新领域的研究难点，绿色工艺创新的理论体系尚未完善，本书针对绿色工艺创新的研究在一定程度上丰富了绿色工艺创新理论的研究成果，促进了绿色工艺创新理论的进一步发展。

第二，丰富了外商直接投资对东道国绿色工艺创新影响的研究成果。目前，该领域的文献多集中于实证检验外商直接投资对东道国传统创新的影响效果，在一定程度上忽略了外商直接投资对东道国绿色工艺创新影响的理论研究和实证研究，本书从创新过程的角度构建外商直接投资对东道国绿色工艺创新的影响模型，深入剖析外商直接投资对绿色工艺创新的影响机理，并进行实证检验，有助于丰富外商直接投资对东道国创新影响的研究成果。

2）有助于拓展相关领域的研究范围

第一，拓展了绿色工艺创新理论的研究范围。绿色工艺创新领域的研究已经取得了一定的研究成果，学者对绿色工艺创新影响因素、绿色工艺创新模式、绿色工艺创新绩效等问题进行了深入研究，但基于创新过程角度系统研究绿色工艺创新的文献较少，因此，本书针对绿色工艺创新的研究有助于拓展绿色工艺创新理论的研究范围。

第二，拓展了外商直接投资对东道国绿色工艺创新影响的研究范围。本书将绿色工艺创新作为外商直接投资与东道国创新关系研究的新的结合点，在一个开放的经济系统中，从绿色工艺创新动力、绿色工艺创新路径、绿色工艺创新绩效三个方面，系统分析外商直接投资对绿色工艺创新影响的线性作用机制，并实证检验外商直接投资对绿色工艺创新的溢出效应，因此本书的研究是外商直接投资对东道国绿色工艺创新影响研究的一种深入和拓展。

3. 现实意义

20 世纪 90 年代，我国制定了"以市场换技术"的外资战略，积极地引进外商直接投资。外商直接投资的流入对我国经济发展起到了重要的推动作用，但是否有利于我国技术创新能力的提升还存在异议，尤其是在知识经济迅速发展的当今，各国将知识和技术视为重要的战略竞争资源，增加了技术转让的难度，制定了各种政策防止核心技术的外溢。同时，不少学者认为发达国家向发展中国家进行直接投资，其原因在于向发展中国家转移污染产业。

因此，本书研究的现实意义在于以下几个方面。

第一，通过分析外商直接投资对我国制造业绿色工艺创新的影响模型，找出外商直接投资影响我国制造业绿色工艺创新的影响路径，为我国制造业优化用资政策提供指导，增强外商直接投资对我国制造业绿色工艺创新的促进作用。

第二，从绿色工艺创新过程的角度，深入研究外商直接投资对我国制造业绿色工艺创新动力、路径、绩效的影响，明确外商直接投资在我国制造业绿色工艺创新中的效果，为我国制造业制定合理的引资政策，为避免我国成为发达国家"污染避难所"提供实证参考。

第三，分析外商直接投资对我国制造业绿色工艺创新的溢出效应，便于我们从外商直接投资溢出效应最大化的角度，制定合理的技术政策和产业政策，从而提高我国制造业的绿色工艺自主创新能力。

1.2　国内外相关研究现状及评述

1.2.1　外商直接投资相关研究现状

1. 外商直接投资概念的研究现状

外商直接投资与国际间接投资是跨国公司进行国际投资的两种最基本的形式。关于外商直接投资的概念，不同国家与组织、研究机构或学者都给出了不同的定义。国际货币基金组织将外商直接投资定义为，在投资人以外的国家（区域）所经营的企业中拥有持续利益的一种投资，其目的在于对该企业的经营管理具有有效的发言权（郑月明，2008）。

与此相似，经济合作与发展组织（Organization for Economic Cooperation and Development，OECD）将外商直接投资定义为，一国（地区）的居民实体（对外直接投资者或母公司）在其本国（地区）以外的另一国的企业（外国直接投资企业、分支机构或国外分支机构）中建立长期关系，享有持久利益，并对之进行控制的投资（许梅，2007）。上述主要从外商直接投资性质的角度进行了定义，强调外商直接投资的控制权和长期利益。

相对而言，我国关于外商直接投资的定义更为具体，从可度量的范围角度对外商直接投资进行了界定。根据《中国统计年鉴》，外商直接投资是指外国企业和经济组织或个人按我国有关政策、法规，用现汇、实物、技术等在我国境内开办外商独资企业、与我国境内的企业或经济组织共同举办中外合资经营企业、合作经营企业或合作开发资源的投资，以及经政府有关部门批准的项目投资总额内企业从境外借入的资金（叶川，2006；国家统计局，2010b）。

此外，不少学者对外商直接投资进行了界定。原正行（1995）将外商直接投资定义为跨国公司所特有的经营资源在企业内部不同子公司之间的国际性转移，强调了企业资源的内部转移。肯伍德和洛赫德（1997）将外商直接投资定义为在母国以外的国家设立子公司，或取得东道国现有公司的部分股份，强调了对公司控制权的获取。小岛清（1997）认为应该从经济学的角度理解外商直接投资，他认为外商直接投资是跨国公司向东道国传递的经营资源综合体，具体包括资本、经营管理能力、产品技术、工艺知识等。而杜健（2005）的定义更为宽泛，他认为外商直接投资是资本、专利和技术的复合体，是投资者投资于国外的工商企业，直接参与或控制企业的经营管理而获取利润的一种投资方式。

虽然关于外商直接投资的定义存在一定的差异，但其内涵基本一致，都强调了外商直接投资的跨国性和控制性，即外商直接投资是通过取得企业有效发言权而获得利润的一种跨国投资行为，这里的有效发言权实际上是指对企业的管理控制权，这也是外商直接投资与国际间接投资的根本区别。

2. 外商直接投资的溢出效应

20 世纪 60 年代，国际投资理论取得了快速的发展，尤其是跨国公司的对外直接投资行为引起了大量学者的关注。Hymer（1960）在其博士论文中开创性地研究了跨国公司的外商直接投资行为，认为跨国公司对外投资的动机在于利用其专有知识和技能获得垄断优势，但其拥有的专有知识和技能优势在与当地企业的竞争和接触中，可能通过市场交易而转移到当地企业中。

Hymer（1960）所提出的这一论断被称为垄断优势论，是外商直接投资理论研究的重要基础。而明确提出溢出效应这一概念的学者为 MacDougall（1960），他在研究外商直接投资作用下的东道国资源配资效率以及收入分配情况时，第一次采用溢出效应的概念，从而考察了外商直接投资对东道国经济福利的影响。

此后，Cokden（1967）研究了外商直接投资对东道国最佳关税的溢出效应，而 Caves（1971）则研究了外商直接投资对东道国产业模式和福利的溢出效应，从而引起了国内外学者对外商直接投资溢出效应的大量研究。

1）外商直接投资溢出效应的理论研究

总体来看，外商直接投资溢出效应理论研究的文献大多数集中于探讨外商直接投资溢出效应产生的渠道及其作用机理。由于各个学者研究视角的不一致，对外商直接投资溢出渠道的划分存在一定的差异，主要存在两种渠道、三种渠道、四种渠道和五种渠道这四种观点。

在两种溢出渠道的观点中，Kokko（1994）认为外商直接投资的溢出效应源自两个方面：一是示范、模仿与传播；二是竞争。李成刚（2008）从溢出范围的角度将外商直接投资的溢出渠道分为产业内水平溢出渠道和产业间的垂直溢出渠道，水平溢出是外商直接投资对同行业中内资企业的技术溢出，垂直溢出是指外商直接投资与产业链上的当地企业产生的产业间技术溢出。

在三种溢出渠道的观点中，Caves（1974）认为外商直接投资对东道国的溢出途径主要包括三个方面：跨国公司凭借其强大的经济实力改变了东道国原有的垄断市场结构，有利于实现各种资源的优化配置；外商直接投资进入所带来的竞争加剧和先进技术，使东道国企业被动或主动地提高技术水平；外商直接投资有利于促进本土企业技术扩散速度的提升（许梅，2007）。

在四种溢出渠道的观点中，Blomström 和 Kokko（1998）对外商直接投资溢出渠道进行了总结，认为外商直接投资的溢出效应通过示范模仿效应、竞争效应、人员流动效应和前后向关联效应四种渠道发生，这四种渠道的提出得到了国内外学者的广泛认可，并被大量引用。孟亮和宣国良（2005）在 Blomström 和 Kokko（1998）的研究基础上，对这四种溢出渠道的作用机理进行了总结，如表 1.4 所示。

表 1.4　外商直接投资溢出的四种渠道及作用机理

溢出渠道	作用机理
模仿	采用新的生产方法；采用新的管理实践；通过反向工程研发新产品
竞争	降低 X 非效率；更快地采用新技术；提高研发速度
联系	跨国公司对上下游合作伙伴提供帮助；更高的技术标准促使本地企业提高技术平
人力资本流动	提高人力资本质量；提高补充劳动力的生产率；技能知识（尤其是隐含经验类知识）随着人力资本流动而转移

此外，Görg 和 Greenaway（2001）认为外商直接投资溢出渠道包括模仿、竞争、人力资本和出口四个方面，并对各渠道的溢出机理进行了分析。其中，模范渠道的溢出机理为促进采用新的生产方法和新的管理实践；竞争渠道的溢出机理为降低 X 非效率和加快新技术的采用；出口渠道的溢出机理为规模经济和接触技术前沿；人力资本渠道的溢出机理为提高补充劳动力的生产率和隐性知识。

在五种溢出渠道的观点中，Perez（1998）认为外商直接投资溢出效应存在五种渠道，即竞争效应、人力资本流动、模仿、关联效应和聚集效应。同样，王向阳（2009）也认为外商直接投资的技术溢出渠道除模仿效应、竞争效应、培训效应和关联效应四种以外，还包括具有综合作用的聚集效应。

2）外商直接投资溢出效应的实证研究

外商直接投资溢出效应的实证研究成果远远多于理论研究成果，大量文献对外商直接投资溢出效应的存在性及溢出效果、溢出渠道等方面进行了实证检验。

（1）外商直接投资溢出效应的存在性及溢出效果。理论研究一致肯定了外商直接投资溢出效应的存在，但实证研究结果很难统一。不少文献支持了外商直接投资存在正向溢出效应的观点，但也有文献不支持外商直接投资存在正向溢出的观点，认为外商直接投资存在负的溢出效应，或不存在溢出，或认为外商直接投资溢出效应只有在一定条件下才产生。

在支持正向溢出的实证研究方面，Caves（1974）分别运用 1962 年加拿大制造业的截面数据和 1966 年澳大利亚制造业的截面数据，证实了外商直接投资存在正向的溢出效应，Caves（1974）的研究开创了溢出效应实证研究的先河，其建立的计量模型在后续研究中被广泛采用。此后，Globerman（1979）运用加拿大产业截面数据的研究结果，Blomström 和 Persson（1983）、Blomström（1986）运用墨西哥产业截面数据的研究结果、Imbriani 和 Reganati（1997）运用意大利产业截面数据的研究结果、Driffield（2001）运用英国产业截面数据的研究结果、Keller 和 Yeaple（2003）运用美国企业面板数据的研究结果、Görg 和 Greenaway（2004）运用爱尔兰企业面板数据的研究结果支持了外商直接投资存在正向溢出效应的观点。

在不支持正向溢出的实证研究方面，Zukowska-Gagelmann（2002）运用波兰企业面板数据的研究结果、Tian（2007）运用中国企业面板数据的研究结果、Castellani 和 Zanfei（2007）运用西班牙企业面板数据的研究结果、蒋殿春和张宇（2008）运用中国省级面板数据的研究结果表明外商直接投资对东道国产生了负向的溢出效应。而 Haddad 和 Harrison（1993）运用墨西哥企业面板数据的研究结果表明外商直接投资对东道国不存在显著的溢出效应。肖德云等（2007）对武汉市外商直接投资的技术溢出绩效进行了实证研究，结果表明外商直接投资对经济增长和产业结构优化并未起到推动作用，受外资产业流向和劳动力素质等因素的影响，外商直接投资对武汉市全要素生产率的影响较低。

（2）外商直接投资溢出渠道的实证研究。在示范模仿效应的实证研究方面，Lapan 和 Bardhan（1973）、Langdon（1981）通过对肯尼亚肥皂业的研究发现，外商直接投资对当地企业起到了良好的示范作用，而 Jenkins（1990）对肯尼亚鞋类制造业的实证检验中，同样得出了外商直接投资具有正向示范模仿效应的结论。

Mansfield 和 Romeo（1980）以欧洲半导体行业为对象的研究发现，源自美国的跨国公司具有很好的技术示范作用。

在竞争效应的实证研究方面，Blomström（1988）对墨西哥的研究表明，外商直接投资的进入加剧了市场竞争，提高了东道国企业的生产率。Wang 和 Blomström（1992）通过建立跨国子公司与当地企业的博弈模型，分析了内外资企业的策略性竞争的溢出效应，认为存在溢出效应的正反馈机制，即内外资企业的竞争有利于两者的技术进步。Sinani 和 Meyer（2004）以爱沙尼亚 1994~1999 年数据的研究发现，外商直接投资通过竞争效应提高了该国内资企业的生产率。严兵（2005）根据我国工业部门数据的研究发现，内外资企业之间的相互竞争对二者的生产效率有着明显的促进作用，验证了溢出效应的正反馈机制。

上述研究结果表明外商直接投资竞争效应对东道国产生了正向的溢出效应，但部分学者认为外商直接投资通过竞争效应也可能产生负向的溢出效应。Harrison（1994）认为外商直接投资的进入将抢占现有市场份额，低效率或缺乏竞争力的内资企业被挤出市场。Aitken 和 Harrison（1999）通过实证研究认为，外商直接投资的进入导致委内瑞拉内资企业市场份额减少，并将这一效应称为"市场窃取效应"。Barrios 等（2005）认为外商直接投资对东道国企业存在负向的竞争效应和正相的外部效应，这两种效应共同决定了外商直接投资的作用。

在人力资本流动效应的实证研究方面，Pack（1993）通过对中国台湾的研究认为，接受过跨国公司教育培训的管理者，离开跨国公司后所进行的本地创业活动推动了台湾地区的技术创新。Borensztein 等（1998）对外商直接投资与发展中国家人力资本的关系进行了实证检验，认为两者之间存在协同关系，外商直接投资的集中和聚集提高了东道国的人力资本存量。Gittens（2006）基于动态面板数据的研究发现，外商直接投资对亚洲、非洲、拉丁美洲与加勒比海地区人力资本积累具有正面影响。罗良文和阚大学（2009）的实证研究表明，外商直接投资对我国东中西部地区的人力资本结构均具有正向影响，但由于西部地区外商直接投资进入量较小，其影响效果并不明显。燕安和黄武俊（2010）的研究结果表明外商直接投资与人力资本之间存在互动关系，两者相互促进。阚大学和罗良文（2010）对省级面板数据的研究结果表明，外商直接投资对我国人力资本效率存在积极的影响，但对中西部的影响在统计检验上不显著。

在关联效应的实证研究方面，大多数文献对外商直接投资的后向关联效应进行了检验，前向关联效应的文献较少。Behrman 和 Wallender（1976）通过对澳大利亚的调查发现，通用汽车公司通过严格控制中间品质量，促进了当地供应商技术水平的提升。Katz（1969）对阿根廷的研究、Lall（1987）对印度的研究、Blalock 和 Gertler（2003）对印度尼西亚的研究、Javorcik（2004）对立陶宛的研究也发现外商直接投资通过后向关联产生了正向的技术溢出。许蔚（2008）运用 2001~2005年 23 个工业行业面板数据的结果表明，外商直接投资通过后向关联对我国工业部门产生了正的溢出效应。杨亚平（2008）以广东为例的研究结果表明，外商直接投资通过后向关联对当地内资企业的生产率提高起到了促进作用。

此外，不少学者同时研究了外商直接投资的前后向关联溢出效应。王欣和陈丽珍（2008）以江苏制造业面板数据为基础的研究发现，外商直接投资通过前后向关联都产生了显著的溢出效应。陈琳和罗长远（2011）的研究结果表明，外商直接投资仅通过前向关联提高了我国企业的生产率，但不存在后向关联溢出效应。

1.2.2　绿色工艺创新相关研究现状

自 20 世纪 60 年代熊彼特提出创新理论以来，学术界对创新理论进行了大量的研究，以了解其在经济发展中的重要作用及实现过程。创新就是把生产要素和生产条件的新组合引入生产体系（毕克新等，2002），这些新组合具体包括引进新产品或改进产品、引入新工艺或生产方式、开辟新市场、控制新的原材料和建立新的组织五个方面。从创新过程上来看可以分为工艺创新、产品创新和组织创新（OECD，1997）。

大量研究表明创新在推动经济增长（Iyigun，2006；Lebel，2008；Romer，1990）、优化产业结构（Dasgupta，1980；Teece，1996）、促进企业成长（Knight and Cavusgil，2004；潘安成，2008）等方面起到了重要的作用。随着全球环境污染加剧和资源的过度消耗，经济的快速发展给人类的生存环境造成巨大的威胁，同时也给创新研究提出了新的要求，即通过绿色创新来推动社会经济的绿色发展。

绿色创新是结合创新理论和可持续发展理论而提出的一个新的概念，是实现绿色发展，应对全球环境污染和资源危机等问题的关键。与传统的创新理论相比，绿色创新不仅包括传统创新的经济、社会维度，还包括环境维度（中国科学院可持续发展战略研究组，2010），注重其产生的环境和资源绩效。

绿色工艺创新是绿色创新的一个重要的方面，是借鉴清洁生产和绿色制造的研究成果，以传统工艺创新理为基础，强调工艺创新的环境维度而提出的。由于绿色工艺创新的研究始于 20 世纪 90 年代，刚处于起步阶段，相关研究较少，且不少关于绿色工艺创新的研究在绿色技术创新的框架下进行，因此本书参考和借鉴了绿色技术创新的相关研究成果。目前，关于绿色工艺创新的研究主要集中在以下几个方面。

1. 绿色工艺创新影响因素的研究现状

部分学者从整体角度对绿色工艺创新的影响因素进行了研究。Cleff 和

Rennings（1999）认为环境管制是绿色工艺创新能力的最主要影响因素。Ziegler 和 Rennings（2004）通过实证研究证实了环境管理体系认证（如 ISO9001、ISO14001 等）、R&D、市场竞争与需求等因素对绿色工艺创新具有重要的影响。Rennings 等（2006）的研究表明环境管理系统和 R&D 对绿色工艺创新具有积极影响。童昕和陈天鸣（2007）研究了"领先市场"的环境管制对发展中国家生产者绿色技术创新的影响，其以我国深圳等地区电子无铅焊接技术的推广过程为例的研究结果表明，欧盟的环境管制对我国绿色技术创新行为的采纳具有积极影响。

　　而另一部分学者在将绿色工艺创新分解成清洁生产技术创新和末端治理技术创新的基础上，分析了绿色工艺创新的影响因素。Frondel 等（2007）分析了清洁生产技术创新和末端治理技术创新的影响因素，他认为清洁生产技术创新活动主要受到节约成本、企业的综合管理系统、特殊的环境管制工具等因素的影响，而末端治理技术创新主要受管制措施与环境政策的影响。Henriques 和 Sadorsky（2007）认为来自政府的行政压力与绿色工艺创新不存在显著关系，而环境管理体系的采用反而对绿色工艺的改进和创新具有不利的影响，只有实施全面质量管理、外部利益相关者的利益诉求促进了企业进行清洁生产工艺创新。Cunha-e-sá 和 Reis（2007）从宏观的角度研究了国家采用清洁生产工艺的影响因素，他认为一个国家是否采用清洁生产工艺和采用的时间受到该国的资金支出能力的强弱和消费环境质量带来的外部边际成本大小的影响。

　　根据现有研究成果，本书从外部因素和内部因素两个角度对绿色工艺创新的部分影响因素进行了归纳总结，具体如表 1.5 所示。

表 1.5　绿色工艺创新的影响因素

分类角度	影响因素	作者
外部因素	社会的环境保护意识	Konar 和 Cohen（1997）
	政府的行政压力和激励	汪涛和叶元煦（1998）；Henriques 和 Sadorsky（2007）
	环境管制，如管制强度、管制工具和措施等	Ziegler 和 Rennings（2004）；童昕和陈天鸣（2007）；Frondel 等（2007）；Henriques 和 Sadorsky（2007）
	市场结构特征	Smolny（2003）
	绿色市场的竞争或环保压力	Ziegler 和 Rennings（2004）；王建明等（2010）
	出口的绿色贸易壁垒	侯铁珊和苏振东（2004）
	消费环境质量	Ziegler 和 Rennings（2004）；Cunha-e-sá 和 Reis（2007）
	排污权交易制度	李海萍等（2005）
	外商直接投资	毕克新等（2011b）

续表

分类角度	影响因素	作者
内部因素	内部效益需要，如降低成本等	吕燕等（1994）；许庆瑞和王伟强（1995）；Frondel 等（2007）
	组织环境	吴晓波和杨发明（1996）
	技术能力或技术进步	Baumol（2002）；范群林等（2012）
	R&D 投入、资金支出能力	Ziegler 和 Rennings（2004）；Cunha-e-sá 和 Reis（2007）
	企业综合管理系统，如 TQM	Frondel 等（2007），Henriques 和 Sodorsky（2007）
	企业的环境战略导向	王俊豪和李云雁（2009），焦俊和李恒（2011）
	绿色工艺创新的技术类型	戴鸿轶和柳卸林（2009）
	产业特征	范群林等（2012）

注：TQM 为 total quality management，即全面质量管理

2. 绿色工艺创新动力源和功能源的研究现状

在绿色工艺创新动力源研究方面，吕燕等（1994）、许庆瑞和王伟强（1995）认为清洁工艺创新的动力完全来自企业内部的效益需要，而末端技术创新的动力源包括政府法令强制、内部效益需求和劳动保护需求等五个方面，其中政府法令强制是最主要的动力源，属于政府政策型推动模式。吴晓波和杨发明（1996）认为绿色技术创新的动力包括技术特征、企业素质、社会压力和组织环境四个方面。王俊豪和李云雁（2009）认为绿色技术的采用在很大程度上取决于企业的环境战略导向，主动型战略导向的企业较防御型战略导向的企业更倾向于改进绿色工艺或者开发绿色产品。王建明等（2010）研究了外部环境约束对绿色创新的影响，认为环境政策和绿色市场的环保压力对绿色工艺创新具有正向的驱动作用。

在绿色工艺创新功能源研究方面，杨发明等（1997）对江苏、浙江 430 多家进行绿色技术创新的企业进行调研，发现末端技术创新和清洁工艺创新的功能源存在不同，制造商是末端技术创新的主要功能源，供应商是以原材料为主的清洁工艺创新的主要功能源，客户是以生产工艺改进为主的清洁工艺创新的主要功能源。而导致功能源分布差异的原因主要在于创新的期望收益差异和创新的期望成本差异，这与 Hippel（1998）认为创新功能源分布差异来源于经济原因的观点是相似的。

3. 绿色工艺创新模式的研究现状

吕燕和王伟强（1994）认为我国企业绿色技术创新的过程模式可分为三种，即政府政策推动型、瓶颈诱导型、市场与环境双重作用型。杨发明等（1998）将我国绿色技术创新模式分为政府主导型、二次创新型、产学研合作型、职能合作型、用户创新型、员工自发创新型六种模式。叶子青和钟书华（2003）对欧盟的

绿色技术创新现状进行了分析，认为欧盟的绿色技术创新呈现分散式联合研究发展模式。Hellström（2007）以熊彼特创新体系和创新模式进行分析，指出在生态创新激进的构架模式中存在鲜明的特征，基于目前创新的弱势及将来的发展前景，建立了绿色创新的主要结构模式。

4. 绿色工艺创新激励的研究现状

Geffen（1995）认为从技术范式的角度来看，绿色技术是一种新的技术范式，因而绿色技术创新是一种改变技术范式的重大创新，因此对绿色技术创新的激励不仅影响替代技术的开发，也涉及选择环境的改进（Braun and David，1994）。杨发明等（1998）认为绿色创新由末端技术创新、清洁工艺创新向绿色产品创新展开，这种创新的层次性要求对绿色技术创新的激励不能将整个技术系统视为黑箱，应根据不同层次的创新制定侧重点不同的激励机制，如末端技术创新的激励应侧重于经济内部化的激励。而李海萍等（2005）则认为企业实施绿色创新的关键在于实现企业污染治理的环境效益向经济效益的转换，而实现绿色创新效益转换则依赖制度条件，其中排污权交易制度和绿色会计核算体系两个制度条件最为重要。

5. 绿色工艺创新绩效的研究现状

陈劲等（2001，2002）提出了绿色工艺创新和末端技术创新的绩效审计指标，并分析了两者对环境绩效和经济绩效的影响，他们认为绿色工艺创新对两者的影响均大于末端技术创新产生的影响，同时绿色工艺创新和末端技术创新对环境绩效的影响都要大于其对经济绩效的影响。Eiadat 等（2008）的研究表明绿色创新活动有利于提高企业绩效，但企业是否实施绿色创新取决于企业绩效和环境管制压力两者之间的平衡。Carrión-Flores 和 Innes（2010）以有毒气体排放量为环境绩效的衡量指标，研究了美国制造业企业绿色创新的环境绩效。Chiou 等（2011）运用结构方程模型研究了绿色工艺创新对环境绩效及企业竞争力的影响。

6. 绿色工艺创新相关领域的研究现状

目前，针对绿色工艺创新的研究相对较少，但一些相关领域的研究对于本书研究绿色工艺创新具有较强的借鉴意义，因此，本书还对绿色工艺创新相关领域的研究现状进行了分析，具体包括以下几个方面。

1）绿色产品创新

工艺创新与产品创新是技术性创新中无法割裂、相互关联和相互影响的两个要素，因此绿色产品创新的研究现状往往对绿色工艺创新的研究密切关联，并具有重要的借鉴作用。

部分学者对绿色产品创新的概念进行了研究。杨发明等（1998）认为绿色产品创新是指从全生命周期角度对从设计、生产、销售到消费全过程都能预防与减少，包括产品更新、生产低废、少废、可回用产品等。洪燕云（2001）认为绿色产品创新就是绿色产品设计、开发，在绿色产品设计过程中应遵循节约（reduction）、回收（reclain）、回用（reuse）、循环（recycle）四项原则。刘慧和陈光（2004）认为绿色产品创新就是指开发各种能节约原材料和能源，少用昂贵和稀缺资源，并且在使用过程中以及在使用后不危害或少危害人体健康和生态环境的产品，以及易于回收复用和再生的产品。

不少学者研究了绿色产品创新的影响因素。许庆瑞和王伟强（1995）认为内部效益需求是绿色产品创新的主要因素。Hemmelskam（1997）研究认为环境管制是绿色产品创新的影响因素之一，但环境管制的作用并非想象中那么重要。吕燕和蔡宁（1998）认为绿色产品创新的进行依赖于污染者付费原则的深化、消费文化的改变、消费者的环境意识与支付能力、信息传递机制。Rehfeld等（2007）认为环境产品创新除受到价格问题的影响外，还受到废物回收措施和产品回收体系等因素的影响。Nogareda（2007）基于德国和瑞士的研究表明，环境管制对化学医药行业的绿色产品创新具有显著的影响，而Engels（2007）同样基于德国和瑞士的研究表明，环境管制对食品行业的绿色产品创新并未产生显著的影响。Kammerer（2009）研究认为环境管制对德国电子产品及应用企业的绿色产品创新具有积极的影响。

王炳成和李洪伟（2009）运用结构方程模型分析了国家法规、消费者意识、政府资助、消费者收入、市场和知识产权等因素对绿色产品创新的影响。王俊豪和李云雁（2009）认为主动型环境战略导向的企业比采取被动型环境战略导向的企业更倾向于进行绿色产品创新。范群林等（2012）研究认为环境影响评估制度、R&D投入、人力资本存量、产品销售利润率、污染限期治理等因素是绿色产品创新重要原因。

2）低碳技术创新

目前，关于低碳技术创新定义的研究相对较少，大多数学者主要在确定低碳技术范围的基础上研究低碳技术创新问题。

Jamasb等（2008）、Quirin等（2008）的研究认为在发电领域可利用的低碳技术包括高效发电技术、可再生能源发电技术、核能发电技术和碳捕集与埋存技术。谢和平（2010）认为低碳技术包括源头控制的"无碳技术"、过程控制的"减碳技术"、实现末端控制的"去碳技术"三类。McJeon等（2011）将低碳技术分为供给技术、末端使用技术和其他技术三类。Nicholson等（2011）基于国际能源署（International Energy Agency，IEA）和美国能源情报署（Energy Information

Administration，EIA）的研究对现有低碳技术进行了总结，认为低碳技术主要包括粉煤发电技术、核能、生物质能、水能、风能、太阳能、太阳能光伏、潮汐能、波浪能等方面。

此外，华锦阳（2011）基于威慑理论、制度理论、激励理论和竞争优势理论等分析了我国制造业低碳技术创新的动力源。周五七和聂鸣（2011）建构了低碳技术创新企业的专利战略实施框架，分析了不同类型低碳技术创新企业的专利战略选择。张玉明和段升森（2012）从低碳技术创新投入、支撑、配置和产出四个方面构建了低碳技术创新能力评价指标体系。

低碳技术创新的研究源于低碳经济的需要，虽然有针对性的低碳技术创新的研究还处于起步阶段，但低碳经济和碳足迹（carbon footprint）等领域的研究已取得了较为丰富的成果。碳足迹在生态足迹的概念基础上提出，它是对某种活动引起的或某种产品生命周期内积累的直接或间接的二氧化碳排放量的度量（赵荣钦等，2010）。曹淑艳和谢高地（2010）利用投入产出技术综合分析了 2007 年中国 52 个产业部门碳足迹的流动情况。杨帆和梁巧梅（2013）计算了我国国际贸易中的碳足迹，从而认为我国是碳足迹净出口国。

3）可持续创新

可持续创新是可持续发展理论和创新理论相结合而产生的。目前，可持续发展理论的研究已经取得了较丰富的研究成果，而对可持续创新的研究成果相对较少。

在可持续创新的定义研究方面，Horbach（2005）认为可持续创新是创新的一个子集，是为促进可持续发展目标的实现而存在。欧洲 21 世纪可持续技术创新政策研究项目组将可持续创新定义为基于可持续视角的技术创新，包括两层含义：一是把可持续发展的当务之急和措施纳入创新过程或创新产出，二是创新过程或产出的直接目标是提高现在或将来广义上的环境质量（孙青春等，2008）。孙青春（2008）认为可持续创新是指在一个相当长的时期内，持续不断地推出符合可持续发展要求的创新项目，并持续不断地获取经济、环境和社会整体效益的过程。

在可持续创新研究的其他方面，姚维保（2005）从政府层面、企业层面提出了我国生物技术与新医药产业的可持续创新战略。孙青春等（2008）分析了可持续创新的驱动模式，认为中国可持续创新的驱动模式包括瓶颈驱动模式、政策驱动模式和文化驱动模式三种。Nill 和 Kemp（2009）基于演化分析法，从战略利基管理、过度转型管理、时间管理三个方面分析了可持续创新的政策支持。全允桓和陈晓鹏（2010）研究了企业面向低收入群体的可持续创新，即企业改变产品、服务或流程使之适合低收入人群的需求，同时避免产生对社会和环境的外部性问题的创新活动。吴琨和赵顺龙（2011）从技术创新能力、制度创新能力和控制能力三个方面构建了企业可持续创新能力的评价指标体系，并运用网络分析法（analytic network process，ANP）进行了实证检验。

1.2.3　外商直接投资对绿色工艺创新影响的研究现状

自创新理论提出以来，大量文献研究了外商直接投资对东道国创新的影响。在理论研究中，外商直接投资通过示范效应、人员培训效应、竞争效应及关联效应等渠道对东道国创新产生影响的作用机制，已经得到了大多数学者的认同。在实证研究中，大量文献验证了上述作用机制的存在性，但关于外商直接投资对东道国创新的影响效果还存在争议。王红领等（2006）梳理现有相关文献后认为存在三种不同的观点，即促进论、抑制论和双刃剑论。与外商直接投资对东道国创新影响相似，本书在梳理外商直接投资对东道国绿色工艺创新相关文献后发现，同样存在促进论、抑制论和双刃剑论三种观点。

1. 促进论的观点

赞同促进论观点的学者认为，外商直接投资对东道国创新产生了积极的影响，主要表现在以下三个方面。

首先，外商直接投资公司的研发活动直接提高了东道国的创新能力，跨国研发机构的设立不仅增加了东道国的研发资金投入（徐啸琼和刘月华，2006），也有助于当地研发人力资本的开发。

其次，外商直接投资企业的进入增加了内资企业获取先进知识和信息的机会，并通过"干中学""看中学"进行模仿创新，甚至二次创新（Arrow，1962；Chesbrough，2003；周晨，2011）；外商直接投资的进入加剧了东道国市场的竞争，迫使内资企业增加研发投入，提高企业的创新能力，避免在竞争中处于劣势地位。

最后，由于前向关联效应的存在，东道国企业必须增强自身的创新能力，提高技术水平，以满足上游外资企业的技术要求；而通过后向关联效应，内资企业在利用外资企业的产品时，可以获取固化在产品中的先进技术（王然等，2010），从而提高内资企业的自主创新能力。

同样，部分学者认为外商直接投资对东道国绿色工艺创新存在积极影响。该种观点认为，外商直接投资是向发展中国家传播环境友好技术的主要载体，在带来资金的同时，也带来先进、绿色的技术和管理经验。更重要的是，他们遵循全球统一的生产标准和环境标准，为东道国的企业树立了良好的榜样。Eskeland 和 Harrison（2003）认为外资企业一般使用比当地企业环境更加友好的生产技术和污染处理技术，使东道国有机会获得清洁生产技术，并迫使东道国对现有产业的生产过程进行"清洗",从而提高东道国的环境技术水平（Mericana et al.，2007）。

张学刚和钟茂初（2010）认为外商直接投资的进入不但带来环境技术水平的提高,而且能促进环境技术的扩散,而这种扩散可能发生在产业内同一部门,也可能发生在上下游关联的产业间。李斌等（2011）运用中国 1999~2009 年省际面板的研究表明,外商直接投资对中国的污染治理技术创新具有积极的影响。

2. 抑制论的观点

赞同抑制论观点的学者认为,外商直接投资对东道国创新产生了消极的影响。Kokko（1994）认为当技术差距较大时,没有任何证据证明外商直接投资对东道国的技术进步发挥作用。而外资企业凭借技术优势和先进的管理经验,挤占内资企业的市场份额,抑制市场竞争,对内资企业的研发投资存在挤出效应（Borensztein et al.，1998；陈羽和邝国良，2009）；并且外资公司较好的工资待遇会引起东道国研发人才的流失,从而导致东道国研发投入不足,对研发能力产生负面的效应（Nonaka and Takeuchi，1995；Young，1998；Aitken and Harrison，1999）。此外,外商直接投资的进入增强了东道国的技术依赖性,降低东道国自主创新的积极性。

在外商直接投资对东道国绿色工艺创新存在抑制效应的研究中,马丽等（2003）认为一些发展中国家和地区不惜以牺牲环境为代价吸引外商直接投资,这种对外商直接投资的恶性竞争导致该地区环境标准下降与环境质量恶化。而这些国家较低的环境管制水平,使外商直接投资面临使用更低廉技术的诱惑,它们可能会将一些过时、有害的技术转移给当地,制约当地国家的绿色技术进步（Andreoni and Levinson，2001）。Andonova（2003）通过对欧洲中东部企业级数据的分析发现,外商直接投资与清洁生产技术的采用不存在必然的关系。毕克新等（2011a）基于面板数据分析了外商直接投资对中国绿色工艺创新的影响,结果表明外商直接投资对清洁生产技术创新和末端治理技术创新均存在负的溢出效应。

3. 双刃剑论的观点

赞同双刃剑论观点的学者认为,外商直接投资不是单纯促进或抑制东道国的创新,而是两者的综合体。正如前文所述,外商直接投资的进入既可能增加东道国的研发资金投入和利于研发人才的开发,从而促进东道国创新,但也有可能挤出内资企业的研发投入,而且高技术的外商直接投资对内资企业的研发活动可能具有替代效应（Fana and Hub，2007）,从而抑制了东道国创新。外商直接投资技术溢出的门槛效应和东道国的吸收能力是对于双刃剑观点最好的解释,只有当东道国的经济发展水平达到一定的门槛或具有一定的吸收能力时,外商直接投资才能促进东道国的技术创新，否则外商直接投资对东道国的技术创新无法产生影响，甚至有时会抑制东道国的技术创新活动。

外商直接投资对东道国绿色工艺创新同样存在双刃剑的影响。Albornoz 等（2009）采用企业层数据进行了检验，结果发现外商直接投资对东道国的环境技术产生了比较显著的垂直溢出效应，但水平溢出效应并不显著。在 Albornoz 等（2009）的研究基础上，陈媛媛和李坤望（2010）将环境技术分解为清洁生产技术和末端治理技术，进行了进一步研究，结果发现外商直接投资水平溢出对两种技术的影响都为正，垂直溢出对末端治理技术的影响不显著，而对清洁生产技术的影响存在前向链接为正、后向链接为负的溢出效应。

而 Chudnovsky 和 Pupato（2005）则认为，虽然外资企业要比国内企业更倾向于采用代表先进环境技术的环境管理系统，但只有当国内企业具有一定的吸收能力时才能产生正向的溢出。与此相似，宋马林等（2010）也认为外商直接投资对东道国绿色创新的影响存在条件，从而提出了包含环境因素在内的"综合门槛效应"，并运用省际面板数据进行了实证检验，结果发现外商直接投资仅对跨过"门槛"的省份的经济进步和环境进步有积极的作用。

1.2.4　国内外研究现状评述

综上所述，在外商直接投资及其相关领域的研究方面，国内外学者已经取得了大量的成果，形成了外商直接投资理论的基本体系；在绿色工艺创新及外商直接投资理论对东道国绿色工艺影响的研究方面也取得了一定的成果。这些成果拓展了外商直接投资理论和绿色工艺创新理论的研究领域，揭示了外商直接投资理论对推动绿色工艺创新实现以及创新能力提升的重要作用，为外商直接投资理论与绿色工艺创新关系的进一步深入研究奠定了很好的理论基础。

但总体来看，现有文献仍主要基于传统的技术创新研究角度，有针对性地研究外商直接投资理论对绿色工艺创新影响的文献较少，相关领域的研究还需要进一步深入和拓展。

（1）绿色工艺创新的研究较少、理论体系尚未完善。从成果数量来看，研究绿色工艺创新的文献较少。以"绿色工艺创新"为题名在中国知网（China National Knowledge Infrastructure，CNKI）数据库中进行检索，仅有 17 篇文献；以"Green process innovation"为题名在 Elsevier 数据库中进行检索，仅有 1 篇文献。表 1.6 列出了国内关于绿色工艺创新及相关领域近 20 年的研究成果。

表 1.6 相关领域的研究成果及时间分布情况（至 2015 年）（单位：篇）

检索式	2000 以前	2001~2005	2006~2010	2011~2015	总数
绿色创新	1	10	68	194	273
绿色技术创新	17	52	71	86	226
绿色工艺创新	—	—	1	16	17
工艺创新	6	25	63	107	201
FDI+溢出	—	36	513	552	1101
FDI+创新	—	14	205	217	436
FDI+绿色创新	—	—	1	3	4
FDI+工艺创新	—	—	—	2	2
FDI+绿色工艺创新	—	—	—	2	2

注：表中数据为作者对 CNKI 数据库中的经济与管理科学类论文检索整理所得；检索数据库为 CNKI 中的"中国学术期刊网络出版总库"、"中国博士学位论文全文数据库"、"中国优秀硕士学位论文全文数据库"、"国内重要会议论文全文数据库"、"国外重要会议论文全文数据库"五个子库；"—"表示该项数据为零。

从研究内容来看，现有绿色工艺创新的研究大多在绿色技术创新的框架下展开，直接针对绿色工艺创新的文献十分匮乏。虽然部分文献对绿色工艺创新的动力源、功能源、模式、绩效、影响因素等问题进行了研究，并取得了一定的成果，但尚未形成独立的绿色工艺创新理论体系。

（2）外商直接投资对绿色工艺创新影响的研究匮乏、内容亟须丰富。从研究成果数量上来看，现有文献集中于研究外商直接投资对技术创新的影响，外商直接投资对绿色技术创新、绿色工艺创新的文献较少，具体如表 1.6 所示。从研究内容的侧重点上来看，现有文献主要研究了外商直接投资对技术创新的间接影响，即外商直接投资对技术创新的溢出效应，外商直接投资对技术创新直接影响的研究相对较少。虽然部分学者研究了外商直接投资对技术创新、绿色工艺创新的溢出效应，但研究结果尚存在较大争议，未形成主流的研究观点。外商直接投资对东道国创新的影响并非单一的，而是一个复杂的系统，需进一步拓展研究领域，丰富研究成果。

（3）外商直接投资对绿色工艺创新影响的理论研究严重不足。外商直接投资对东道国绿色工艺创新的影响过程十分复杂。现有的少量文献仅从实证的角度检验了外商直接投资对东道国绿色工艺创新的影响效应，而外商直接投资对东道国绿色工艺创新影响的理论研究相对较少。虽然部分文献在研究外商直接投资对东道国技术创新的影响或外商直接投资对东道国环境污染的影响的过程中，或多或少地涉及绿色工艺创新的内容，但这些研究尚未形成完整的理论体系，从而导致实证研究和案例分析缺乏足够的理论支撑，进而导致实证结果存在较大差异。

（4）研究过程中将外商直接投资和绿色工艺创新以及两者的关系视为"黑

箱"。在研究外商直接投资对东道国绿色工艺创新影响的过程中，多数文献将两者的关系视为一个黑匣子，进而集中研究外商直接投资增加与东道国绿色工艺创新绩效或能力的相关关系。

一方面，大多数文献将外商直接投资的影响途径等关键问题视为"黑箱"，关于外商直接投资通过示范传播、市场竞争、人力资本流动、产业关联等渠道对东道国绿色工艺创新产生影响的研究还需进一步深入与拓展。

另一方面，将绿色工艺创新过程视为"黑箱"。现有文献集中研究了外商直接投资对绿色工艺创新绩效、能力、效率的实证检验，比较重视研究外商直接投资对绿色工艺创新结果的影响。但关于外商直接投资与东道国绿色工艺创新动力、路径、模式、战略、扩散等领域的研究尚属空白，基于创新过程角度分析外商直接投资对东道国绿色工艺创新影响的研究尚未展开。

1.3　研究思路、主要内容和研究方法

1.3.1　研究思路

绿色工艺创新是提高我国制造业绿色生产技术水平和核心竞争力的重要手段，也是我国制造业实现绿色转身、突破资源环境约束的关键。随着资源环境问题日益凸显，加快提升绿色工艺创新能力已成为我国制造业发展的首要问题。Lall（1987）认为对于发展中国家而言，通过引进外商直接投资能促进自主创新能力提升，这对于形成可持续的国家战略竞争能力具有重要作用。

因此，借助外商直接投资来推动绿色工艺创新能力提升是我国制造业绿色发展的必然选择。但外商直接投资将通过何种渠道如何对我国制造业绿色工艺创新产生何种影响？其作用过程中又会受到哪些因素的影响？分析这些问题对于发挥外商直接投资对我国制造业绿色工艺创新能力的促进作用有着重要的指导意义。

基于上述分析，本书以外商直接投资对我国制造业绿色工艺创新的影响为研究选题，并按照以下思路展开研究：在分析绿色工艺创新和外商直接投资基本理论的基础上，研究外商直接投资对我国绿色工艺创新的主要影响路径，从而构建基于绿色工艺创新过程的外商直接投资影响概念模型，从绿色工艺创新动力、绿色工艺创新路径和绿色工艺创新绩效三个环节分析外商直接投资对制造业绿色工艺创新的影响机理，并进一步实证检验外商直接投资研发本土化与溢出效应对我国制造业绿色工艺创新的影响效应，最终提出合理利用外商直接投资促进我国制造业绿色工艺创新能力提升的对策建议。

本书研究思路如图 1.2 所示。

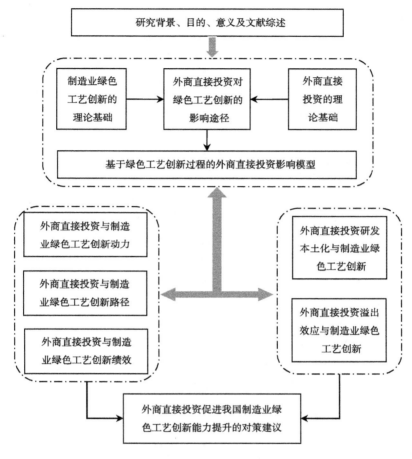

图 1.2　本书研究思路

1.3.2　主要内容

基于前文的研究思路，本书在梳理现有文献的基础上，对以下四个方面的内容进行深入研究。

（1）外商直接投资对制造业绿色工艺创新的影响模型构建。首先，在界定绿色工艺创新基本概念及特征的基础上构建绿色工艺创新过程模型，进而从创新过程视角提出绿色工艺创新的关键问题，即绿色工艺创新动力、绿色工艺创新路径、绿色工艺创新绩效。其次，通过研究外商直接投资理论基础，探讨外商直接投资对我国制造业绿色工艺创新影响的直接影响途径和间接影响途径，从而构建基于绿色工艺创新过程的外商直接投资影响概念模型。

（2）外商直接投资对我国制造业绿色工艺创新动力、绿色工艺创新路径、绿色工艺创新绩效的影响研究。首先，从技术推动力、市场拉动力和管制推动力三个方面构建绿色工艺创新三源驱动模型，进而在理论解析外商直接投资对绿色工艺创新技术推动力、市场拉动力和管制推动力影响的基础上进行实证研究；其次，在界定绿色工艺创新路径定义的基础上提出绿色工艺创新的两种基本路径，并从理论和实证视角分别探讨外商直接投资对两种绿色工艺创新路径以及对路径选择的影响；最后，评价我国制造业绿色工艺创新绩效，并在分析外商直接投资对我国制造业绿色工艺创新绩效的影响机理和影响因素的基础上，实证研究外商直接投资对我国制造业绿色工艺创新绩效的影响。

（3）外商直接投资研发本土化与溢出效应对我国制造业绿色工艺创新的影响研究。首先，将外商直接投资研发本土化行为分为内生性研发与外生性创新两个维度，进而分析外商直接投资研发本土化对制造业绿色工艺创新动力、绿色工艺创新路径、绿色工艺创新绩效的直接影响。其次，界定外商直接投资溢出效应的基本概念，分析外商直接投资溢出效应的特征和形式，运用面板数据模型研究外商直接投资示范-竞争效应、人力资本流动效应和前后向关联效应对我国制造业绿色工艺创新动力、绿色工艺创新路径、绿色工艺创新绩效的影响。

（4）外商直接投资促进我国制造业绿色工艺创新能力提升的对策建议。根据外商直接投资对我国制造业绿色工艺创新影响的理论研究和实证分析，有针对性地从绿色工艺创新动力、绿色工艺创新路径、绿色工艺创新绩效三个方面，提出利用外商直接投资实现我国制造业绿色工艺创新能力提升的对策建议。

1.3.3　研究方法

本书研究涉及外商直接投资理论、绿色创新理论、工艺创新理论、技术创新理论、演化博弈论等多学科的方法和理论。为了对上述主要内容展开研究，并达成预期研究目标，本书主要采用以下方法进行研究。

（1）归纳与演绎相结合的研究方法。本书以大量文献资料为研究基础，通过对现有关于外商直接投资、研发本土化、溢出效应、绿色工艺创新等方面研究成果的归纳分析，演绎出本书的主要观点，从而对相关概念进行重新界定，在分析绿色工艺创新过程模型和外商直接投资影响路径的基础上，构建基于绿色工艺创新过程的制造业外商直接投资影响模型。

（2）定性与定量相结合的研究方法。立足于制造业绿色工艺创新过程，通过定性分析方法，从理论角度解析了外商直接投资对我国制造业绿色工艺创新动力、绿色工艺创新路径和绿色工艺创新绩效的影响机理。通过定量的研究方法，利用演化博弈论等分析外商直接投资对我国制造业绿色工艺创新路径选择的影响。

（3）规范研究与实证研究相结合的方法。本书运用规范研究方法，以传统工艺创新理论、绿色创新理论和外商直接投资论为理论基础，结合垄断优势论、内部化理论等方法分析外商直接投资对我国制造业绿色工艺创新动力、绿色工艺创新路径的影响；同时，通过公开数据检索等方法进行数据收集，并运用 GARA-PPE、面板数据模型等应用数学、统计学、计量经济学等学科的分析工具和方法，实证研究外商直接投资研发本土化与溢出效应对我国制造业绿色工艺创新动力、绿色工艺创新路径和绿色工艺创新绩效的影响。

1.4　创新之处

（1）构建了基于绿色工艺创新过程的外商直接投资影响模型。在界定外商直接投资及相关概念的基础上，分析了外商直接投资对我国制造业绿色工艺创新的影响途径；在界定绿色工艺创新及相关概念的基础上，提出了绿色工艺创新的过程模型；在将绿色工艺创新过程划分为发起阶段、实施阶段和实现阶段三个阶段的基础上，阐释了每个阶段的关键问题，即绿色工艺创新动力、绿色工艺创新路径和绿色工艺创新绩效，从而构建了基于绿色工艺创新过程的外商直接投资影响模型，提出了研究外商直接投资对创新影响的新框架。

（2）探寻了外商直接投资对我国制造业绿色工艺创新动力的影响。从技术推动力、市场拉动力和管制推动力三个方面构建了我国制造业绿色工艺创新的三源驱动模型，并在建立评价指标体系的基础上，运用 RAGA-PPE 模型对我国制造业绿色工艺创新动力进行了实证评价；阐明了外商直接投资对我国制造业绿色工艺创新三大动力的影响机理，并进行了实证检验。

（3）揭示了外商直接投资对我国制造业绿色工艺创新路径的影响。提出了研发式绿色工艺创新路径和获取式绿色工艺创新路径；分析了外商直接投资对研发式绿色工艺创新路径和获取式绿色工艺创新路径的影响机理；运用演化博弈模型揭示了外商直接投资对我国制造业绿色工艺创新路径选择的影响；在此基础上，实证检验了外商直接投资对我国制造业两种绿色工艺创新路径以及绿色工艺创新路径选择的影响。

（4）研究了外商直接投资对我国制造业绿色工艺创新绩效的影响。从内部化应用和外部化扩散两个方面，解析了外商直接投资对我国制造业绿色工艺创新绩效的影响机制；根据绿色工艺创新的经济绩效、社会绩效和生态绩效构建了我国制造业绿色工艺创新绩效评价指标体系，并运用 RAGA-PPE 模型进行了实证评价；并在此基础上，实证检验了外商直接投资对我国制造业绿色工艺创新绩效的影响。

（5）检验了外商直接投资研发本土化对我国制造业绿色工艺创新的直接影响。在将我国制造业外商直接投资研发本土化分为内生性研发、外生性创新的基础上，实证检验了外商直接投资内生性研发、外生性创新对我国制造业绿色工艺创新动力、绿色工艺创新路径、绿色工艺创新绩效的直接影响。

（6）剖析了外商直接投资溢出效应对我国制造业绿色工艺创新的间接影响。在界定外商直接投资溢出效应的定义基础上，分析了外商直接投资溢出效应的特征和形式；实证检验了外商直接投资示范–竞争效应、人力资本流动效应、基于研发的前向关联效应、基于技术改造升级的前向关联效应和后向关联效应等溢出效应对我国制造业绿色工艺创新动力、绿色工艺创新路径、绿色工艺创新绩效的间接影响。

第2章 制造业绿色工艺创新的理论基础

2.1 绿色工艺创新的概念与特征

2.1.1 绿色工艺创新及相关概念界定

1. 绿色工艺的定义

绿色工艺一词多出现在化工领域和机械制造领域，这些研究主要关注如何在技术上实现生产工艺的绿色化，致力于解决实现绿色工艺的技术问题。经济管理领域中关于绿色工艺的研究源于清洁生产和绿色制造的研究，自清洁生产被提出以来，学者开始注重研究生产过程中的能源消耗和环境污染等问题，但在这些研究中并没有学者明确绿色工艺这一概念，取而代之的是清洁工艺、清洁生产技术、绿色制造技术等概念。

国内经济管理领域最早研究绿色工艺的是浙江大学的吕燕和王伟强（1994），他们在研究绿色技术创新的过程中界定了绿色工艺，认为绿色工艺是指各种末端处理技术，减少对环境污染的新型生产工艺与生产过程，物料的再循环工艺，有毒、有害原料的替代技术，节能技术，少废、无废工艺与设备，无毒、无害的中间产品等。这是一个涵盖较为广泛的定义，既包括生产过程中的工艺和技术，也包括末端的各种污染治理技术，同时还包括各种生态环境技术。

但到目前为止，经济管理学术界对绿色工艺的用法还未形成统一的意见，在许多文献中，绿色制造技术、清洁生产技术、清洁工艺等概念被等同为绿色工艺。例如，汪波等（2000）认为绿色工艺又称清洁工艺，是一种既能提高经济效益，又能减少环境影响的工艺技术。洪燕云（2001）认为绿色工艺是把生产过程纳入生态圈的物能循环过程，具体包括在生产过程中采用无污染或少污染的清洁技术，在生产过程中采用太阳能、生物质能等可再生资源，生产的产品要易于回收、回用和再生，在生产中应严格执行排放标注和环境标准。

虽然绿色工艺的定义存在较大差异，但都强调了绿色工艺的节约物质消耗、降低污染排放的功能。本书研究过程中所指的绿色工艺主要参考吕燕和王伟强（1994）的定义。

2. 工艺创新的定义

工艺创新的界定源于熊彼特对创新的界定，在其 1912 年发表的《经济发展理论》一书中，熊彼特认为创新分为五种情况：采用一种新的产品、采用一种新的生产方法、开辟一个新的市场、提供一种新的供应来源、实现一种工业的新的组织，其中"采用一种新的生产方法"被后续学者称为工艺创新。工艺创新是技术创新的重要组成部分，是按创新的技术形态和内容划分，而与产品创新相对应的一种创新形式，Daft（1978）认为技术创新与企业主要生产活动息息相关，可分为产品创新和工艺创新两种类型。

虽然不少学者对工艺创新相关领域的问题进行了大量研究，但目前学术界对工艺创新的定义尚未形成统一的观点。总体来看，目前关于工艺创新的界定主要分为狭义观点和广义观点两种。

狭义的观点认为工艺创新仅指生产制造技术、生产方法的创新。例如，熊彼特提出"采用新的生产方法"，Bigoness 和 Perreault（1981）认为工艺创新是指组织或经营单位（如工厂）的生产技术变化，这些变化对行业来说是新的。广义的观点认为工艺创新是工艺全要素创新，不仅包括生产制造技术、生产方法的创新，也包括工艺装备、设施的创新，以及工艺管理和工艺组织的创新。

在广义的观点中，OECD 对工艺创新的定义较为广泛地被学术界认同。OECD 在 2005 年出版的《奥斯陆手册》（第三版）中将技术的工艺创新修改为工艺创新，提出工艺创新是指新的或显著改进的生产或交付方式的实现，包括技术、设备和（或）软件上的重大改变，生产方式包括用于生产产品或提供服务的技术、设备或软件，如新自动化生产线、自动化包装、计算机辅助产品开发、改进的生产监控测试设备等。交付方式涉及产品从工厂车间到最终用户的相关物理运动，包括提高产品交付效率的系统，如计算机系统、跟踪系统和相关设备。例如，为方便登记货物和存货的便携式扫描仪或电脑，以及用于辨别最优运输路线的软件的应用等。

OECD 指出工艺创新也涵盖了辅助支撑活动中新的或重大改进的技术、设备和软件，如用于采购、会计或维修系统的新的或改良软件（OECD，2007）。除 OECD 的定义之外，国内外不少学者对广义工艺创新的定义进行了研究，本书对一些具有代表性的观点进行了总结归纳，如表 2.1 所示。

基于上述研究，本书参考 OECD 从广义角度提出工艺创新概念，认为工艺创新是指企业在产品生产中引进新的或有重大改进的技术、设备和管理方法，即工

表 2.1　工艺创新代表性概念总结

作者（时间）	定义
Abernathy 和 Utterback（1978）	工艺创新是指将新内容（如新材料、新工作规范、工作流和信息流新机制和新设备）引入组织生产或服务中来生产产品或提供服务
Bigoness 和 Perreault（1981）	工艺创新是指组织或经营单位（如工厂）的生产技术变化，这些变化对行业来说是新的
Ettile 和 Reza（1992）	工艺创新是居于输入与输出之间的新工具、设备和生产的技术知识
Davenport（1992）	工艺创新是指包括新工作战略构想，工艺设计活动，与工艺相关的技术、人力、组织等所有方面的变革
Papinniemi（1999）	工艺创新涉及使用特定的发生改变的工具、设备和业务流程技术
傅家骥等（1992）	工艺创新是指产品生产技术的变革，它包括新工艺、新设备和新的组织管理方式
吴贵生（2000）	工艺创新是指生产（服务）过程技术变革基础上的技术创新，包括在技术较大变化基础上采用全新工艺的创新和对原有工艺的改进所形成的创新
卢建波等（2003）	工艺创新是指生产（服务）过程技术变革基础上的技术创新，既包括在技术较大变化基础上采用全新工艺的创新，也包括对原有工艺的改进所形成的创新
赵颖和戴淑芬（2005）	工艺创新是指除产品创新之外的所有生产技术创新（包括部分设备创新和材料创新）。工艺创新也必定包含了最终获得经济效益的较重大的技术改造活动，利用微电子信息等高新技术变革传统的生产过程
毕克新（2008）	工艺创新是按创新的技术形态和内容划分而与产品创新相互对应又相互关联的一种创新形式，指技术活动或生产活动中操作程序、方式方法和规则体系方面的创新

艺技术、工艺设备和工艺管理的创新。需要说明的是本书所指的"工艺创新"仅涉及制造业领域的工艺创新，不包含服务领域的工艺创新。

3. 绿色工艺创新的定义

1）关于绿色创新概念的争议

国内外学者在界定绿色创新、绿色技术创新、绿色工艺/产品创新等概念时，所用词汇还存在较大争议，其中较为常用的概念包括"绿色创新""环境创新""生态创新"等。"绿色创新"一词为华人学者研究的专用名词，国内学者多采用这一概念，但近来也有国内学者采用了"环境创新""生态创新"的概念，而国外学者多采用"环境创新"和"生态创新"的概念。

这种差异的存在可能与各个学者的研究领域相关。经济管理学界和人文科学界倾向于采用"绿色创新"，重视绿色技术的市场导向；环境科学界和环境经济学界倾向于采用"环境创新"，强调环境技术作为解决公共环境问题的手段；生态科学界和生态经济学界倾向于采用"生态创新"，强调生态技术在协调生态系统与人类社会经济系统发展中的重要作用，后两者主要由环境学科、生态学科交叉的性质以及概念本身的内涵及特点决定。

虽然学者在绿色创新的用法上存在差异，但上述概念在很大程度上具有相同的含义，都强调了绿色创新具有环境友好的特质，其目的在于减少社会经济发展所带来的资源环境问题，进而在很多时候这些概念被等同或替换使用。

在比较上述相近概念区别的研究方面，Schiederig 等（2012）做了大量研究工作。Schiederig 等（2012）利用 2010 年 11 月谷歌学术数据库进行数量分析，研究内容是以绿色创新、生态创新、环境创新和可持续创新为搜索关键词搜索到的相关内容，共 8 516 条（包括期刊、会议论文、书籍、增刊和工作报告）。通过数量分析以及对可持续创新、环境创新、生态创新和绿色创新的定义进行比较，只发现微小的概念性区别，除此之外都具体表现为降低环境影响的创新，通常互用，只有可持续创新的范围较其他三种创新更为宽泛，强调社会效益维度。数量分析的结果如表 2.2 所示，支持以上四种概念的可互换性。

表 2.2　绿色创新主要相近概念比较

比较的主要方面	可持续创新	环境创新	生态创新	绿色创新
创新目的：产品、工艺、服务、方法	√	√	√	√
市场导向：满足需求、获得竞争力	√	√	√	√
环境方面：减少负面影响（最终目标为零影响）	√	√	√	√
期限：全生命周期（达到原料使用减少）			√	
动机：减耗可达到经济或生态效果	√	√	√	√
层次：为企业设定新的创新和绿色标准	√	√	√	√

资料来源：根据 Schiederig 等（2012）和隋俊（2015）整理获得

为便于统一，参考国内学者的主流使用习惯，本书采用"绿色创新"这一概念。此外，需要说明的是，基于对以往研究者的尊重和忠于原文的态度，本书在研究过程中仍然采用"环境创新""生态创新"等概念，但其含义与我们所使用的"绿色创新"是一致的。

2）绿色工艺创新的定义

目前，关于绿色工艺创新的定义学术界尚未达成统一，主要存在广义的定义和狭义的定义两种观点。

广义的观点认为绿色工艺创新是包括清洁生产工艺创新和末端治理技术创新两方面。刘慧和陈光（2004）等认为针对绿色工艺的创新就是绿色工艺创新，绿色工艺包括绿色生产加工工艺、生产过程中的绿色污染处理工艺、绿色回收处理工艺等。葛晓梅等（2005）认为绿色工艺创新包括减少生产过程中污染产生的清洁工艺技术创新和减少已产生污染物排放的末端治理技术创新两个方面。焦俊和李垣（2011）认为绿色工艺创新是指研发和使用减少生产活动中污染产生的清洁生产技术和末端治理技术的创新活动。

狭义的观点认为绿色工艺创新就是清洁工艺技术创新，不包括末端治理技术创新。王俊豪和李云雁（2009）认为绿色工艺创新是指在生产过程中采用先进的工艺与技术从而减少污染的产生的过程。

此外，不少学者在界定绿色工艺创新时，把绿色工艺创新仅作为一个技术概念，认为绿色工艺创新是包含清洁工艺技术和末端治理技术在内的各种节能、降耗的技术。毕克新等（2002）认为绿色工艺创新包括减少生产过程中污染产生的清洁工艺技术和减少已产生污染物排放的末端治理技术两方面。王建明等（2009）认为绿色工艺创新主要包括各种节能、降耗的技术，绿色工艺创新不但可以大大减少废弃物的排放，而且可以提高企业各种资源的综合利用效率。这种将绿色工艺与绿色工艺创新等同的观念忽视了创新的本质——应用与商业化（这也是创新区别于发明、创造等概念的关键）。本书认为，绿色工艺创新不是一个单纯的技术概念，它不仅突出强调绿色工艺的研究开发与应用，更强调绿色工艺应用和成果转化所带来的经济绩效和环境绩效。

结合上述分析，本书认为绿色工艺创新是以绿色发展为指导的，旨在减少生产活动所带来的污染和消耗而进行的工艺创新活动，从技术角度来看包括清洁生产工艺创新和末端治理技术创新两个方面，从创新过程来看包括绿色工艺创新动力、绿色工艺创新路径、绿色工艺创新应用与扩散等。

4. 绿色工艺创新与工艺创新的异同

绿色工艺创新是在工艺创新研究的基础上衍生而来，是对工艺创新研究的补充与发展。因此，绿色工艺创新与工艺创新既有相似之处也有不同之处。

1）绿色工艺创新与工艺创新的相同之处

两者的相同之处在于创新对象和内容上具有一致性，即两者都是围绕生产过程进行的创新活动，都是针对生产活动中的操作程序、方式方法和规则体系方面的改进和创新。

从创新的具体内上来看，一方面，绿色工艺创新与工艺创新包括生产工艺技术、工艺设备上的技术维度创新。例如，在生产过程中引入计算机辅助设计（computer aided design，CAD）、计算机辅助制造（computer aided maufacturing，CAM）、计算机辅助工艺规程（computer aided process planning，CAPP）等制造信息化技术和装备数值控制技术、机器人化制造技术、信息检测与分析技术等制造自动化技术，或购买电气一体化、数控加工中心等生产设备，从而实现生产工艺技术、工艺设备上的改进和创新。另一方面，包括对生产工艺流程变革、生产工艺管理方式的创新。例如，在生产过程中引进并行工程、柔性制造、敏捷制造等生产模式，从而实现生产工艺流程的变革；也可以在生产过程中实施定制管理、目视管理、6S 管理、全员设备维护等生产现场管理理念，从而实现生产工艺管理方式的创新。

2）绿色工艺创新与工艺创新的不同之处

两者的不同之处在于绿色工艺创新与工艺创新的创新目的不同。一般来讲，工艺创新的目的主要在于提高产品质量等级品率、提高产品销售率、提高新产品产值率、加快新产品市场进入速度、降低生产成本、减少质量损失率等经济维度方面（李传军，2003；李婉红，2011）。而绿色工艺创新的目的不仅包括上述传统工艺创新经济维度的目的，还包括降低资源消耗、减少环境污染等环境维度方面的目的。

当然，绿色工艺创新和工艺创新的区别并未具有严格意义上的区分。因此，不少学者认为绿色工艺创新与工艺创新具有较强的内在联系，绿色工艺创新是工艺创新发展的必然趋势。毕克新等（2002）认为，随着环境问题的日益严重，工艺创新已呈现出向绿色工艺创新转变的发展趋势。

此外，绿色工艺创新的对象相对于工艺创新的内容具有更广的范围。正如前文所述，绿色工艺创新和工艺创新在创新内容上具有一致性，但这种一致性仅表现在基于生产过程的工艺创新方面，而绿色工艺创新不仅包括传统工艺创新关于生产过程的创新内容，还包括对生产末端治理的创新内容。

2.1.2　绿色工艺创新的特征

绿色工艺创新是顺应时代发展需要而应运产生的创新活动。与传统工艺创新相比，绿色工艺创新除具有隐蔽性、复杂性、系统性、风险性等传统工艺创新的特征之外，还具有一些独有的特征。

1. 双外部性

绿色工艺创新的双外部性是指绿色工艺创新在创新过程中和应用过程中均会产生正的溢出效应，即对其他创新者和社会产生正的外部效应。

从创新过程来看，绿色工艺与市场上竞争的传统工艺相比具有更低的外部成本，导致绿色工艺创新成果在扩散和使用过程中被竞争对手模仿，而模仿创新者通过对领先创新者的模仿和学习，不仅能大大降低试错成本增加绿色工艺创新的成功可能性，还能在领先创新者的基础上实现自身绿色工艺的跨越式创新发展，从而对其他创新者具有正的外部效应。

从创新应用效果来看，绿色工艺创新的目的旨在降低生产活动对资源环境的影响，因此，绿色工艺不仅有利于提高生产效率、产品质量等，具有良好的经济效果，也有利于降低物质消耗、减少污染排放等，具有良好的环境效果，从而对社会发展具有正的外部效应。

2. 被动性

追求利润是企业的本质，企业进行创新的主要目的在于获得创新所带来的一定时期内的领先利润。但绿色工艺创新双外部性导致了企业难以实现创新成果的独占性，以获得理想中的超额利润，从而使绿色工艺活动具有被动性的特征。

一方面，与传统工艺创新相似，绿色工艺创新在扩散过程中会被竞争对手模仿，这种基于绿色工艺创新者的"搭便车"现象与机会主义行为，使绿色工艺创新作为一种创新性、率先性、主动性的竞争行为，具有先动者劣势，从而降低了绿色工艺创新主体的积极性。

另一方面，相对于传统工艺，绿色工艺对资源环境的影响较低，社会能从绿色工艺的这种特性中获得收益，而绿色工艺创新作为一种新的创新范式，往往具有较高的成本，这种高额的成本却由创新主体全部承担，从而进一步降低了创新主体进行绿色工艺创新的主动性和积极性。总之，这种双外部性导致了绿色工艺创新成果无法被创新主体独占，使绿色工艺创新活动具有较大的被动性。若不施加相关的外部管制和激励措施，绿色工艺与传统工艺的竞争将会被扭曲，不利于绿色工艺创新活动的展开。

3. 可持续性

绿色工艺创新是以绿色发展为指导的创新行为，其核心目的是追求经济绩效和环境绩效的统一，从而有助于实现可持续发展。绿色工艺创新的可持续性表现在两个方面。

首先，绿色工艺创新有利于实现经济的可持续发展。随着资源消耗不断加剧，越来越稀缺的自然资源必然降低经济的发展速度，同时对后代的经济发展产生深远的不利影响，绿色工艺创新的开展有利于提高资源的利用效率，在保持经济发展速度的同时降低资源的消耗，从而实现经济的可持续增长。

其次，绿色工艺创新有利于实现自然生态系统的可持续运行。世界工业化的发展历史表明，经济的快速发展对自然环境造成了巨大的破坏，不仅消耗了大量的自然资源，也带来了巨大的环境污染。绿色工艺创新不仅可以实现各种物质资源的循环利用，有助于提高资源和能源的利用效率，还可以从源头消减污染的产生量，降低经济发展对环境的污染，从而确保经济发展对资源环境的压力在自然生态系统的可承载范围之内。

2.2　绿色工艺创新过程的阶段划分与关键问题

2.2.1　绿色工艺创新的基本过程及阶段划分

1. 绿色工艺创新的基本过程

（1）传统工艺创新过程模型。了解传统工艺创新的过程有助于分析绿色工艺创新的基本过程。相对于技术创新过程，工艺创新过程的研究相对较少。早期的工艺创新过程研究可以分为两类观点。

第一类观点认为工艺创新是技术创新的重要组成部分，因而工艺创新与技术创新具有相同的过程模型，从而认为工艺创新的过程模型分为线性过程模型、交互作用模型、并行过程模型和网络化模型四种。线性过程模型可以分为技术推动的线性过程模型和市场拉动的线性过程模型两种，分别认为工艺创新的起点源于科学技术进步和市场需求；交互作用模型则认为工艺创新并非技术和市场的单一推动，而是技术推动与市场拉动综合作用的结果；并行过程模型认为工艺创新不是相关职能按序列展开的过程，而是多职能并行的过程；网络化模型强调了工艺创新者不仅要实现企业内部功能的平行作业和一体化，也要同外部供应商和战略伙伴开展广泛的协作与外包。

第二类观点主要从产品创新与工艺创新的互动关系的角度对工艺创新的过程模型进行研究，其中，最经典的观点就是 A-U 模型。Abernathy 和 Utterback（1975）认为企业的技术创新过程是一个产品创新与工艺创新相互交替的过程，但产品创新领先于工艺创新，工艺创新依赖于产品创新而展开。郭斌（1999）构建了产品创新与工艺创新的交互过程模型，分析了产品创新与工艺创新的交互作用关系，他认为产品与工艺呈交替式发展，并在这种交替过程中存在技术定型与二次定型现象。A-U 模型的相关研究认为工艺创新源于产品创新，但王伟强和许庆瑞（1993）则认为工艺创新可以源于企业战略，早于产品创新，从而提出了"企业战略—工艺创新—产品创新"的社会主义市场经济下企业工艺创新过程模型。

近来，不少学者对工艺创新过程进行了进一步的深入研究，将知识管理和信息技术等具有时代特点的因素融入工艺创新过程模型的研究中，取得了新的研究成果。毕克新等（2011a）从工艺创新机制的角度分析了工艺创新的过程模型，认为工艺创新遵循了工艺创新动力—工艺创新决策—工艺创新运行—工艺创新激励的活动过程。与此相似，李婉红（2011）同样从工艺创新机制的角度构建了工艺创新的过程模型，认为信息化条件下的工艺创新活动过程模型由工艺创新动力、工艺创新决策、工艺创新组织、工艺创新扩散四个环节构成，强调了信息技术发展对工艺创新过程的影响。此外，毕克新等（2012）从知识管理的角度构建了工艺创新的过程螺旋模型，认为工艺创新过程包括工艺创新构想阶段、工艺创新初始设计阶段、工艺测试阶段、工艺创新设计改造阶段、生产阶段五个环节。

（2）绿色工艺创新过程模型。任何社会实践活动都有其产生的原因，如企业进行生产活动的主要原因是市场消费的需要。绿色工艺创新同样具有其开展的原因，如满足绿色市场需求、应对政府环境管制、顺应技术发展等，正是这些原因促使了绿色工艺创新行为的产生。一般来讲，生产活动大致遵循了要素投入、生产制造、产品（服务）产出的基本过程。若将创新活动看成一项知识生产活动，则绿色工艺创新过程实际上也可以看做一个从投入、制造到产出的过程。

生产活动与绿色工艺创新活动的区别在于绿色工艺创新所投入的要素、绿色工艺创新的"制造"过程以及绿色工艺创新的产出结果，与生产活动的投入要素、制造过程以及产品有所差异。绿色工艺创新所投入的要素包括科技知识、市场需要、环境管制需要、人力、物力、财力等，绿色工艺创新的"制造"过程则是根据一定的创新思路进行研究开发的过程，而绿色工艺创新的产出则是可以应用的新的绿色工艺。因此，从相对抽象的角度来讲，绿色工艺创新过程是一个为满足市场与环境管制需要的知识生产及应用过程。

具体而言，绿色工艺创新过程与工艺创新过程具有相同的过程模型，与传统工艺创新过程的区别在于，绿色工艺创新过程的每一个环节都体现了绿色化的基本原则。结合上述工艺创新过程模型的研究成果，本书认为绿色工艺创新是一个以绿色工艺创新机会确认为开始，经历绿色工艺创新构想、绿色工艺的研发与获取、绿色工艺中试、绿色工艺改进等环节，最终实现绿色工艺应用与扩散的基本过程，其核心过程是一个由多项活动环节构成链状回路过程，并在与外部环境的相互影响中形成网状结构。

绿色工艺创新的过程模型如图 2.1 所示。

2. 绿色工艺创新过程的阶段划分

从事物本身演变的属性来看，因矛盾主要方面的变化，过程本身内在矛盾在其发展的不同阶段将呈现出矛盾的不同属性。因此，对绿色工艺创新过程进行阶段划分，有助于厘清绿色工艺创新活动在不同阶段中的主要问题，从而有针对性地对绿色工艺创新进行高效的决策、组织和管理。

从具体的活动环节来看，绿色工艺创新可以分为六个阶段，即绿色工艺创新机会确认阶段、绿色工艺创新构想形成阶段、绿色工艺的研发与获取阶段、绿色工艺中试阶段、绿色工艺改进阶段、绿色工艺的应用与扩散阶段；从相对粗犷的角度来看，上述六个阶段可以归纳为三个阶段，即绿色工艺创新发起阶段、绿色工艺创新实施阶段、绿色工艺创新实现阶段，具体如图 2.2 所示。

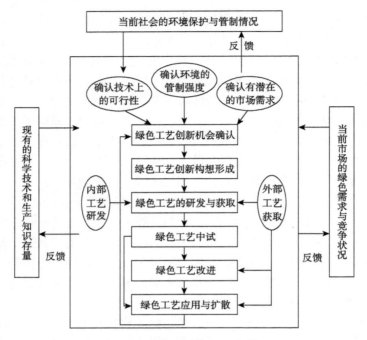

图 2.1　绿色工艺创新的过程模型

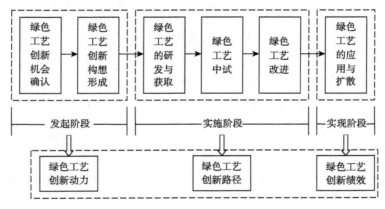

图 2.2　绿色工艺创新过程阶段划分示意图

2.2.2　发起阶段与绿色工艺创新动力

　　绿色工艺创新的发起阶段包括绿色工艺创新机会确认和绿色工艺创新构想形成两个小的阶段，是绿色工艺创新的思想产生与形成阶段。该阶段需要回答的关键问题是为什么要实施绿色工艺创新，即解决绿色工艺创新动力的问题。

发起阶段是绿色工艺创新活动过程的起点，在进行绿色工艺创新之初就需要弄清楚社会与市场的需求，从而确定绿色工艺创新的机会，并形成绿色工艺创新的初步构想。由于社会环境保护意识的不断增加和政府环境管制力度的不断加强，市场需求将不断向绿色可持续的消费需求转变，同时伴随顾客需求的多样化发展和竞争的不断加剧，企业为了生存和发展，必然产生进行绿色工艺创新活动的新思想。

虽然这种绿色工艺创新的新思想源于社会与市场的需要，但还必须从技术上确认绿色工艺创新实现的可能性。只有把社会市场需求与技术可行性相结合的新思想才能确定绿色工艺创新的机会。在确定绿色工艺创新机会的基础上，需要进一步将社会市场需求与技术知识相融合，形成绿色工艺创新的初步构想，并对该构想进行评价，权衡绿色工艺创新的成本、潜在收益与风险等问题，从而完善绿色工艺创新的基本构想。

2.2.3　实施阶段与绿色工艺创新路径

绿色工艺创新的实施阶段包括绿色工艺的研发与获取、绿色工艺中试和绿色工艺改进三个小阶段，是绿色工艺创新的求解和开发阶段。该阶段需要回答的关键问题是如何实施绿色工艺创新，即选择绿色工艺创新路径的问题。

实施阶段是绿色工艺创新过程的核心，是绿色工艺创新实现的关键，其中绿色工艺的研发与获取又显得尤为重要。当绿色工艺创新构想形成以后，绿色工艺创新将进入问题的解决阶段，即如何实现绿色工艺的新构想。确定解决问题的方法是一个复杂的过程，需要创新主体投入大量的人力、物力和财力，涉及众多部门和人员的密切配合。

从技术获取的来源来看，解决绿色工艺创新问题的方面有两种，即内部技术研发和外部技术获取。内部技术研发是指创新主体依赖于自身的创新能力，合理配置各种创新资源，经过研究开发活动，以成功解决绿色工艺创新问题。外部技术获取是指创新主体可以采用他人的发明或已有的技术来解决绿色工艺创新的问题。

一般来讲，内部技术研发的结果往往以专利的形式产出，形成自主的知识产权，能获得较高的经济绩效和环境绩效，但这种解决方案需要承担较大的失败风险。而通过外部技术获取的解决方案具有应用现有创新的性质，属于模仿或仿造，虽然风险相对较小，但所能获得的经济绩效和环境绩效也较低。虽然通过绿色工艺的研发与获取实现了绿色工艺创新的构想，但可能还存在一些未解决的问题，必须对绿色工艺进行中试和改进，从而有助于进一步解决绿色工艺创新问题。

2.2.4   实现阶段与绿色工艺创新绩效

绿色工艺创新的实现阶段是绿色工艺的生产应用与扩散阶段，该阶段需要回答的关键问题是绿色工艺实践应用的效果如何，即评价绿色工艺创新绩效的问题。

实现阶段是绿色工艺创新过程的终点，是实现绿色工艺创新的商业化价值和社会环境价值的阶段。绿色工艺创新实现其商业价值和环境价值的途径主要有两种，即内部化的技术应用和外部化的技术扩散。

从企业内部来讲，即绿色工艺创新的应用过程，成功的绿色工艺创新必须将新的绿色工艺应用到生产过程中，但并非所有的绿色工艺都能得到很好的应用。一般来讲，一项新的生产工艺必然引起生产流程的变革，这对于一线生产工人来讲是一种转变，甚至是一种挑战，需要创新主体加强对新的绿色工艺的知识培训和技能培训。因此，绿色工艺创新的应用需要创新主体协调技术开发部门、生产部门、培训部门等相关部门的关系，以确保绿色工艺创新能成功被应用到生产中，从而带来经济绩效、社会绩效和环境绩效的提升（尤其是环境绩效）。

从企业的外部来讲，即绿色工艺创新的扩散过程，指绿色工艺创新成果以产品的形式向同行业或其他行业扩散。由于新的绿色工艺创新必然会打破现有的绿色工艺流程或传统的工艺流程，从产业的角度来说，绿色工艺创新的市场化推广亦会受到一定的限制和阻碍，从而需要营销部门成功地将绿色工艺推向市场。

2.3   制造业绿色工艺创新动力

传统工艺创新动力理论强调了科学技术和市场需求对工艺创新的驱动作用，科学技术水平决定了工艺创新成功的可能性与成本，市场需求决定了工艺创新的收益。科学技术和市场需求对工艺创新的驱动作用虽然同样适用于绿色工艺创新，但若将科学技术和市场需求作为绿色工艺创新全部推动力却存在一定的局限。

在某种程度上来讲，绿色工艺创新是一种能产生巨大社会绩效的公益性创新活动，能实现经济绩效和环境绩效的双赢，但对创新主体来讲存在外部成本内部化的问题，因此在研究绿色工艺创新动力时，需要对传统工艺创新动力理论进行扩展，分析环境管制对绿色工艺创新的驱动作用。

鉴于此，本书提出绿色工艺创新的三源驱动模型（图 2.3），综合分析技术、需求和环境管制对绿色工艺创新的驱动作用。

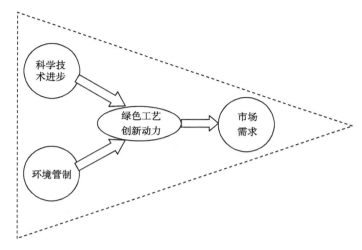

图 2.3　绿色工艺创新的三源驱动模型

　　绿色工艺创新动力是一个复杂系统，企业绿色工艺创新行为的产生，是环境管制、市场需求与科学技术进步三者综合作用的结果，而非某一动力要素的独立驱动。绿色工艺创新的三种动力要素各具功能且相互影响。环境管制是绿色工艺创新的前提，由于绿色工艺创新具有双外部性，因此在缺乏相应环境管制的条件下，创新主体将选择进行传统工艺创新，而非绿色工艺创新；市场需求是绿色工艺创新的基础，从企业追求利润额本质来看，创新活动的最终目的是获得利润，只有存在足够的绿色市场需求或潜在的绿色需求时，企业才会进行绿色工艺创新；科学技术是绿色工艺创新的保证，只有随着科学技术的进步，绿色工艺创新才能有技术机会，并存在创新成功的可能性。

2.3.1　制造业绿色工艺创新的技术推动力

　　技术之所以能成为推动创新的动力，主要原因在于两个方面：一方面在于技术具有发展性，不断进步的技术总能为创新提供新的思想和技术机会；另一方面，技术具有可被利用的内在特征，技术的商业化应用总能产生经济利益，在短期内甚至产生超额利润（孙冰，2003）。因此，技术的变化和发展一直被认为是引发创新的主要动力因素。

1. 技术推动创新研究的源起

　　熊彼特创新模型如图 2.4 所示。

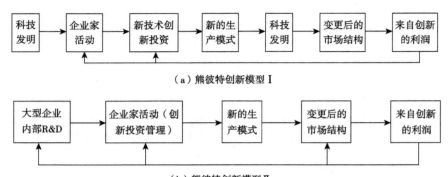

图 2.4　熊彼特创新模型

技术作为创新动力的研究由来已久，在创新理论研究的早期甚至被认为是创新的唯一动力来源。在《经济发展理论》一书中，熊彼特首次提出了创新的概念，并对创新的动力进行了分析，他认为存在一个与科学发展相关，却脱离于现有企业和市场结构之外的基本的发明流，这些发明流不受市场需求的影响，但能为企业家提供短期内获取超额垄断利润的机会，从而促使企业家开展创新活动。这种观点被称为熊彼特创新模型Ⅰ，如图 2.4（a）所示。

此后，在《资本主义、社会主义和民主主义》一书中，熊彼特对创新的技术推动力进行了再次论述，他认为源自大型企业的研发活动推动了创新活动的开展，再次强调了技术开发对创新的驱动作用。这种观点被称为熊彼特创新模型Ⅱ，如图 2.4（b）所示（向刚和段云龙，2007）。

熊彼特关于创新动力的论断奠定了技术推动论的基础，并在创新动力研究的早期占据了主体地位。

2. 技术对绿色工艺创新的推动作用

1）技术进步与绿色工艺创新的技术机会

科学技术发展同样是制造业绿色工艺创新的主要推动力，科学技术进步为制造业绿色工艺创新活动开展提供了技术机会。技术机会反映了任何一笔在研究上的投资实现创新的可能性（吴晓波和黄娟，2007）。一般来讲，技术机会越多，进行技术创新活动的动力就越大。

从生产工艺角度来讲，一项生产技术在技术原理不变的前提下，若是没有新的科学理念的介入，就会持续地沿着现有的技术范式不断进步和完善，直到逼近该项技术的物理极限。例如，高炉的由小到大，结构不变的蒸汽机、内燃机的热效率越来越高，在很多情况下可被视为生产需要导致的技术基础向物理极限的自然延伸。这种源于生产需要的技术进步，只能推动绿色工艺创新的渐进式发展。

然而，在知识爆炸的当今社会，科学理论和新技术不断涌现，总是会打断这种基于一种技术范式不断发展的自然延伸过程，甚至一种技术基础在发展的起步阶段就被新的技术基础取代。

科学技术为制造业绿色工艺创新提供技术机会，推动制造业绿色工艺创新的发展主要表现在两个方面。

一方面，基础科学与生产工艺的交互作用不断加强，基础科学对生产工艺的作用表现为，在不提供新的技术原理的情况下，对现有的生产技术进行完善和优化。以制造过程来讲，虽然力学知识并没有告诉我们机械如何制造，操作原理和常规造型通常都是发明家和工程师的洞察力和经验实践所导致的，但力学原理参与了对现有生产工艺的提升、优化和完善，这就意味着现有的生产工艺在其改善和提升的过程中，很难离开基础科学的支持。

另一方面，当今技术表现出了集成的发展方式。生产技术发展常常面临综合性的工程问题，并要求跨技术群的寻找解决方案。这就意味着现有生产工艺往往会因为其他领域的技术发展而形成新的创新机会。以制造业为例，在第三次科技革命以前被称为夕阳产业，生产工艺已面临制造技术的物理极限，但随着第三科技革命的不断发展，制造业出现了新的生命力。例如，传统机械加工因为数字技术、信息化技术的发展而形成了数控加工技术，焊接技术因为激光技术出现而产生了创新，动力技术因为新材料技术和新能源技术的发展而有了进步。

2）绿色工艺创新的独占性

科学技术的进步为制造业绿色工艺创新提供了技术机会，从而有助于推动制造业绿色工艺创新活动的进行。但科学技术对制造业绿色工艺创新的推动力存在一定的条件，即创新成果的独占性。从熊彼特的创新模型Ⅰ、Ⅱ可以发现，企业家进行创新的最终目的是通过创新获取技术上的领先优势，从而在一定时期内获得超额利润。这种超额利润的实现依赖于创新成果的独占性。

独占性是指企业进行绿色工艺创新所带来的绩效被企业独占的可能性。独占性对绿色工艺创新动力的影响具有两面性，即正向的激励作用和负向的效率作用。

从企业的角度来讲，绿色工艺创新的独占性越高，意味着企业独占绿色工艺创新的收益越大，从而激励企业增加绿色工艺创新的投入，具有正向的激励作用；从行业的角度来讲，绿色工艺创新的独占性越高，越不利于创新成果在行业间的扩散，降低了行业内其他企业获取绿色工艺水平进步所带来的收益的可能性，从而具有负向的效率作用。

但总体来看，绿色工艺创新具有较高的独占性时，制造业创新主体就能够全部获取绿色工艺创新成果所带来的超额利润，避免被竞争者共享，从而对绿色工艺创新主体产生更大的激励；此外，当绿色工艺创新的独占性高时，制造业中进行绿色工艺创新的创新主体将更多和更加分散，从而提高进行绿色工艺创新活动的频率（张云龙，2006）。

2.3.2　制造业绿色工艺创新的市场拉动力

1. 需求拉动创新研究的源起

需求是经济学的一个基本范畴，也是社会发展历史经常提到的概念。需求能促进技术进步的观点常被用来解释创新的产生和完成。20 世纪 70 年代以前，技术推动说占据主导地位，技术甚至被认为是推动创新的唯一因素。

但 Schmookler（1966）对技术推动说表示了质疑，他根据对 1840~1950 年美国铁路、石油提炼等四个调查研究的结果，提出市场增长和市场潜力是决定创新的主要动力。Schmookler 的观点被称为创新的需求拉动模型（图 2.5），并得到了不少学者的支持。Myers 和 Marquis（1969）通过对 5 个不同行业中 567 项创新的研究发现，其中 75%左右的创新活动由市场需求或生产需求引起，而科技推动的创新活动仅占 20%左右。

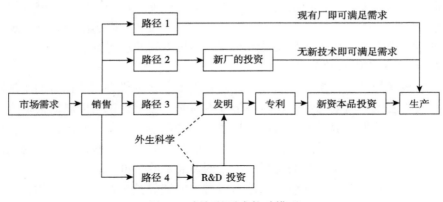

图 2.5　创新的需求拉动模型

纯粹的需求拉动模式也存在一定的缺陷，无法解释某些基于科学发现和技术发明的创新活动，如计算机技术的出现，但至少证明了需求也是创新的一种主要动力。

市场需求是市场上与人们的购买欲望和购买能力相适应的需求，可以通过交易实现。需求与需要是两个不同的概念，需求是经济学中的概念，往往与满足这种需求的方式一同出现；需要是社会学、人类学中的概念，往往变化多端，且在长期内难以满足。与一般需要相比，市场需求更有实现的现实性。正是这种现实性决定了市场需求能拉动创新活动的开展。

从广义上来讲，市场需求包括外部需求和内部需求两个方面。外部需求是指消费者对产品和服务的需求，是他人的需求；内部需求是指企业生产的需求，是自身的需求。对于传统工艺创新，外部市场需求对工艺创新的拉动力总是伴随着产品的需求而产生，具体表现为随着消费者对产品的需求量增加、产品质量要求的提高、产品种类需求的多样化，企业必然通过工艺创新来增加生产能力、提高产品质量、扩大产品种类，从而在市场竞争中获得更多的市场份额和利润。内部市场需求对工艺创新的拉动力主要源于生产成本和生产成功率的需要，具体表现为企业通过工艺创新进行技术改造和更替，降低生产活动的物资能源消耗，提高产品的成功率，从而在市场竞争中具有低成本的优势。

2. 市场对制造业绿色工艺创新的拉动作用

市场对制造业绿色工艺创新的拉动作用来源于两个方面：首先是市场需求（尤其是绿色需求）对绿色工艺创新的拉动作用，其次是市场竞争对市场需求拉动作用的有效传导。

1）市场需求与制造业绿色工艺创新动力

市场需求是传统创新动力来源的观点已被众多创新领域的研究者认同，这种观点同样适用于绿色工艺创新。对于制造业绿色工艺创新来讲，市场需求的拉动作用体现了自身的特点，即市场需求对制造业绿色工艺创新的拉动作用依赖于市场需求的绿色化转变，这种拉动力随着绿色市场需求的不断增加而不断增强。

对于我国制造业绿色工艺创新来讲，市场需求的拉动力来源于国内市场和国外市场两个方面。

国内市场绿色需求的增加将会有效地促进制造业绿色工艺创新活动开展。随着国内消费者和企业环境保护意识不断提高，对绿色产品和清洁生产的需求也将不断增加，从而形成绿色工艺创新的外在压力。例如，宁波镇海居民要求停止炼化一体化项目和广州番禺村民要求带来污染的化工企业搬离的案例就是消费者对绿色生产需求的最好说明。这种压力也体现在供应链的上下游企业之中，供应链中任何一家企业对产品环保化和清洁化生产的要求，都会对供应链上其他企业形成绿色工艺创新的有形或无形压力，从而激励绿色工艺创新（戴鸿轶和柳卸林，2009）。

国外市场的绿色需求对出口企业形成制造业绿色工艺创新的压力。出口被认为是传统创新的一个重要驱动因素，这种驱动作用主要来源于出口企业突破国外市场贸易壁垒的需求（Crespi et al.，2008）。而随着世界市场需求朝着重视低污染、低能耗产品和工艺的方向发展，绿色壁垒作为一种新的贸易保护措施越来越多地被应用，这将促使出口的驱动作用从传统创新向绿色创新转变，从而推动绿色工艺创新的开展。例如，欧盟所设立的"RoHS"禁令、"WEEE"禁令典型代表了绿色壁垒，这些绿色壁垒对我国出口导向性制造业的绿色工艺创新形成了重要的创新拉动力（范群林等，2011）。一般来讲，产品出口规模越大的产业，绿色工艺创新受到的出口拉动作用越大；出口目的国环境保护意识越强，出口对绿色工艺创新的拉动作用也越大。

2）市场竞争与制造业绿色工艺创新动力

就动力而言，市场需求比科学技术的作用更直接、更基本。因为通过满足市场需求获得的经济利益是创新的最终目的，而技术机会很可能是追求这种目标的结果，或者是在这种目标下创新主体不断搜寻的结果。但市场需求对制造业绿色工艺创新的驱动作用还依赖于市场竞争，只有在一定的市场竞争强度和相对公正的市场竞争机制的作用下，市场需求才能拉动制造业绿色工艺创新。因此，市场竞争也是制造业绿色工艺创新的拉动力因素之一。

随着市场需求不断向绿色可持续的消费模式转变，绿色市场的竞争将越来越激烈。在激烈的市场竞争中，企业面临生存与发展的压力必然选择进行绿色工艺创新，从而在绿色市场竞争中取得优势。一般来讲，绿色市场竞争的强度越大，对制造业绿色工艺创新的拉动力就越大。

市场竞争主要通过以下几个方面对制造业绿色工艺创新产生拉动作用：首先，在市场竞争中，为适应市场环境的变化并做出正确的反应，创新者必须加快对市场信息和技术知识信息的获取速度，为创新活动的开展做好准备工作；其次，竞争强迫制造业企业创新生产工艺，提高生产效率，提供价廉物美的产品；再次，竞争能改变人们的观念，增长技术开发者的才干；最后，竞争可以消除创新的不确定性所带来的消极因素（孙冰，2003）。

市场竞争对制造业绿色工艺创新的推动作用依赖于市场竞争机制的公平性。当缺乏足够公平的市场竞争机制时，部分企业会凭借自身的特权和垄断地位，利用不正当的竞争手段获取市场利润，并维持其垄断地位，在不进行绿色工艺创新的前提下，挤占市场空间，侵占创新企业的利益，从而不利于创新活动展开（赵玉林，2006）。只有在公平、公正的竞争环境中，市场需求和市场竞争才能转化为制造业绿色工艺创新的动力。

2.3.3　制造业绿色工艺创新的管制推动力

1. 管制推动创新研究的源起

环境管制与创新关系的研究萌芽于环境管制与国际竞争力关系的研究。20世纪70~80年代，随着资源环境问题的逐渐凸显，不少发达国家实施了较为严厉的环境管制政策，国外不少学者开始研究环境保护政策的作用，尤其是对企业竞争力的影响。

　　不少学者认为环境管制具有挤出效应和约束效应，增加了企业的成本，降低了企业的国际竞争力。而 Porter（1991）、Porter 和 van der Linde（1995）却持相反的观点，认为环境管制虽然在短期内增加了企业成本，但从动态的观点来看，环境管制有利于提升企业的竞争力，而其中的关键在于环境管制能推动企业的创新活动。这一观点被称为波特假说，构成了研究环境管制与技术创新关系的基础。

　　波特假说的提出引起了大量学者研究环境管制与创新的关系。波特本人及波特假说的支持者认为，在较严厉的环境管制政策下，企业为了应对外部环境成本内部化的问题，将被迫进行技术创新活动，采用新的、更有效率、更加环境友好的生产工艺和设备，技术创新活动所带来的新技术或进行技术改进将提高产品产出和降低生产成本，从而提高企业的整体竞争力。

　　虽然波特假说认为环境管制能促使企业进行创新，从而实现经济绩效与环境绩效的双赢，但由于其结论缺乏一个明确的理论构建和令人信服的证据，不少文献对波特假说存在怀疑和批评。赵细康（2006）对波特假说的主要研究成果进行了总结，从假设前提、研究范式等方面对比分析了波特假说支持者和反对者的观点，在一定程度上解释了环境管制与创新关系研究结论存在差异的原因，具体如表 2.3 所示。

表 2.3　波特假说赞同者与反对者的比较

焦点	赞同者	反对者
假设前提	动态模式； 技术动态； 不完全信息； 存在 X 非效率现象	静态模式； 固定的技术、产品和生产模式； 信息充分； 不存在 X 非效率现象
研究范式	基于管理理论	基于经济学理论
分析视角	利润最大化	成本最小化
影响机制	管制—刺激创新—成本节约—竞争力上升	管制—外部成本内部化—成本增加—竞争力下降
环境政策角色	绿色技术创新的触发器	厂商额外环境成本的来源
实证检验	部分个案和检验结果支持	部分检验结果的支持
代表人物	Poter、van der Linde、Altam、Berman、Bui 等	Palmer、Jaffe、Simpson、Bradford 等

2. 环境管制与绿色工艺创新

　　环境管制能推动制造业绿色工艺创新的关键在于绿色工艺创新的双外部性特征。一般来讲，传统工艺创新活动建立在内部经济性的基础上，通过工艺创新降低生产过程中的边际成本等内部费用，但未考虑生产过程的外部费用变化，以及外部边际费用的增加。因此，绿色工艺创新在传统工艺创新的条件下存在动力不足的问题，只有当创新主体受到环境管制导致内部边际成本增加，以及社会和市场等压力的情况下，才会选择进行绿色工艺创新（赵细康，2004）。并通过实施绿色工艺创新，采用更为环保、更高效率的绿色工艺和设备，降低生产活动所带来的环境污染问题和提高生产效率。

环境管制推动制造业绿色工艺创新主要表现在两方面，即直接推动作用和间接推动作用，具体如图 2.6 所示。

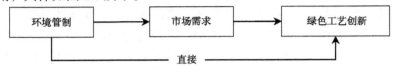

图 2.6 环境管制推动制造业绿色工艺创新的示意图

环境管制的直接推动作用是指环境管制政策直接作用于绿色工艺创新。随着环境管制政策的制定和实施，制造业企业生产的外部环境成本增加，在追求生产成本最小化和利润最大化的驱使下，企业进行绿色工艺创新的意识和动力必然增强。因为只有通过绿色工艺创新，企业才能降低污染排放量，减少甚至避免环境管制所带来的惩罚成本，从而减少企业的成本。同时，绿色工艺创新有助于进一步提高生产效率，减少生产的物质能源消耗，增加产品的成功产出率等，从而提高企业的生产利润。

环境管制的间接推动作用是指环境管制政策通过改变市场需求，进而对绿色工艺创新产生影响。随着环境政策的实施，社会环境意识不断提高，消费者对绿色产品和绿色生产的要求必然也提高，从而市场需求不断向绿色可持续的消费模式转变，增加制造业企业绿色工艺创新的积极性和主动性。

2.4 制造业绿色工艺创新路径

2.4.1 制造业绿色工艺创新路径的界定

创新路径是近年来创新领域一个新的研究问题，但目前较少有学者对创新路径的定义进行明确的界定。词典中"路径"一词具有"道路""到达目的地的路线""人的行径"等含义，也被引申为"办事的门路或办法"。因此，从字面上简单来讲，创新路径可以理解为实现创新的路线与方法。

目前，学术界对创新路径的定义尚未形成统一意见。总体来看，现有关于创新路径定义的观点可以分为宏观视角的定义和微观视角的定义两种。

在宏观视角定义的研究方面，Kim（1997）认为发展中国家的创新路径遵循了"引进→消化吸收→创新"的发展过程，而 Lee 和 Kim（2001）则认为发展中国家不需要完全遵循 Kim（1997）提出的三阶段路径，可以跳过某些阶段而实现较快追赶，从而提出创新路径的"阶跃论"。安同良（2003）认为发展中国家的创新路径包括选择、获取、消化吸收、改进、创新五个阶段。

在微观视角定义的研究方面，段小华和鲁若愚（2001）认为在对各种创新实施方案进行选择时，方案集合在一段时期内叠加形成的通道或路径的轨迹，并产生的持续性行为结果就是技术创新路径。文丰和王玉（2006）认为技术创新过程中，不同创新关键要素间形成的因果传导关系就是创新路径，这些关键要素包括创新意愿、创新投入、创新加速度、创新能力、创新市场化率、创新激励程度等。王方瑞（2008）认为自主创新路径是在自主创新动态发展过程中，对创新形式组合进行调整所产生的创新速度、创新程度、自主知识产权的演化轨迹。陈莎莎（2009）认为在了解自身知识分布情况和知识需求的情况下，通过正确的方式组合内源知识和外源知识，并进行有效的创新管理的过程就是技术创新路径。刘宏程和全允桓（2010）认为创新路径是企业在推出新产品过程中内部完成的所有创新环节的集合。

综上所述，本书认为绿色工艺创新路径是指以实现绿色工艺创新为目的的，从绿色工艺研发或获取向绿色新工艺应用的动态发展过程。

2.4.2 制造业绿色工艺创新的基本路径

目前，创新路径存在多种划分方式，如按创新手段以及创新主体关系的不同将创新路径分为自主创新路径、合作创新路径和模仿创新路径，按创新对象不同将创新路径分为产品创新路径和工艺创新路径等。Landau 和 Rosenberg（1986）认为任何一项创新活动可以存在多条始于不同起点的创新路径。因此，根据创新起点的不同以及对技术范式的影响不同，本书提出了我国制造业绿色工艺创新的两条基本路径，即基于研究开发的绿色工艺创新路径和基于技术获取的绿色工艺创新路径。

1. 基于研究开发的绿色工艺创新路径

1）基于研究开发的绿色工艺创新路径基本形态

基于研究开发的绿色工艺创新路径（简称研发式绿色工艺创新路径）的基本形态如图 2.7 所示。

研发式绿色工艺创新路径起源于基础研究或应用研究，适用于全新的或重大突破的绿色工艺创新，具有较强的创造性破坏。从技术范式和技术轨迹的角度来看，这种绿色工艺创新路径往往会对现有的技术轨迹造成较大的破坏，甚至超出现有的技术范式而创造新的技术范式。因而，基于研究开发的绿色工艺创新路径

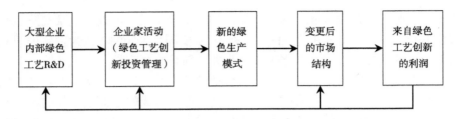

图 2.7　研发式绿色工艺创新路径

也可以称为一次创新路径。

2）绿色工艺研发的构思来源

绿色工艺研发的构思来源是一次创新路径的基础，这些构思触发了绿色工艺创新行为。通常来讲，绿色工艺研发构思来源分企业内部和外部两个方面。内部的创新构思来源主要包括企业内部（如内部技术进步触发的新构思、研发人员的新构想、现有的绿色工艺体系、现有工艺的缺陷等）、企业集团内部等。外部的创新构思来源主要包括客户与消费者，本行业的竞争者，设备、原材料、中间产品供应商，高校与科研机构，政府，技术市场或咨询机构，行业协会等。

不同创新构思来源对创新的影响存在一定的差异，如表 2.4 所示。

表 2.4　不同构思来源对创新构思的影响程度（单位：%）

构思来源	影响程度高	影响程度中	影响程度低	没有影响
企业内部信息	33.2	44.7	12.1	9.9
企业集团内部信息	16.2	31.3	13.6	38.9
客户与消费者的需求信息	59.7	30.6	4.7	4.8
来自本行业其他企业信息	29.6	45.3	15.2	9.9
来自设备、原材料、中间产品供应企业的信息	21.6	43.9	19.6	14.8
技术市场或咨询机构的信息	17.1	36.6	24.7	21.5
来自行业协会的信息	14.8	35.8	23.4	26.0
来自高校的信息	8.9	25.0	25.3	40.8
来自研究机构的信息	12.5	28.9	23.6	35.0
从政府部门获取信息	12.2	30.2	26.0	31.6
商品交易会、展览会	26.7	36.7	17.5	19.0
科技文献	12.0	33.9	26.6	27.4
互联网媒体信息	17.7	37.3	23.0	21.9

资料来源：国家统计局社会和科技统计司（2008）

在创新构思的内部来源中，企业内部信息是创新构思的重要来源。企业内部信息对创新构思的影响率约为 90%，其中 33.2%对创新构思具有较高的影响。

在创新构思的外部来源中，来自客户与消费者的需求信息、来自本行业其他企业信息，以及来自设备、原材料、中间产品供应企业的信息是重要的创新研发构思来源。来自客户与消费者的需求信息对创新构思的影响率高达 95%，其中 59.7%对创新构思具有较高的影响；来自本行业其他企业信息对创新构思的影响率为 90.1%，其中 29.6%对创新构思具有较高的影响；来自设备、原材料、中间产品供应企业的信息对创新构思的影响率为 85.1%，其中 21.6%对创新构思具有较高的影响。

2. 基于技术获取的绿色工艺创新路径

1）基于技术获取的绿色工艺创新路径基本形态

基于技术获取的绿色工艺创新路径（简称获取式绿色工艺创新路径）的基本形态如图 2.8 所示。

图 2.8　获取式绿色工艺创新路径

这种绿色工艺创新路径起源于对外部绿色工艺的搜寻和获取，通过仿制、反求工程等手段进行消化、吸收，在研制的基础上改进获取的绿色工艺，甚至进行创造性模仿，进而在研究开发的基础上进行再次创新。因此，获取式绿色工艺创新路径也可以称为二次创新路径。从技术范式和技术轨迹的角度来看，这种绿色工艺创新路径遵循现有的技术范式，并沿着既定技术轨迹而发展，创新所得的绿色工艺与现有绿色工艺并不存在本质上的差异。

2）绿色工艺的外部来源与获取途径

绿色工艺的外部来源主要包括大学、研发机构、业内的竞争者、其他制造业、其他行业、供应商、消费者等方面，这些外部来源为制造业绿色工艺创新提供了创新的基础。而获取这些外部来源的手段主要包括两种，即市场化手段和非市场化手段。市场化手段是指通过经济、技术市场的途径获取外部绿色工艺，主要包括技术引进、技术购买、技术并购三种方式；非市场化手段是指通过非经济、技术市场的途径获取外部绿色工艺，主要包括技术联盟、技术溢出两种方式。

绿色工艺的外部来源与获取途径如图 2.9 所示。

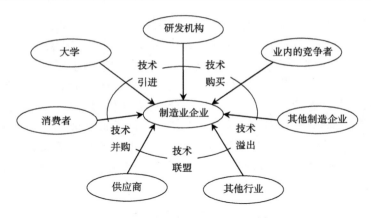

图 2.9 绿色工艺的外部来源与获取途径

2.4.3 两种绿色工艺创新路径的区别与关系

1. 两种绿色工艺创新路径的区别

研发式绿色工艺创新路径与获取式绿色工艺创新路径的区别如表 2.5 所示。两种绿色工艺创新路径在创新的新颖性、创新成本、创新收益、创新风险、创新能力等方面具有一定的差异。

表 2.5 两种绿色工艺创新路径的区别

区别	研发式绿色工艺创新路径	获取式绿色工艺创新路径
新颖性	新颖性高，创新难度大	新颖性较低，创新难度较低
创新成本	创新成本高	创新成本较低
创新收益	创新收益高	创新收益较低
创新风险	创新风险高，成功率低	创新风险较低，成功率高
创新能力	对（原始）创新能力要求较高	对创新能力要求较低

研发式绿色工艺创新路径产生的绿色工艺技术往往是一种与现有工艺具有很大区别的工艺，甚至是一种全新的绿色工艺，一般能带来较高的利润回报。但同时这种路径的绿色工艺创新活动的成本和风险也相对较高。因此，采用研发式绿色工艺创新路径的制造业企业需要拥有很多的资源和知识技术积累，具有较强的研发资金与人员支持能力，同时还要具有较强的创新能力，尤其是原始创新能力。

获取式绿色工艺创新路径的创新成本和风险相对较小，创新所得的绿色工艺的新颖性较低，但同样这种绿色工艺创新路径的收益也较小。获取式绿色工艺创新路径适用于资源和创新能力相对不足的制造业企业，可在优先资金和技术力量的条件下满足企业发展的需要，并在较短的时间内通过消化吸收增加技术知识积累，提高创新水平，充分发挥后发优势而获得竞争优势。

2. 两种绿色工艺创新路径的动态关系

研发式绿色工艺创新路径与获取式绿色工艺创新路径并非全无关联的两条创新路径，在一定条件下，获取式绿色工艺创新路径将向研发式绿色工艺创新路径演变，实现二次创新路径向一次创新路径的进化。外部技术获取的动态性与二次创新的进化过程如图 2.10 所示。

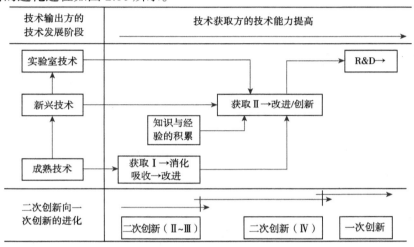

图 2.10　外部技术获取的动态性与二次创新的进化过程

资料来源：吴晓波（1995）

如图 2.10 所示，二次创新的动态过程基本上遵循了以下进化过程。在外部技术获取的基础上，经过模仿创新（Ⅰ型二次创新：通过"干中学"的方式提高技术能力）、创造性模仿（Ⅱ型二次创新：实现已有技术结构与获取技术结构的相互适应和融合，即实现外部获取技术的内部化）、改进性创新（Ⅲ型二次创新：在技术积累和获取技术内部化的基础上逐步形成自我的研发能力）、后二次创新或准一次创新（Ⅳ型二次创新：主动实现技术范式的突破和技术轨道的跳跃）四个阶段，实现向一次创新的演化。

二次创新的这种动态演化过程要求技术获取方根据自身的技术水平和研发能力，动态的获取相应水平的外部技术，从而有效地实现二次创新向一次创新的进化，避免陷入"外部技术获取→技术差距缩小→技术水平停留在原有获取水平→技术差距再次扩大→再次外部获取"的外部技术获取恶性循环过程。

吴晓波（1995）认为二次创新活动是一个不断积累、进化的动态发展过程，能实现向一次创新的动态演化，但这种演化过程受到外部技术获取类型和内部技术学习能力的影响。

对于技术能力较薄弱的技术获取方,适合先选择成熟技术(获取Ⅰ),该类技术在引进时已经处于技术生命周期模型中的特定阶段,工艺创新与产品创新的频率都在降低,主导设计已经趋于成熟,即通常所说的成熟技术,技术竞争的焦点已经转向产品与工艺上的渐进改进,然后通过消化吸收实现Ⅰ、Ⅱ、Ⅲ型二次创新,推动知识积累的增加和技术能力的提升。

当技术获取方具有一定的技术能力后,引进新兴技术或实验室技术(获取Ⅱ),该类技术在引进时处于技术生命周期模型中的转换阶段末期,主导设计正在形成,技术改进的空间相对较大,但对技术获取方的研发能力和生产能力要求高,然后通过Ⅳ型二次创新最终实现技术追赶(彭新敏等,2011;吴晓波等,2009)。

二次创新理论是从技术追赶和后发优势角度提出的、适应于发展中国家的创新理论,为发展中国家从基于技术引进的模仿创新到自主创新的动态演化过程提供了理论指导。同时,也从理论角度揭示了第二次世界大战后日本、韩国的创新成长路径。

2.5　制造业绿色工艺创新绩效

2.5.1　制造业绿色工艺创新绩效的内涵

绿色工艺创新绩效是衡量制造业绿色工艺创新活动实施效果的重要概念。由于绿色工艺创新活动的复杂性和研究视角的多样性,目前尚未形成绿色工艺创新绩效的统一概念。总体来看,现有绿色工艺创新绩效的概念存在以下两种观点。

(1)将绿色工艺创新绩效视为创新产出,强调制造业绿色工艺创新活动的产出及其产生作用效果。绿色工艺创新产出是指制造业绿色工艺创新活动产生的专利、技术诀窍等知识成果以及新产品销售产值等社会经济效益,该维度从"量"的角度体现了制造业绿色工艺创新绩效的数量成果。

该类研究中大多数学者采用单一指标测度方式,而评价指标大致分为专利和新产品两类。在采用专利作为测度指标的研究中,专利申请量和专利授权量是最常见的测度指标,如 Ahuja 和 Katila(2001)、刘岩等(2015)以发明专利数授权量作为技术创新绩效的近似值,Penner-Hahn 和 Shaver(2005)、王伟光等(2015)则以专利申请数作为技术创新绩效的测度指标;专利引用率、专利增长率、发明专利数等也是常用的技术创新绩效测度指标。在采用新产品作为测度指标的研究中,新产品销售收入、新产品产值等绝对指标和新产品销售收入占销售收入比重、新产品产值占总产值比重等相对指标常被用来测度技术创新绩效。此外,部分学者通过多指标测度方式衡量技术创新绩效。

（2）将绿色工艺创新绩效视为创新效率，注重评价制造业绿色工艺创新投入与产出的比例关系或有效性。绿色工艺创新效率反映了制造业绿色工艺创新活动的过程管理有效性，表现为绿色工艺创新活动的投入产出关系，该维度从"质"的角度体现了绿色工艺创新绩效的过程管理水平。

最常见的研究思路是从投入产出视角构建技术创新绩效评价指标体系，进而计算技术创新效率。从评价指标体系来看，常用的创新投入指标包括科技活动资本存量、R&D 人员全时当量、科技活动人员数、科技活动支出、研发支出、财政科技支出比重、研发金融贷款比重、全职科学家和工程师人数等（Huang and Wang，2004；Wang and Huang，2007；苏屹和李柏洲，2013）；而创新产出指标除前文的指标以外还包括主营业务利润、资产收益率、产业增加值、高技术产业出口额等（Zhong et al.，2011；Guana and Chen，2012；Cruz-Cázares et al.，2013）。就研究方法而言，SFA（stochastic frontier approach，即随机前沿方法）模型、道格拉斯生产函数、知识生产函数等方法多运用于多投入单产出指标体系的技术创新效率评价，而数据包络分析（data envelopment analysis，DEA）模型、综合加权比例等方法多运用于多投入多产出指标体系的技术创新效率评价。

2.5.2　制造业绿色工艺创新绩效的基本维度

由于研究视角的差异性以及对绿色工艺创新绩效内涵的界定不同，绿色工艺创新绩效的衡量维度也存在两种不同的观点。

（1）基于产出视角的绿色工艺创新绩效维度划分。陈劲等（2001，2002）从绿色概念的提出和应用、绿色产品创新、绿色工艺创新和末端技术创新 4 个方面选择了 22 个指标，设计了绿色技术创新绩效的审计指标体系，并通过问卷调查的方式对江浙一带 55 家企业的绿色技术创新绩效进行了实证研究；其中，绿色工艺创新绩效包括清洁生产技术创新和末端治理技术创新两个方面。

Tseng 等（2013）构建了绿色创新绩效评价指标体系，从五个方面对绿色创新绩效进行评价，其中，绿色工艺创新绩效的评价指标如表 2.6 所示。

表 2.6　绿色工艺创新评价指标体系

项目分类	标准
工艺创新（AS2）	C7 在生产、使用及废物处理过程中减少对水、电、气、油等能源的消耗 C8 对材料的回收、再利用及再生产 C9 使用清洁技术节约能源等的开支，减少废物对环境的污染 C10 指派内部审计人员对供应商的环境性能进行评估 C11 工艺设计和创新，提高企业研发能力 C12 低成本绿色供应商；与竞争对手进行单位成本比较

资料来源：Tseng 等（2013）

Chen 等（2006）指出绿色工艺创新绩效测量如下：制造工艺有效地减少有害物质和废物的排放；制造工艺可以把废物和排放物循环再利用；制造工艺减少了水、电、煤和油的消耗；制造工艺减少了原材料的使用。绿色产品创新绩效的测量如下：企业采用的产品材料在产品的开发和设计中产生最少的污染；企业采用的产品材料在产品开发和设计中消耗最少的能源和资源；企业采用的产品原料在产品开发和设计中消耗最少的材料；企业在产品开发和设计中对于产品的循环、再利用和分解经过深思熟虑。

Lin 和 Chang（2009）从公司采用节能材料、最低的材料使用量、产品回收利用、降低有害物质排放、有害物质和垃圾回收再利用、能源消耗和减少使用未加工原料七方面评价了绿色产品创新和绿色工艺创新。Arundel 和 Kemp（2007）从技术水平、知识产出水平、间接绩效水平和直接绩效水平四方面进行环境创新绩效评价。程华和廖中举（2011）运用因子分析法，从环境创新资金投入、环境创新人力投入、环境规制投入、环境绩效、经济绩效五个方面对环境创新绩效进行了实证分析。

（2）基于效率视角的绿色工艺创新绩效维度划分。该种观点中，大多数文献利用 DEA、DEA-RAM 等方法计算绿色工艺创新投入产出的全要素生产率，进而将绿色工艺创新绩效视为绿色工艺创新效率。吴雷（2009）认为生态创新绩效包括经济效益、环境效益和社会效益三个方面，并运用 DEA 对生态技术创新绩效进行了评价分析。华振等（2011）从创新投入、创新产出和创新环境三个方面构建了绿色创新绩效的评价指标体系，并运用 DEA 模型进行了实证分析。任耀等（2014）基于 DEA-RAM 模型构建了体现绿色发展与创新驱动理念的绿色创新效率评价模型。

（3）本书的观点。李海萍等（2005）认为绿色创新绩效包括环境绩效和经济绩效两个部分，而中国科学院可持续发展战略研究组（2010）则认为绿色创新绩效还包括社会绩效，绿色创新绩效是技术、组织、社会和制度的统一。因此，借鉴现有学者的观点以及制造业的实际情况，本书将制造业绿色工艺创新绩效界定为制造业绿色工艺创新活动的产出及其产生的影响，包括绿色工艺创新的经济绩效、社会绩效和生态绩效三个维度。

其中，绿色工艺创新经济绩效强调从制造业显而易见的经济利益的角度去考察技术创新对制造业产出、成本、质量以及效率等方面的影响；绿色工艺创新社会绩效强调制造业绿色工艺创新活动在知识创造、信息化建设、促进就业（尤其是高技术人才就业）、出口以及劳动生产率等方面的影响；而绿色工艺创新生态绩效强调从可持续发展的角度去考察绿色工艺创新对节能利废、节约资源以及保护环境等方面的影响。

2.6　本章小结

本章首先对绿色工艺创新及相关概念和特征进行了界定，探讨了绿色工艺创新的基本过程，并在进行绿色工艺创新过程阶段划分的基础上，研究了各阶段的关键问题；其次分别分析了制造业绿色工艺创新动力、绿色工艺创新路径、绿色工艺创新绩效，奠定制造业绿色工艺创新的理论基础。

第3章 外商直接投资对制造业绿色工艺创新的影响模型构建

3.1 外商直接投资的理论基础

3.1.1 外商直接投资及相关概念界定

1. 外商直接投资的定义

本书认为外商直接投资是指投资主体在本国（或本地区）以外的国家和地区所投资的工商企业，并通过直接直接参与或控制的方式管理该企业，从而在东道国市场获取持久的经济利益的一种跨国投资方式。对于接收国来讲，外商直接投资一般被称为外商直接投资；对于投资国来讲，外商直接投资一般被称为对外直接投资；对于国际组织来讲，外商直接投资一般被称为国际直接投资。本书主要从接收国的角度来研究外商直接投资。

外商直接投资必须具备跨国性、实体性和控制性三个特征。跨国性是指投资主体源于国外，具有跨越国境的特点。实体性是指外商直接投资的接收方必须是实体企业，对应实物形态的新增和生产。控制性是指投资主体对所投资企业具有一定的控股权，可以直接参与企业的经营与管理。控制性是外商直接投资与外商间接投资的根本区别。

关于外商直接投资的控股权比例，目前尚未达成统一。林德特和金德尔伯格（1985）认为对外直接投资必须拥有东道国企业的股份超过 10%。我国将外资股份超过 25% 的企业称为外商直接投资企业，这与日本、国际基金货币组织等国家和组织的规定一致。法国则将外国投资超过 1/3 的企业称为外商直接投资企业。美国商务部对外商直接投资企业做了较为详细的规定：相互间组织松散的美国自然人或法人投资比例超过 50%、相互间组织紧密的美国自然人或法人投资比例超过 20%、1 个美国自然人或法人的投资比例超过 10%（张磊，2010）。

2. 跨国公司的定义

跨国公司又称多国公司、国际公司、全球公司等，一般是指以利润为导向，在多个国家设立分支机构或子公司，从事生产、销售或其他经营活动的国际企业组织形式。跨国公司是一种国际性的、相对复杂的组织形式，其经营管理过程受到多个国家的政治体制、经济制度、法律环境、文化习惯等因素的影响，从而导致学者对跨国公司的某些特征存在较多争议。例如，在跨国公司的结构标准方面，不少学者认为跨国公司必须在两个国家以上设立子公司或附属机构，但也有学者认为必须在六个国家以上设立子公司或附属机构。

在跨国公司的业绩标准方面，邓宁对跨国公司的销售业绩做了较为严格的规定，他认为国外子公司的销售业绩必须超过 1 亿美元；而罗尔夫则从相对灵活的角度规定了跨国公司的绩效标准，他认为在生产值、销售额、利润额、资产额或雇员人数等指标中，国外子公司的任何一项指标达到整个公司的 25% 以上的公司就是跨国公司（叶阿次，2010）。

目前，具有较高认可度的跨国公司定义来源于联合国提出的《跨国公司行为守则》，该守则从三个方面对跨国公司进行了定义：首先，规定了跨国公司海外结构标准，认为跨国公司必须在两个及以上的国家拥有实体子公司；其次，规定了跨国公司的管经营理模式，即跨国公司具有一个统一的经营管理决策体系；最后，明确了各子公司之间的关系，认为跨国公司分设在各国的子公司主要通过股权及其他方式进行联系，并能够达到实体间责任共担和知识共享（张静，2010）。

综上所述，本书认为跨国公司是指除在本国（或地区）拥有企业以外，还在国外（或地区）设立企业或对国外企业具有控股权的公司。

3. 外商直接投资与跨国公司的关系

在关于外商直接投资的研究中，往往会涉及跨国公司，甚至在一些研究中将跨国公司等同于外商直接投资，这主要是由于两者具有密切的关系。跨国公司是世界上产业技术的主要创新者，核心技术是跨国公司保持其垄断优势的基础，而外商直接投资恰好是跨国企业向东道国转移先进技术的重要渠道。可以说，外商直接投资是跨国公司最重要的活动形式，跨国公司既是外商直接投资的绝对主体，又是外商直接投资的产物（杜健，2005）。

由于二者之间有着天然的联系，学者在研究外商直接投资过程中往往会涉及跨国公司，通过研究跨国公司的行为来研究外商直接投资对东道国经济发展、产业结构、技术创新等方面的影响。

3.1.2　外商直接投资的动因与进入模式

1. 外商直接投资的动因

1）外商直接投资进入东道国的动因

从企业行为本质上来看，外商直接投资行为产生的根本原因是追求利润（尤其是高额利润）和实现扩张发展（企业规模的对外扩张）。具体而言，外商直接投资的动因较多，从动因产生的角度来讲，可以分为两大类，即主动性动因和被动性动因。

主动性动因起源于企业内部，是指为实现企业发展和利润需要而主动产生的外商直接投资行为，主要如下：以寻求稳定的自然资源供给、廉价的劳动力为基础的资源导向型投资动因；以保持或扩大原有市场份额、开辟新市场为导向的市场导向型投资动因；以获得规模经济绩效、降低生产运营成本为基础的效率导向型投资动因；以降低企业经济风险、政治风险为基础的分散风险型投资动因；以获取外部知识、技术为基础的技术导向型投资动因；以实现全球化发展为基础的全球战略性投资动因。

被动性动因源于企业外部，是指受外部的政策环境影响而被诱导或被逼迫进行的外商直接投资，主要如下：以克服贸易壁垒的限制和障碍为基础的出口战略导向型投资动因；以响应母国鼓励投资政策号召或追求东道国优惠政策为基础的政策导向型投资动因；以降低环境管制成本为基础的污染转移型投资动因。

外商直接投资行为的产生既可以是某一动因单独驱动的结果，亦可以是多个动因综合作用的结果。但从本质来看，通过追求超额利润实现企业的利润最大化，才是外商直接投资的最根本动因和目标，其他动因都是它的派生形式。

2）外商直接投资参与我国制造业绿色工艺创新的动因

随着我国制造业流入外商直接投资的规模不断扩大，不少外商直接投资企业将参与我国制造业的绿色工艺创新活动。究其动因，同样可以分为主动性动因和被动性动因两种。

对于具有主动性动因的外商直接投资企业来讲，其参与我国制造业绿色工艺创新的动因主要在于获取我国低廉创新人力资源成本和创新知识。目前，我国的创新人力资本相对于发达国家的创新人力资本较为低廉，从而具有较低的绿色工艺创新成本，同时随着我国创新知识基础积累的不断增加，我国的绿色工艺创新能力也在不断提升。这使部分外商直接投资企业主动利用我国的创新人力资本和创新知识基础进行绿色工艺创新活动，以相对较低的绿色工艺创新成本，提高其绿色工艺技术的全球竞争力。

对于具有被动性动因的外商直接投资企业来讲，其参与我国制造业绿色工艺创新的动因主要在于市场竞争压力和环境管制的压力。一方面，随着我国制造业绿色工艺创新能力的提升，我国制造业通过绿色工艺创新所带来的竞争优势在不断增强，从而迫使外商直接投资制造业企业进行绿色工艺创新，以提高其市场竞争力。另一方面，随着我国环境管制强度的不断加强，尤其是对外资企业环境污染问题的重视，不少外商直接投资企业开始从母国引进更加环保的工艺技术，甚至通过本土的绿色工艺创新活动提高其绿色技术水平，以降低我国环境管制的惩罚。

2. 外商直接投资的进入模式

外商直接投资的进入模式是指企业各种生产要素进入他国市场的一种制度性安排。不同的进入模式具有不同的资源配置方式、国际化程度和风险程度，也意味着外商直接投资能从东道国市场获取不同的利益。因此，选择适当的进入模式是外商直接投资行为的重要决策之一。外商直接投资进入东道国的模式从不同的角度可划分成多种模式，其中按实现手段划分和按股权模式划分是最主要的两种划分方式。从实现手段来看，外商直接投资的进入模式主要分为绿地投资和跨国并购两种；从股权模式来看，外商直接投资的进入模式主要分为独资经营、合资经营与合作经营。

1）绿地投资和跨国并购

绿色投资也称新建投资，是指在遵循东道国法律规定的前提下，在东道国建立全新的工商实体企业，并实现"一揽子"生产要素转移的投资方式。这种投资方式不考虑东道国相应产业的生产能力（班允浩，2004），其目的在于更安全地发挥母国公司的所有权优势。绿地投资的新建企业既可是独资公司也可是合资公司，其中独资公司包括国外分公司、国外子公司和国外避税公司三种，合资公司可以分为股权式合资公司和契约式合资公司两种类型（王林佳，2007）。绿地投资是早期外商直接投资进入东道国的基本模式。

跨国并购也称褐地投资，是指通过并购当地现有企业等手段在东道国建立新的企业的投资方式（李蕊，2003）。跨国并购主要包括跨国兼并和跨国收购两种形式。一般来讲，跨国并购时所收购的股权必须超过当地企业或外国子公司10%。跨国并购的研究源于国内并购，是国内并购在全球经济一体化进程中的跨国延伸。跨国并购涉及两个以上国家的企业、市场以及法律制度等多个方面，因此跨国并购所引起的经济和法律关系比一般经济活动复杂，从而对东道国产生多方面的影响（赵娜，2008）。20世纪90年代以来，跨国并购的规模日益扩大、影响不断增强，在世界外商直接投资流出和流入总额中的比重迅速上升，已取代绿地投资成为外商直接投资的最主要进入模式（王林生，2000）。

2）独资经营、合资经营与合作经营

独资经营是对所建公司的生产、销售、管理等各个方面具有完整的控制权。独资经营的优点在于保证国内母公司具有绝对控制权和经营决策权，可以确保公司整体战略目标的实施；还可避免合资企业中如双方经营管理方法、市场目标等方面的不协调，以及塑造未来市场竞争对手的不利因素。合资经营是指与东道国企业共同建立的企业，并共享该企业管理和控制权。这种双方共担风险、共享收益的股权式合资经营，具有独资经营所没有的一系列优势，如共同投资、共担风险，由于有当地合资人的协助，可以消除不熟悉当地陌生环境所产生经营上的困难等（郑长娟，2004）。

近年来，我国外商投资企业的独资化、增资控股倾向日益加剧，外商独资企业的比例不断增加（表 3.1）。

表 3.1　我国工业外商直接投资的独资企业与合资企业情况

年份	企业数合计/个	合资经营		独资经营	
		企业数/个	比例/%	企业数/个	比例/%
2001	31 423	19 551	62.22	11 872	37.78
2002	34 466	20 400	59.19	14 066	40.81
2003	38 581	21 471	55.65	17 110	44.35
2004	57 165	27 866	48.75	29 299	51.25
2005	56 387	26 527	47.04	29 860	52.96
2006	60 872	27 282	44.82	33 590	55.18
2007	67 456	29 480	43.70	37 976	56.30
2008	77 847	31 531	40.50	46 316	59.50
2009	75 376	30 201	40.07	45 175	59.93
2010	74 045	29 347	39.63	44 698	60.37
2011	57 216	23 007	40.21	34 089	59.58
2012	56 908	22 809	40.08	34 099	59.92
2013	57 368	22 302	38.88	35 066	61.12
2014	55 172	21 218	38.46	33 954	61.54

从企业数量来看，在 2001~2010 年，我国工业外商合资企业独资企业数量不断增加，外资企业总数从 31 423 个增加到 74 045 个。从所占比例来看，外商合资企业占外资投资企业总量的比重呈递减发展趋势，从 2001 年的 62.22%下降到2010 年的 39.63%；而外商独资企业占外资投资企业总量的比重呈递增发展趋势，从 2001 年的 37.78%上升到 2010 年的 60.37%。在 2011~2013 年，我国工业外商合资企业独资企业数量逐渐减少，但外商直接投资企业数量占全部外商直接投资企业数量的比重基本维持在 60%，2014 年更是高达 61.54%。由此可见，建立独资企业已成为外商直接投资进入我国市场的最主要模式。

3.1.3 外商直接投资的主要理论

第二次世界大战以后，国际直接投资活动日益活跃，成为推动全球经济复苏的重要力量，进而引起了对外商直接投资的大量研究。到 20 世纪 60~70 年代，外商直接投资的研究取得了较大的发展，形成了 20 余种理论，而被广泛认同的理论主要包括垄断优势论、内部化理论、产品生命周期理论、边际产业扩展理论和国际生产折衷理论。其中，垄断优势理论和内部化理论以产业组织理论为研究基础，产品生命周期理论和边际产业扩展理论以国际贸易理论和产业转移理论为研究基础，而国际生产折衷理论是上述理论的综合。

1. 垄断优势理论

Hymer（1960）在其博士学位论文中首次以垄断优势的概念解释国际经营行为，之后该概念在其导师 Kindleberger（1969）的进一步发展和完善下，形成了含义较为完整的垄断优势论，从而奠定了垄断优势论的研究基础。鉴于 Hymer 和 Kindleberger 对垄断优势论的贡献，这一理论又被称为海–金传统（Hymer-Kindleberger tradition）。

垄断优势理论对外商直接投资的研究主要建立在不完全市场竞争假设的基础之上。垄断优势理论认为企业对外直接投资行为的发生，是以存在着商品或要素的不完全性以及政府对竞争的干预所导致的市场不完善为前提的。垄断优势理论认为完全竞争市场仅是一种理论状态，在完全竞争的市场中，各个企业获取生产要素的权利平等，生产具有同质性的产品，并以同样的价格出售，企业无法形成对其他企业尤其是国外企业的竞争优势，从而进行对外直接投资不会给企业带来利益。但完全竞争的市场结构并不存在于现实中，因此传统国际资本流动理论所假设的完全竞争市场结构并不存在，需要从市场结构不完善的视角来研究外商直接投资的动因和条件。

垄断优势理论认为对外直接投资企业可以从不完善的市场中获取垄断优势。这种不完善性主要来源于以下三个方面：资本、人力、资源等生产要素市场的不完善；规模经济导致的市场不完善，以及外部因素干扰引起的不完善（如政府干预）（李东阳，2002）。这些不完善的市场将为外商直接投资企业提供垄断优势，具体包括资金与技术优势、组织形式优势、管理经验优势、原材料和核心中间产品优势、销售控制权优势、货币差异优势等。

垄断优势理论从不完全竞争市场的角度研究了外商直接投资的动因和条件，强调了技术优势、规模经济等垄断优势在外商直接投资中的作用，很好地解释了大型跨国公司的外商直接投资行为，尤其是对知识密集产业外商直接投资的解释，从而奠定了外商直接投资理论研究的基础。

2. 内部化理论

内部化理论由 Buckley 和 Casson（1976）提出，他们以科斯和威廉姆森的交易成本理论为基础，用内部化的概念来解释外商直接投资行为的原因和影响因素。在 Buckle 和 Casson 的基础上，Rugman（1981）对内部化理论进行了丰富和完善，从而形成了较为完整的内部化理论。

内部化理论建立在利润最大化和中间产品市场不完善的基础上，其核心思想是中间产品市场的不完善将引起外部交易成本的提高，为实现企业利润最大化，必须将外部交易成本内部化，因此跨国公司可以通过外商直接投资的方式，将外部市场的交易活动转化为公司内部的交易活动，从而降低进行国际直接投资的交易成本，提高海外投资的经济收益，并安全地发挥母国公司的垄断优势。

内部化理论认为企业是否进行外商直接投资在于内部化收益和成本之间的均衡。通过内部化可带来的收益主要表现在创造内部远期市场带来的收益、引入差别定价机制带来的收益、避免讨价还价带来的收益、消除中间产品市场不确定性带来的收益、减少政府干预带来的收益五个方面。而内部化的成本主要成本表现在分割市场产生的成本、信息交流成本、政府歧视性成本、内部市场的管理成本四个方面。只有当投资主体对内部化的收益预期高于成本时，中间产品才会内部化，才会产生对外直接投资行为。而内部化的成本和收益受到来自行业、地区、国别和公司四个方面众多因素的影响，其中，行业方面因素的影响最为关键。

3. 产品生命周期理论

产品生命周期理论由 Vernon（1966）提出，他在完全竞争假设的基础上，以美国为例，分析了工业制成品在不同产品生命周期阶段中产品供给和需求的特点、市场竞争方式所导致的对要素投入的要求和生产区位选择，以及由此引起的国际贸易和外商直接投资的流动模式。此后，Vernon（1974）、Wells（1983）对产品生命周期理论做了进一步的补充和完善。该理论认为产品周期阶段的不同对外商直接投资的影响将存在差异。

在产品创新阶段，领先创新者垄断着新产品的生产技术，没有市场竞争者，所以成本控制的压力较小；但由于新产品尚未完全定型、生产技术需要进一步改进，需要与本国市场和消费者保持密切联系，因而新产品的生产地位低于母国市场，而来自国外市场的少量需求可以通过出口贸易的方式满足。因此，此阶段只有出口贸易而没有外商直接投资。

在产品成熟阶段，产品已经定型、技术基本成熟，市场需求尤其是国外市场需求不断扩大，但随着创新者的进入，加剧了原有市场竞争激烈程度，削弱和打破了领先创新者的市场和技术垄断，价格成为该阶段竞争的主要影响因素。为保护本国工业的发展，跟随创新者所在国将实施关税和非关税等措施，以限制新产品的输入。因此，为了突破贸易壁垒，降低生产成本，领先创新者将进行外商直接投资活动，通过本地化的生产和销售获取竞争优势和经济利润。

在产品标准化阶段，新产品的样式、生产方法等都已经实现了标准化和规范化，且由于国际贸易和外商直接投资的外在性扩散，技术垄断的优势明显消失，市场竞争态势由价格竞争转化为成本竞争，从而领先创新者和模仿创新者向发展中国家进行直接投资，利用发展中国家的低廉劳动力和丰富资源进行生产，降低生产成本。该阶段将实现对外直接投资的全球化发展。

4. 边际产业扩展理论

边际生产扩张理论由 Kojima（1978）提出，他以 H-O-S 贸易模型为基础，运用比较优势基础上的国际分工原则，分析了日本的对外直接投资，并以日本外商直接投资的福利最大化标准为自由贸易量，提出了对外直接投资与贸易一体化的直接投资模式。这种模式被称为日本模式对外直接投资或贸易导向模式对外直接投资。

Kojima（1978）从外商直接投资和贸易一体化的角度对比了日本和美国的对外直接投资，他认为美国在进行对外直接投资时选择输出具有比较优势的产业，这将导致比较优势幅度的缩小，进而引起出口收入下降，甚至出现国际收支出现逆差、工人失业等问题。这种美国式对外直接投资与贸易是一种相互替代、相互摩擦的关系，被称为逆贸易导向型对外直接投资，不符合国际分工的原则。日本在进行外商直接投资活动时，往往选择输出在本国处于比较劣势地位的边际产业，从而集中资源发展处于比较优势地位的产业并增强优势幅度，进而实现贸易量的提高和产业结构的优化。这种日本式对外直接投资与贸易是一种相互补充、相互促进的关系，有利于扩大自由贸易量、增加社会福利，被称为贸易导向型对外直接投资。

5. 国际生产折衷理论

国际生产折衷理论是 Dunning（1977，1981）在整合垄断优势理论、内部化理论、H-O 生产要素禀赋理论等研究成果的基础上，引入区位理论而提出的。该理论认为外商直接投资行为的产生依赖于三种优势，即企业自身垄断形成的所有权有势、东道国优势转化形成的区位优势、企业组织形式所具有的内部化优势。国际生产折衷理论涉及所有权优势、内部化优势和区位优势三个要素，因而又被称为国际生产折衷理论。

所有权优势是指一国企业特有的资产及其所有权形成优势，既包括原材料、产品、规模经济等有形优势，也包括知识、技术、信息、品牌、企业文化、管理经验等无形优势。这些所有权优势（尤其是知识等无形优势）使企业在对外直接投资的过程中，能获得一定时期内的相对于东道国企业的垄断优势。

区位优势是指东道国在政策、市场环境等方面所具有的吸引外商直接投资进入的优势，如东道国的基础设施水平、生产要素的廉价程度、市场机制的完善程度、现实的或潜在的市场需求、引资的优惠政策等。东道国的区位优势越大，外商直接投资进入的可能性就越大。此外，区位优势不仅对跨国公司的外商直接投资决策具有重要影响，还对外商直接投资进入东道国的产业流向等具有重要影响（梁永强，2010）。

内部化优势是指跨国公司通过内部化方式使用其资产和技术所带来的优势。一般来讲，企业可以通过内部化使用和外部化使用两种方式获取企业的所有权优势。但由于外部交易成本的存在，企业通过内部化方式获取的所有权优势，要高于直接出口、许可转让等外部化方式所获取的所有权优势。因此，企业将通过外商直接投资的形式将所有权优势内部化。

此外，Dunning 认为只有在同时具备所有权优势、内部化优势和区位优势的条件下，跨国公司会采取外商直接投资行为。此后，Dunning（1981）对国际生产折衷理论进行了进一步的研究和发展，提出了著名的投资发展五阶段论。

3.2　外商直接投资对制造业绿色工艺创新的影响途径

外商直接投资作为一种国际资本流动方式，对我国制造业绿色工艺创新的影响途径包括直接影响途径和间接影响途径两个方面。直接影响途径是指外商直接投资企业作为绿色工艺创新主体直接参与我国制造业的绿色工艺创新活动，从而对我国制造业绿色工艺创新产生直接贡献的途径，主要表现为外商直接投资研发本土化。间接影响途径是指外商直接投资通过影响我国制造业绿色工艺创新的外部环境，进而对我国制造业绿色工艺创新活动产生影响的途径，主要表现为外商直接投资溢出效应。

3.2.1　直接影响途径：研发本土化

随着全球一体化的不断发展，全球学习已成为跨国公司国际化投资的新动力，获取和整合全球各地区创新网络中的关键知识，提高国际竞争力已成为跨国公司获取国际竞争优势的一种重要手段，而全球学习的主要途径就是研发本土化。随着研发活动全球化和本土化的不断发展，越来越多的外商直接投资企业在我国开展创新活动,从而对我国制造业绿色工艺创新产生直接的影响。

1. 外商直接投资研发本土化的主要方式

在全球学习动机的驱动下,外商直接投资企业进行研发本土化的战略投资行为日益增多,通过建立本土化的研发机构、绿色工艺研发合作与外包、形成研发战略联盟等方式,对我国绿色工艺创新活动产生重要的影响。其中,建立本土化的研发机构是外商直接投资企业内生性研发的主要形式,而绿色工艺研发合作与绿色工艺研发战略联盟是外商直接投资企业外生性创新的主要形式。

1)建立本土化的研发机构

建立本土 R&D 机构是外商直接投资研发本土化的最主要方式。我国创新成本较为低廉,可利用的创新资源丰富,且近年来我国创新能力不断提升,导致越来越多的跨国公司在我国建立研发机构,利用我国的创新资源开展绿色工艺创新活动,这有利于我国从总量上增加绿色工艺创新的绩效,也有利于增加我国制造业绿色工艺创新的知识积累和获取外商直接投资企业绿色工艺创新的溢出效应。

但外商直接投资企业通过建立本土化的研发机构进行绿色工艺创新对我国制造业绿色工艺创新也存在消极影响,主要表现为外商直接投资的绿色工艺研发投入可能导致挤出效应,外商直接投资的进入必然加剧我国制造业的市场竞争环境,为了在激烈的竞争中保持现有的利润或取得更多的利润,部分绿色工艺创新能力较弱的内资制造业企业往往会以牺牲环境绩效为代价获取经济绩效,从而降低绿色工艺创新的研发投入,挤出我国制造业的绿色工艺创新投入,不利于绿色工艺创新能力的提升。

外商直接投资企业建立研发机构的主要手段包括绿地投资和并购投资两种。绿地投资是指外商直接投资企业建立新的独资研发机构。独资研发机构在所有权上具有优势,能够高效地接受母国公司的技术转移;同时也能防止技术外溢的发生,有效地保护公司知识产权,是外商直接投资企业早期建立研发机构的主要方式。并购投资是指外商直接投资通过跨国并购的方式建立研发机构,并购投资既可建立独资的研发机构,也可建立合资的研发机构。并购投资方式相比于绿地投资具有更低的成本,但合资的研发机构存在技术溢出的风险和知识产权归属等问题,因此通过并购建立独资的研发机构是外商直接投资研发本土化的最主要手段。

2)绿色工艺研发合作与外包

外商直接投资研发本土化的另一个重要方式就是研发合作与外包,通过项目分包、合作等形式,充分利用我国研发资源,广泛获取相关信息,以减少研发成本。外商直接投资企业研发合作与外包的一个重要的前提条件就是我国创新能力的提升,只有在我国具有一定的技术能力和创新能力的情况下,才有可能与外商直接投资企业建立研发合作关系，或承包外商直接投资企业的研发任务。

从目前的情况来看，外商直接投资企业与我国高校、科研院所的研发合作与外包活动较为广泛，与我国制造业企业的研发合作与外包活动较少。这主要是因为，外商直接投资企业进行研发合作与外包的目的在于寻求高素质的劳动力和获取信息，而廉价的劳动力并非我国高校、科研机构合作的主要考虑因素。而与企业进行研发合作与外包，存在一定的技术溢出风险，威胁外商直接投资企业的技术领先地位。因此，外商直接投资企业在与我国企业进行研发外包与合作的过程中，倾向于选择与产业链上游的、技术较前沿的企业进行合作。

外商直接投资研发合作与外包有助于提高我国制造业绿色工艺创新能力。首先，为了合作和外包单位能顺利地完成研发任务，外商直接投资企业有时会提供一些技术资料和前期技术，甚至提供一定的研发指导，促进我国制造业绿色工艺创新能力的提升；其次，通过与外商直接投资企业进行研发合作与外包，有助于提高合作和承包组织的管理能力和水平，这种软技术的进步将对我国绿色工艺创新活动的管理带来长期的影响。

当然，外商直接投资企业在研发合作与外包时，合作外包的技术往往是一些研发链上科技含量低、非核心的项目，如外商直接投资企业更容易将污染治理技术的研发项目外包给我国高校、研发机构与制造业企业，而非清洁生产技术的研发项目，以防止核心技术的外溢。因此，在与外商直接投资进行绿色工艺创新的研发合作与外包时，我国制造业存在技术边缘化的风险，是我国制造业局限于对低端的、附加值较低的绿色工艺进行创新。

　　3）绿色工艺研发战略联盟

研发战略联盟是指为实现某些绿色工艺的知识创造，多个外商直接投资企业与内资企业根据自身研发能力优势的不同，对绿色工艺研发环节和任务进行分工，从而形成的错综复杂的研发组织。研发战略联盟的建立形式主要有两种，即实体的研发战略联盟和虚拟的研发战略联盟。研发战略联盟是研发本土化的一种高级形式，建立在较为紧密的股权关系和严格的法律基础上。这种联盟是一种"准内部化"的组织结构，根据协议，联盟成员可以在组织内相互交换、共享自己的知识资源。其主要目标是捕捉市场机会，通过"软约束"及"核心研发能力"实现联盟各方的利益（秦夼，2008）。研发战略联盟一般在较大规模的公司之间建立，是一种强强联合的合作研发形式。

研发战略联盟的形成有助于大型创新型企业交换绿色工艺技术资源，通过建立广泛有效的研发合作机制，优化绿色工艺研发资源配置和研发要素组合，从而降低绿色新工艺开发的风险和成本，提高突破性绿色工艺创新实现的可能性。但同时，由于外商直接投资制造业具有较强的绿色工艺创新能力和较高的绿色工艺水平，在与外商直接投资制造业形成研发战略联盟的过程中，外商直接投资制造业往往处于主导地位，而我国制造业处于附属辅助地位，从而容易导致在进行绿色工艺创新的研发活动时，我国制造业对外商直接投资制造业的绿色工艺创新形成技术依赖，不利于绿色工艺的自主创新能力提升。

2. 外商直接投资研发本土化对我国制造业绿色工艺创新的影响

1）有利于完善我国制造业绿色工艺创新体系

在封闭的系统中，我国制造业绿色工艺创新体系的主体由内资制造业企业、政府、高校与科研机构、中介组织四个部分构成。但在开放经济系统的条件下，随着外资企业的进入并开展绿色工艺创新活动，我国制造业绿色工艺创新体系的主体得到补充，形成以内资制造业企业和外资制造业企业为核心，政府、高校与科研机构、中介组织为辅助的绿色工艺创新体系，如图 3.1 所示。

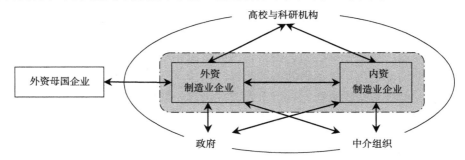

图 3.1　开放经济条件下我国制造业绿色工艺创新体系

外资制造业企业在母国公司影响下，与我国内资制造业企业、政府、高校与科研机构、中介组织等形成不同程度的相互作用，增加了我国制造业绿色工艺创新体系的复杂性。因此，外商直接投资的进入充实了我国制造业绿色工艺创新的主体要素，有助于完善我国制造业绿色工艺创新体系。

2）有利于增加我国制造业绿色工艺创新资源

技术竞争理论认为技术创新资源的数量和质量是技术创新能力的决定因素，一个产业或地区的创新资源优势可以转化为创新能力的优势（陈菲琼和任森，2011）。外商直接投资的研发本土化行为，对我国制造业绿色工艺创新的资源聚集产生了重要的影响。

首先，有利于制造业绿色工艺创新资金资源的增加。外商直接投资的研发资金投入，扩大了我国制造业绿色工艺创新的资金来源，促使我国制造业绿色工艺创新资金的多元化发展，有助于弥补绿色工艺创新资金的缺口。

其次，有利于制造业绿色工艺创新人力资源的培养。一方面，外商直接投资研发本土化行为具有人才聚集效应，有利于抑制我国制造业绿色工艺创新优秀人才外流，吸引海外人才向国内流动，增加我国制造业绿色工艺创新的人才总量。另一方面，在外商直接投资企业的本土化过程中，外资研发机构通过各种职业培训提高了员工的科研素质，有助于我国制造业绿色工艺创新人力资源开发。

最后，有利于制造业绿色工艺创新辅助资源的获取。资金资源、人力资源是我国制造业绿色工艺创新的核心资源，绿色工艺创新的辅助资源主要包括物质资源、技术资源和信息资源。外商直接投资在研发本土化的过程中，对我国制造业提供的前期设备、技术资料等增加了绿色工艺创新的物质资源和技术资源，而通过技术监听站等手段，我国制造业能及时获取绿色工艺创新的先进知识和信息。

3）有利于改善我国制造业绿色工艺创新环境

外商直接投资改善我国制造业绿色工艺创新环境主要表现在两个方面，即企业内部创新环境的改善和企业外部环境的改善。

首先，外商直接投资通过独资、合资或合作建立的研发机构，不仅将世界先进技术带进我国，也带来了宝贵的研发理念、先进的科研管理经验核丰富的创新文化，这对我国制造业绿色工艺创新管理的组织和制度起到了良好的示范作用，有利于企业内部绿色工艺创新的环境改善。

其次，外商直接投资在进行研发投资决策时，倾向于选择具有较高创新环境的产业或地区。为了达到外商直接投资研发投资的高要求，吸引更多的研发投资，我国政府往往会进行相应的环境调整和改善，如设立科技园、改善基础设施、配套各种优惠政策等，这有助于改善我国制造业绿色工艺创新的外部创新环境。

3.2.2　间接影响途径：溢出效应

外商直接投资不仅能通过研发本土化的途径直接影响我国制造业绿色工艺创新，同时，在外商直接投资的过程中，外资企业的先进技术设备、管理经验、研发行为以及生产经营活动，也会对我国制造业绿色工艺创新产生间接的影响。一般来讲，外商直接投资对我国制造业绿色工艺创新的间接影响途径，主要包括示范-竞争效应、人力资本流动效应和产业关联三种渠道。

1. 示范-竞争效应

示范-竞争效应实质上包括了外商直接投资的示范效应和竞争效应两个方面。但考虑到两者均为外商直接投资的行业内影响途径，且两者具有较大联系，本书将其融合为一种影响途径。

1）示范效应

示范效应又被称为模仿效应、传染效应，是指外资企业的先进生产技术、管理模式等对东道国具有示范作用，从而会引起东道国的模仿和学习。Findlay（1978）将这种示范效应称为传染效应，认为越开放的国家从其他国家学到先进技术的机会就越大，传播接受者与技术拥有者的接触越密切，示范效应就越明显。

一般来讲，外商直接投资的进入带来了更高效、更环保的生产技术，具有先进的、绿色管理理念和企业文化，我国制造业可以通过看中学、技术监听站、逆向工程等手段，获取绿色工艺创新的最新知识和信息，在外商直接投资企业技术的基础上进行绿色工艺的模仿创新，甚至二次创新。示范效应的存在使我国制造业可以采用新的生产方法和新的管理技巧提高企业的生产率。同时，外商直接投资作为"现实的证据"，为我国制造业绿色工艺创新的创新方向以及创新管理的组织方式提供了路径示范，有助于增加绿色工艺创新成功可能性、降低绿色工艺创新失败的风险。

但示范效应发生的一个重要前提条件就是技术差距的存在，只有当外资企业的生产技术、管理模式等明显优于内资企业时，示范模仿效应才能发生。而另一个影响示范效应营销效果的重要因素就是吸收能力或学习能力，我国制造业的吸收能力越强，外商直接投资的示范效应越明显，对绿色工艺创新的影响也就越大。外商直接投资（FDI）的示范效应作用机制如图 3.2 所示。示范效应简单而又直接，即使在外商直接投资技术锁定的情况下也可能产生一定的溢出效应，是间接影响我国制造业绿色工艺创新的重要途径之一。

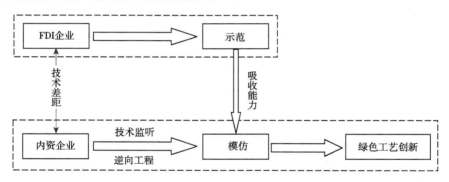

图 3.2　外商直接投资（FDI）的示范效应作用机制

2）竞争效应

竞争效应是指外商直接投资进入引起东道国市场竞争格局改变，从而产生影响的过程。Sinani 和 Meyer（2004）、王向阳（2009）认为外资企业的进入，一方面有利于打破东道国原有的自然垄断，降低东道国企业的 X 非效率；另一方面加剧了东道国企业生存和发展的压力，有利于提高东道国的研发投入和效率。因此，竞争效应被认为是外商直接投资影响东道国创新的最主要途径。

外商直接投资对我国制造业绿色工艺创新的影响同样表现在两个方面。

首先，提高了我国制造业绿色工艺创新的动力。外商直接投资的进入改变了我国制造业的市场结构和竞争格局，加剧了市场竞争的激烈程度。由于外商直接投资企业在技术、管理等方面具有领先优势，我国内资制造业企业在竞争中往往处于劣势地位，面临着巨大的生存和发展压力。为提高自身的竞争力，我国制造企业必然开展绿色工艺创新活动，增加绿色工艺创新投入，通过研发或技术引进等手段提高企业的生产能力，以保持现有的或提高企业利润，防止在与外商直接投资企业的竞争中被挤出市场。

其次，优化了我国制造业绿色工艺创新资源配置。对于处在经济转型的我国来讲，由于历史原因形成的垄断，我国制造业资源配置效率较低，不利于我国制造业绿色工艺创新活动的开展。而外商直接投资的进入在一定程度上消除了垄断，增强了市场机制对绿色工艺创新资源的配置作用，从而有助于提高我国制造业的绿色工艺创新能力。

3）示范-竞争综合效应

由于竞争效应的主要表现是学习效应，而学习效应主要来源于示范效应。因此不少学者在研究外商直接投资对东道国影响的过程中，将竞争效应与示范效应结合起来，形成示范-竞争效应。Wang 和 Blomstrom（1992）认为外商直接投资的进入加剧了市场竞争，迫使内资企业不得不投资于学习，而学习和模仿的对象往往是加剧市场竞争的外资企业，他们把示范-竞争效应阐述为一种可能"螺旋式上升"的拓展效应，而外商直接投资示范-竞争综合效应对我国制造业绿色工艺创新的影响同样存在"螺旋式上升"的积极拓展效应，如图 3.3 所示。

示范-竞争效应对我国制造业绿色工艺创新的影响过程是分阶段实现的。

在第一阶段，外商直接投资进入东道国市场，并凭借所带来的先进、环保的生产技术和管理理念创造获取高额利润的机会，从而作为现实的证据为我国制造业绿色工艺创新提供了路径示范。

在第二阶段，外商直接投资的进入加剧了市场竞争环境，使我国制造业企业在竞争压力的推动下，通过创新等手段提升自己的技术水平和管理效率，增加企业的竞争力，而随着我国环境管制强度的不断提高，我国制造业的创新活动不断向绿色工艺创新转变，从而提高我国制造业的绿色工艺技术水平，进而将对外商直接投资企业形成竞争压力，迫使外商直接投资企业从母国获取更为先进环保的工艺技术或通过绿色工艺创新提升绿色工艺水平，并导致新的示范效应，进而形成绿色工艺创新的"螺旋式上升"的拓展效应。

但这种"螺旋式上升"的积极拓展效应依赖于内资制造业的创新能力和成长。一般来讲，跨国公司不仅可以通过内部化交易的方式实现绿色工艺从母国向我国

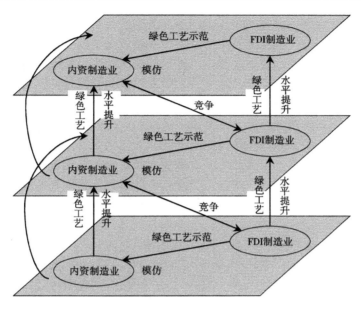

图 3.3　示范-竞争效应示意图

的技术转移，以较低的成本提高生产技术的环境友好水平，也可以凭借其较强的绿色工艺创新能力快速地提高绿色工艺水平，从而增强其在市场中的绿色竞争优势。而对于我国部分制造业企业来讲，尤其是对于一些长期处于国家体制保护之下的制造企业来讲，由于其不具备相应的绿色工艺创新能力和资金优势，在与外商直接投资企业的竞争中往往选择放弃进行绿色工艺创新活动，以确保现有的利润水平，从而不利于我国内资制造业绿色工艺创新能力的提升。

2. 人力资本流动效应

人力资本流动效应是指外资企业员工向内资企业流动，从而对东道国产生影响的溢出效应。人力资源流动的本质是以人为载体的知识流动。发达国家的经验证实，国外资本所具有的竞争优势是无法脱离其人力资源而完全物化在设备和技术上的，因此跨国公司海外投资项目的有效运转，往往和当地人力资源的开发结合在一起。例如，当地技术及管理人员和跨国公司总部派遣的专家一起工作；对当地人员进行培训；当地技术人员参与对技术、产品和工艺的改进工作甚至研发活动；高级管理人员了解、参与跨国公司全球网络的运作过程（张建华和欧阳轶雯，2003）。

从流动的形势来看，人力资源流动效应包括有形流动和无形流动两种方式。

有形流动是指伴随着外资企业员工流动而产生的效应。本土化的人力资源开发战略是跨国公司顺利实现外商直接投资行为，并迅速融入当地市场环境的战略措施，因此外商直接投资会对我国的当地员工进行培训，并允许我国的当地员工参与企业的管理与技术研发等活动。当这些经过培训的员工离开外资企业，向我国本土制造业企业流动或在我国本土进行创业活动时，就可能将外商直接投资企业的先进技术、管理经验等扩散出去，引发技术的间接转移，从而有利于增加我国制造业绿色工艺创新的人力资本。

无形的流动是指并非通过外资员工流动而产生的效应。外资企业在融入我国经济系统的过程中，必然与我国的本土企业和社会有着广泛的联系，在一些正式或非正式的场合，高技术人员之间有着非常频繁的信息交流机会，在一定的范围内促进了技术的间接转移，增加了我国制造业绿色工艺创新的知识积累。与有形的人力资本流动效应相比，技术人员之间的交流与聚集所带来的知识的无形流动更为显著。

虽然人力资本的正向流动，即向我国制造业流动，会对我国制造业绿色工艺创新具有积极的影响，但这种流动也可能是逆向的流动，即向外商直接投资制造业甚至外商直接投资母国流动。相对而言，跨国公司相对于我国大部分企业具有更高的薪资待遇，这将在一定程度上引起我国制造业绿色工艺创新人才向外商直接投资制造业流动，抢占原本由我国制造业利用的稀缺资源，从而不利于我国制造业绿色工艺创新活动的开展。

3. 关联效应

关联效应是指外商直接投资企业进入后与产业链中的当地企业形成上下游关系，而当地企业借助这种关系实现技术能力提升的"免费搭车"，获取外商直接投资企业的先进产品技术和工艺知识等，从而对东道国产生的影响效应。按外商直接投资企业在产业链中所处的位置，关联效应又可以分为前向关联效应和后向关联效应。

1）前向关联效应

前向关联效应是指外商直接投资作为下游企业对上游本土企业产生的影响效应。当外资企业进入我国制造业以后，其生产的技术设备、半成品、零部件等将作为我国制造业企业的中间产品投入使用，或将原材料的再加工、技术设备维修等服务提供给本土企业，由于外资企业的中间产品具有比我国供应商更高的质量和技术含量，从而对下游本土企业的产品质量、生产能力等产生影响，为我国制造业绿色工艺创新提供较好的硬件和软件基础。同时，当位于上游行业的外资企业针对我国市场提高自主研发投入，其产生的绿色工艺技术进步一部分被固化在产品中，并通过产业间的关联需求进入下游行业形成研发外溢，从而有利于提高下游内资制造业的绿色工艺自主创新的效率（王然等，2010）。

外商直接投资前向关联效应对我国制造业绿色工艺创新不仅表现为积极的影

响，同样也具有消极的影响。例如，外资企业在排挤同行业中的国内制造业企业之后，在中间投入的采购方面，可能并不像原来的国内企业一样依赖本国中间产品供应商，而转为从国外进口中间产品，这将导致本国中间产品或上游产品生产厂商因受到排挤而发生生产能力的萎缩，进而缺乏进行绿色工艺创新的有效激励和动力（何洁，2000）。

2）后向关联效应

后向关联效应是指外商直接投资企业作为上游企业对下游本土企业产生的影响效应。当外资企业进入东道国以后，为节约运输成本、利用东道国资源价格优势等，会向当地企业采用原材料、半成品、零部件等作为中间投入品，由于外资企业对中间投入品的要求较高，随着消费市场绿色环保意识的不断加强，外资企业对我国中间投入产品的绿色技术含量也在不断提高，从而迫使我国供应商开展绿色工艺创新活动，提高中间品的质量和绿色技术含量，满足外资企业的需求。

外商直接投资的后向关联效应对我国制造业绿色工艺创新的影响同样具有两面性，除上述积极作用外，也存在一定的消极作用。例如，外资制造业企业生产的中间投入品的技术标准远远超过我国下游制造业企业的技术要求，在本国中间产品供应商被外国企业通过占据资源等方式挤出市场后，可能无法像过去那样获得廉价供应，从而使国内下游生产企业萎缩和盈利能力降低，进而削弱我国下游制造业绿色工艺创新资金投入能力（何洁，2000）。

按照外商直接投资作用本土企业的手段，后向关联效应可以分为强迫性的后向联系和辅导性的后向联系。强迫性的后向联系效应是指外资企业强制当地企业满足本企业更高品质、可靠性和更快交付等方面的要求。辅导性的后向联系是指外资企业为提高中间品的质量，对当地供应商提供帮助和辅导，主要表现为帮助未来本土的供应商建立生产性设施、提供创新活动过程中需要的技术指导或信息服务、提供组织管理以及多样化经营模式的帮助等。

3.3　基于绿色工艺创新过程的外商直接投资影响模型

1. 基于绿色工艺创新过程的外商直接投资影响模型结构

根据前文的理论分析，本书从绿色工艺创新过程的角度，构建外商直接投资对我国制造业绿色工艺创新的影响模型（图 3.4），从而研究外商直接投资对我国制造业绿色工艺创新不同阶段的不同关键问题的影响，并探讨影响过程中研发本土化与溢出效应的直接影响和间接影响。

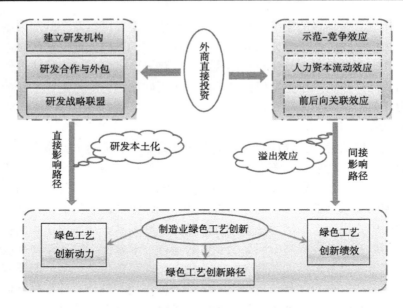

图 3.4　基于绿色工艺创新过程的外商直接投资影响模型

基于绿色工艺创新过程的制造业外商直接投资影响模型主要包括两个部分。

（1）绿色工艺创新过程，即指绿色工艺创新过程是一个由绿色工艺创新发起阶段、绿色工艺创新实施阶段和绿色工艺创新实现阶段构成的动态发展过程，每个阶段对应的关键问题为绿色工艺创新动力、绿色工艺创新路径、绿色工艺创新绩效。

（2）外商直接投资影响绿色工艺创新的路径，主要包括由建立本土化的研发机构、绿色工艺研发合作与外包、形成研发战略联盟三个方面构成的直接影响路径，以及由示范-竞争效应、人力资本流动效应、关联效应构成的间接影响路径。外商直接投资通过直接和间接路径对我国制造业绿色工艺创新的创新动力、创新路径和创新绩效产生影响，并在此过程中产生溢出效应。

2. 基于外商直接投资影响模型的本书分析框架

根据图 3.4 研究框架，本书从绿色工艺创新动力、绿色工艺创新路径和绿色工艺创新绩效三个环节，分析外商直接投资对我国制造业绿色工艺创新的影响机理，并实证检验外商直接投资研发本土化与溢出效应对我国制造业绿色工艺创新的直接影响和间接影响效应。具体而言，后续研究包括以下五个部分的内容。

第一，分析外商直接投资对我国制造业绿色工艺创新动力的影响机理。绿色工艺创新动力绿色工艺创新行为产生的原因和推力器。本部分将对我国制造业绿色工艺创新动力来源进行详细研究，并探讨外商直接投资对各个绿色工艺创新动力来源的影响机理,从而在源头探寻外商直接投资对绿色工艺创新的影响。

第二,分析外商直接投资对我国制造业绿色工艺创新路径的影响机理。绿色工艺创新路径刻画了绿色工艺创新的实现方式和实现过程。本部分将分析外商直接投资的进入对我国制造业不同绿色工艺创新路径的影响机理,并探讨在外商直接投资的作用下,我国制造业绿色工艺创新路径的选择问题。

第三,分析外商直接投资对我国制造业绿色工艺创新绩效的影响机理。绿色工艺创新绩效是绿色工艺创新所带来的经济绩效、社会绩效和生态绩效,反映了绿色工艺创新成功与否以及创新的意义。本部分将探讨外商直接投资对我国制造业绿色工艺创新绩效的影响机理,以及在该过程中抑制或提升外商直接投资作用效果的影响因素。

第四,分析外商直接投资研发本土化对我国制造业绿色工艺创新的直接影响。随着研发活动全球化和本土化不断发展,越来越多的外商直接投资企业在我国开展创新活动,其创新成果形成了我国创新绩效的重要补充,从而对我国制造业绿色工艺创新产生直接影响。因此,分析外商直接投资研发本土化对我国制造业绿色工艺创新的影响,有利于直接促进我国制造业绿色工艺创新能力的提升。

第五,分析外商直接投资影响我国制造业绿色工艺创新过程中的溢出效应。在避免我国制造业被外商直接投资企业技术边缘化和形成对外商直接投资技术依赖的同时,形成我国制造业绿色工艺自主创新能力,是实现我国市场换取技术战略的根本目标,而这一目标实现的关键在于外商直接投资对我国制造业绿色工艺创新的溢出效应。因此,分析外商直接投资影响我国制造业绿色工艺创新的溢出效应,有利于我国制造业绿色工艺自主创新能力的形成和提高。

3.4　本章小结

本章首先对外商直接投资及相关概念进行了界定,论述了外商直接投资进入东道国的动因和主要进入模式,回顾了外商直接投资的主要理论;其次从研发本土化与溢出效应两个方面,分析了外商直接投资对我国制造业绿色工艺创新的直接影响途径和间接影响途径;最后基于绿色工艺创新过程构建了外商直接投资对我国制造业绿色工艺创新的影响模型,为进一步研究奠定了理论基础。

第4章 外商直接投资对制造业绿色工艺创新动力的影响研究

4.1 制造业绿色工艺创新动力评价研究

随着资源环境问题的不断加剧，绿色工艺创新在我国制造业发展过程中的作用比过去任何时候都显得更为重要，绿色工艺创新已成为我国制造业突破资源约束、解决环境问题、实现绿色转身的重要手段。而绿色工艺创新动力则是绿色工艺创新活动开展的前提和基础，绿色工艺创新动力的大小决定了我国制造业开展绿色工艺创新的可能性大小，并直接关系我国制造业绿色工艺创新速度的快慢和规模的大小。因此，研究制造业绿色工艺创新的动力来源，并科学评价制造业绿色工艺创新动力水平，对于我国制造业在准确把握绿色工艺创新动力现状的前提下，充分利用现有动力条件开展绿色工艺创新，以及通过制定合理的绿色工艺创新政策增强绿色工艺创新动力，进一步推动我国制造业绿色工艺创新活动的开展具有重要意义。

4.1.1 制造业绿色工艺创新动力评价指标体系

1. 评价指标体系构建的基本原则

评价指标体系的构建关系最终评价结果的准确性，对于准确把握我国制造业绿色工艺创新动力具有决定性的作用。因此，在构建制造业绿色工艺创新动力评价指标体系时应首先明确指标体系构建的基本原则。结合本书的研究目的，本书在构建评价指标体系时不仅考虑到传统工艺创新动力评价的普遍性，还考虑到绿色工艺创新动力的特殊性，从而遵循以下评价指标体系构建原则。

第一，科学性原则。制造业绿色工艺创新动力评价指标体系必须建立在绿色工艺创新的理论基础上，运用科学方法选择指标，并运用科学合适的方法进行数据处理，使评价结果能科学地反映制造业绿色工艺创新动力的实际情况。此外，制造业绿色工艺创新动力评价指标体系应建立在客观性原则的基础上，所选择的评价指标必须能客观实际地反映绿色工艺创新的动力水平。定性指标具有较大的主观性，评价指标体系中过多地采用定性指标将引起评价结果出现较大偏差，因此评价指标应尽量选择具有稳定数据来源的定量指标，以保证评价结果的客观性。

第二，系统性原则。系统性原则要求我国制造业绿色工艺创新动力评价指标体系的构建要与评价目标一致，即所构建的指标体系能系统全面地反映绿色工艺创新的技术推动力、市场拉动力、管制推动力等，指标的选择和设定应在系统论的指导下进行，指标体系应由一系列相互关联、相互制约的指标构成，而非简单的指标罗列堆积。此外，在系统性原则的基础上，我国制造业绿色工艺创新动力评价指标体系的构建，还应具有一定的层次性，便于从不同的层次反映制造业绿色工艺创新动力的总体表现。

第三，可行性原则。制造业绿色工艺创新动力评价选择的指标应具有可行性和可操作性，评价指标的含义范围明确，数据要规范，且有稳定的数据来源，同时评价指标的口径一致，指标数据资料收集相对简单易实现。此外，评价指标宜少不宜多，宜简不宜繁，关键在于指标在评价过程中的作用大小，选择具有代表性的指标不仅可以降低评价成本和缩短时间，也能增强评价的可操作性。

2. 制造业绿色工艺创新动力评价指标体系构建

（1）绿色工艺创新动力评价现状。关于绿色工艺创新动力的研究大多基于绿色创新动力的框架开展，有针对性的绿色工艺创新动力研究较少。现有研究大致分为两种研究思路。

一种思路是在一个相对完整的框架下对绿色创新动力进行研究，提出了绿色创新动力的三源驱动模式。Cleff 和 Rennings（1999）、Rennings（2000）、范群林等（2011）从技术推动力因素、市场拉动力因素和管制推动力因素三个方面构建了绿色创新的三源驱动模式。Frondel 等（2007）、Oltra 和 Jean（2009）分别基于德国和法国的数据实证检验了上述三类动力因素对绿色创新的驱动作用。田红娜（2012）从企业内部的微观动力、企业间的中观动力和产业外部的宏观动力三个方面构建了制造业绿色工艺创新的三源动力模式。

另一种思路是在一个相对开放的条件下对绿色创新动力的来源进行归纳和总结，可以称之为绿色创新动力的多源驱动模式。许庆瑞和王伟强（1995）研究认为环境技术创新的动力源主要包括政府法令强制、公众舆论压力、企业家自觉创新等 6 个方面。陈劲（1999）则认为绿色创新的动力源包括政府法令强制、节约成本、企业形象等 8 个方面。向刚和段云龙（2007）认为绿色持续创新的动力源包括科学技术进步、消费者绿色产品要求、企业产权制度等 10 方面。

综上所述，现有研究成果极大地推进了绿色创新动力领域的研究进展，但缺乏针对绿色工艺创新动力的研究。因此，参考现有研究成果和前文绿色工艺创新动力来源的理论分析，本节首先在构建绿色工艺创新动力评价指标体系的基础上，然后运用基于实数编码加速遗传算法的 RAGA-PPE 模型对我国制造业绿色工艺创新动力进行实证评价。

（2）制造业绿色工艺创新动力评价指标体系。为了科学、合理地评价我国制造业绿色工艺创新动力，本书在遵循指标体系构建的客观性、科学性和数据的可获取性与统一性原则的前提下，结合 2.3 节的理论分析，从技术推动力、市场拉动力和管制推动力三个方面，构建了我国制造业绿色工艺创新动力的综合评价指标体系，如表 4.1 所示。

表 4.1　我国制造业绿色工艺创新动力综合评价指标体系

一级指标	二级指标	三级指标
制造业绿色工艺创新动力评价指标体系	技术推动力 A_1	绿色工艺创新的技术机会 B_{11}
		绿色工艺创新的独占性 B_{12}
	市场拉动力 A_2	国内市场的绿色工艺需求 B_{21}
		国外市场的绿色工艺需求 B_{22}
		市场竞争强度 B_{23}
		市场竞争公平性 B_{24}
	管制推动力 A_3	废水管制强度 B_{31}
		废气管制强度 B_{32}
		废物管制强度 B_{33}

3. 技术推动力因素的度量

科学技术发展是推动我国制造业绿色工艺创新开展的重要动力。本书选择用绿色工艺创新的技术机会、绿色工艺创新的独占性两个指标衡量我国制造业绿色工艺创新的技术推动力。

（1）绿色工艺创新的技术机会。如何衡量技术机会是目前研究的一个难点问题。技术机会是一个很主观抽象、很难直接衡量的概念，很难通过对所有可能的技术机会来源进行识别和测度而直接获得，现有文献主要通过间接的方法来度量。例如，陈羽等（2007）用行业平均固定资产投资来衡量技术机会；焦少飞等（2010）用各行业每年平均每个企业拥有的新产品开发项目数来衡量技术机会。

专利申请数量反映了一个行业的技术创新成果情况，专利申请数越多，绿色工艺创新的技术机会就越多，这主要是因为当前创新呈现出多学科多技术交叉融合的发展趋势，任何一项新的科技成果都有可能成为其他创新的技术来源。由于专利中的外观设计和新型实用与绿色工艺创新的关系较小，本书主要考虑发明专利的影响。因此，本书选择用发明专利申请增长率来衡量绿色工艺创新的技术机会。发明专利申请增长率=（当年发明专利申请数−上年发明专利申请数）/当年发明专利申请数。

（2）绿色工艺创新的独占性。如何度量创新的独占性还存在较大争议。杜健（2005）采用技术引进与购买国内技术费用之和与技术改造费用的比值来衡量独占性，而顾雅洁（2009）采用新产品销售收入与该产业拥有的发明专利数的比例来衡量独占性。

本书认为技术独占依赖于技术本身的特性和外部的保护力度，前者是技术的内在特征，很难受到外部因素的影响，因此本书主要考虑外部知识产权保护对独占性的影响，这与 Park 和 Lee（2006）、郭蓉和余宇新（2011）等用专利衡量独占性的观点相似。因此，本书用有效发明专利数来衡量绿色工艺创新的独占性。

4. 市场拉动力因素的度量

市场需求和市场竞争不仅直接推动我国制造业进行绿色工艺创新活动，还是科学技术发展推动我国制造业绿色工艺创新开展的重要传导。本书选择用国内市场的绿色工艺需求、国外市场的绿色工艺需求、市场竞争强度、市场竞争公平性四个指标衡量我国制造业绿色工艺创新的技术推动力。

（1）国内市场的绿色工艺需求。从产业的角度来讲，消费者对该产业的产品、工艺消费需求情况很难进行精确的量化衡量，更无法准确地衡量该产业的绿色消费需求。鉴于此，本书采用消费者对新产品的需求状况来替代衡量，新产品需求状况等于新产品产值与行业总产值的比值。

本书认为，随着环境管制制度的日益严厉和社会环保意识的不断增强，消费者将越来越重视产品本身及其生产过程所带来的环境影响，从而导致企业在新产品的设计和生产过程更加注重环境保护问题，以满足消费者绿色消费的需求。因此，对新产品的需求情况能在一定程度上反映消费者对该产业的绿色工艺需求。

（2）国外市场的绿色工艺需求。随着世界市场需求朝着重视低污染、低能耗产品和工艺的方向发展，绿色壁垒作为一种新的贸易保护措施越来越多地被应用，这将促使出口的驱动作用从传统创新向绿色创新转变，从而推动绿色工艺创新的开展。因此，源自国外市场的绿色工艺需求也是制造业绿色工艺创新的重要推动力。

鉴于上述思考，本书选择出口交付值占工业销售产值的比重来近似衡量国外市场的绿色工艺需求。该指标值越大，意味着出口企业面临绿色贸易壁垒的可能性越大，绿色工艺创新的拉动力也就越强。

（3）市场竞争强度。目前还没有一个合理的指标可以准确反映市场竞争强度，其中比较常用的指标包括市场集中度、交叉价格弹性、垄断租金等。但市场集中度主要度量了行业中最大几家企业占行业总产出的比重，反映不出企业之间行为的相互影响程度（刘志彪等，2003）；而由于中国资本市场尚不完善，资本成本的计算方法存在偏误，很难获得交叉价格弹性、垄断租金的基本数据（王希和徐慧玲，2008）。

本书参考姜付秀和刘志彪（2005）的方法，选择企业数和主营业务利润率两个指标作为市场竞争的替代指标。主营业务利润率=主营业务利润/主营业务收入，其中，主营业务利润=主营业务收入-主营业务成本-主营业务税金及附加。

（4）市场竞争公平性。公平竞争是指竞争者之间所进行的公开、平等、公正的竞争。不能为了竞争，恶意诋毁、污蔑竞争对手。公平竞争对制造业绿色工艺创新的发展具有重要的作用。它可以调动创新主体的创新积极性，使他们不断完善管理模式和创新理念，向市场提供质优价廉的绿色新产品和绿色新工艺。它可以使社会绿色创新资源得到合理的配置，并最终为消费者、社会、生态环境带来福利。

参考现有文献的主流做法，本书用国有资产占行业总资产的比重来衡量市场竞争的公平性。一般来讲，国有资产的占比越低，市场被干预的可能性越小，市场竞争越公平。

5. 管制推动力因素的度量

大多数环境问题的负外部性特征，导致市场对环境创新的驱动作用明显小于传统创新，从而使环境管制成为绿色工艺创新的主要动力来源。一般来讲，传统的生产活动建立在内部经济性的基础上，较少考虑（甚至不考虑）生产的外部性影响。这意味着在传统生产和技术范式条件下，传统创新活动的目的在于降低生产的边际内部费用，而不考虑生产边际外部费用的增加，这就导致缺乏绿色工艺创新的内在激励机制。只有受到环境成本、法规制裁、社会压力等因素的作用时，创新主体才可能考虑生产所带来的外部边际费用，并通过进行绿色工艺创新，采用更为环保、更高效率的绿色工艺和设备，以降低生产活动所带来的环境污染。

管制强度是衡量环境管制水平的最主要指标。一般而言，环境管制强度越大，绿色工艺创新的动力越大。目前，国内外文献主要用污染物的排放费（Cole et al.，2009）、企业被稽查的次数（Laplante and Rilstone，1996）、每千元工业产值的污染治理成本（王国印和王动，2011）等指标衡量环境管制强度，但这些指标要么由于数据的限制无法获取，要么只反映了环境管制的某一方面，而不能对环境管制强度进行综合衡量（傅京燕和李丽莎，2010）。

为了更综合、更有效地反映环境管制的强度及其变化，本书从废水、废气和固体废物三个方面，选择工业废水排放达标率、工业二氧化硫去除率、工业烟尘去除率、工业粉尘去除率、工业固体废物综合利用率五个指标，综合衡量环境管制强度。

4.1.2　制造业绿色工艺创新动力综合评价方法

目前，常用的综合评价法较多，如层次分析法、灰色关联分析、模糊综合分析等方法，这些方法对于解决多指标综合评价起到了积极的作用，但均存在一定的不足，其问题主要在于评价指标权重容易受到主观因素的影响，从而带来评价结果的偏差。为避免主观因素的影响，本书选用改进的遗传算法——投影寻踪（projection pursuit）来对我国制造业绿色工艺创新动力进行评价。

投影寻踪是一种直接由样本数据驱动的探索性数据分析方法，特别适用于分析和处理非线性非正态的高维数据（张目，2010；张目和周宗放，2011）。投影寻踪的核心思想是利用投影的方法实现多维数据的降维，从而在低维空间寻找能反映高维数据结构和特征的最佳投影方向。投影寻踪评价（projection pursuit evaluation，PPE）模型是将投影寻踪的基本思想用来进行多指标评价中的模型，已在企业信用评价、企业绩效评价、区域节能降耗评价、环境影响评价、城市协调发展等领域得到成功应用（高大伟等，2010；李国良等，2011；姚平等，2008；张目和周宗放，2011；张欣莉等，2002）。

运用投影寻踪评价模型对我国制造业绿色工艺创新动力进行综合评价的主要步骤如下。

（1）进行归一化处理。由于各指标量纲和性质不同，需要对各指标进行归一化处理。正向指标利用式（4.1）进行标准化处理，逆向指标利用式（4.2）进行标准化处理。

正向指标：

$$x(i,j) = \frac{x^*(i,j) - \min x^*(j)}{\max x^*(j) - \min x^*(j)} \tag{4.1}$$

逆向指标：

$$x(i,j) = \frac{\max x^*(j) - x^*(i,j)}{\max x^*(j) - \min x^*(j)} \tag{4.2}$$

（2）构造投影指数函数。以 $a = \{a(1), a(2), a(3), \cdots, a(p)\}$ 唯一投影方向，对多维数据 $\{x^*(i,j) \mid i = 1, 2, \cdots, n; j = 1, 2, \cdots, p\}$ 进行投影降维，从而投影值为 $z(i)$

$$z(i) = \sum_{i=1}^{p} a(j)x(i,j), \quad i = 1, 2, \cdots, n \tag{4.3}$$

然后根据 $z(i)$ 一维散布图进行排序，其中，a 为单位长度向量。$z(i)$ 近似地刻画了样本行业绿色工艺创新动力的情况，投影值越大，绿色工艺创新动力越强。因此，式（4.3）为样本行业绿色工艺创新动力的评价函数，$z(i)$ 为样本行业绿色工艺创新动力的综合评价得分。

在寻找多维数据的投影降维时，投影值 $z(i)$ 满足内部密集、外部分散的原则，进而得到投影指数函数 $Q(\boldsymbol{a})$

$$Q(\boldsymbol{a}) = S_z D_z \tag{4.4}$$

$$S_z = \sqrt{\frac{1}{n-1}\sum_{i=1}^{n}(z(i)-E(z))^2} \tag{4.5}$$

$$D_z = \sum_{i=1}^{n}\sum_{j=1}^{n}(R-r(i,j)) \cdot u(R-r(i,j)) \tag{4.6}$$

（3）优化投影指标函数。投影寻踪评价模型建立的关键是找出能够反映系统特征的最佳投影方向，以反映高维数据的某类特征或结构，从而得到最佳投影值（金菊良等，2004）。因此，优化目标函数可设计为

$$\begin{aligned} \max \quad & Q(\boldsymbol{a}) = S_z D_z \\ \text{s.t.} \quad & \sum_{j=1}^{p} a^2(j) = 1 \end{aligned} \tag{4.7}$$

根据式（4.7）求解出 $Q(\boldsymbol{a})$ 的最大值，就确定了最佳投影方向 $\boldsymbol{a}$。

（4）计算综合得分。将式（4.7）计算出的最佳投影方向 $\boldsymbol{a}$ 代入式（4.3），计算我国制造业绿色工艺创新动力的综合得分。

投影寻踪最佳投影方向的计算是一个复杂非线性优化问题，因而对计算工具具有较高要求。运用传统的优化方法寻求最佳投影，不仅具有较大的难度，同时也存在一定的问题，如传统优化方法不仅要求目标函数必须满足连续性和可导性，在计算结果上也存在局部最优和提前收敛等问题（姜永生，2011）。因此，本书选择基于实数编码的加速遗传算法（real coding based acceleration genetic algorithm，RAGA）来实现投影寻踪的评价计算。

4.1.3 制造业绿色工艺创新动力综合评价结果

（1）评价软件与数据说明。本书采用 MATLAB 软件编程处理数据。按照前文的投影寻踪评价的步骤，对表 4.1 中各指标数据建立投影寻踪评价模型，然后运用基于实数编码加速遗传算法进行计算。为了得到遗传算法的最好结果，一般需要以不同的参数试验，选择适合解决问题的最佳参数。经过对多种参数进行组合试验，发现参数的改变对计算结果影响较小，计算结果相对稳定。

本节数据来源于 2004~2011 年的《中国工业经济统计年鉴》、《中国统计年鉴》、《中国环境统计年鉴》和《中国能源统计年鉴》。为消除价格变动的影响，以 2003 年为基年，用出厂价格指数对工业总产值进行平减。本书实证涉及的制

造业行业共 29 个，参考国家统计局的国民经济行业分类代码，各制造业行业代码及对应行业详情如表 4.2 所示。

表 4.2　行业代码与所对应具体行业

行业代码	具体行业	行业代码	具体行业
C13	农副食品加工业	C28	化学纤维制造业
C14	食品制造业	C29	橡胶制品业
C15	饮料制造业	C30	塑料制品业
C16	烟草制品业	C31	非金属矿物制品业
C17	纺织业	C32	黑色金属冶炼及压延加工业
C18	纺织服装、鞋、帽制造业	C33	有色金属冶炼及压延加工业
C19	皮革、毛皮、羽毛（绒）及其制品业	C34	金属制品业
C20	木材加工及木、竹、藤、棕、草制品业	C35	通用设备制造业
C21	家具制造业	C36	专用设备制造业
C22	造纸及纸制品业	C37	交通运输设备制造业
C23	印刷业和记录媒介的复制	C38	电气机械及器材制造业
C24	文教体育用品制造业	C39	通信设备、计算机及其他电子设备制造业
C25	石油加工、炼焦及核燃料加工业	C40	仪器仪表及文化、办公用机械制造业
C26	化学原料及化学制品制造业	C41	工艺品及其他制造业
C27	医药制造业		

（2）制造业绿色工艺创新动力综合评价结果。本书最终选定的各种参数如下：父代初始种群规模 $n=400$，交叉概率 $P_c=0.8$，变异概率 $P_m=0.2$，优秀个体数目选定为 12，样本数为 29，加速次数为 7 次，得到 2004~2010 年我国 29 个制造行业绿色工艺创新动力的的综合评价结果，如表 4.3 所示。

表 4.3　制造业绿色工艺创新动力综合评价结果

行业代码	2004 年	2005 年	2006 年	2007 年	2008 年	2009 年	2010 年	均值
C13	0.928 3	1.098 9	1.174 1	1.235 5	1.219 5	1.167 9	1.024 8	1.121 3
C14	1.224 4	1.167 2	1.183 0	1.487 6	1.353 5	1.079 8	1.027 6	1.217 6
C15	0.856 3	1.179 0	0.869 2	1.240 7	1.193 1	1.080 5	1.045 3	1.066 3
C16	1.170 0	0.741 3	0.658 6	1.621 4	1.348 9	0.874 6	1.275 4	1.098 6
C17	1.551 0	1.738 5	1.632 4	1.207 7	1.576 6	1.432 0	1.548 1	1.526 6
C18	1.659 0	1.755 9	1.636 1	1.251 1	1.553 4	1.338 2	1.275 3	1.495 6
C19	1.168 3	1.413 8	1.367 2	0.730 4	0.955 3	0.732 8	0.869 5	1.033 9
C20	1.173 1	1.405 1	1.266 2	0.996 0	1.201 9	1.003 1	0.692 5	1.105 4

续表

行业代码	2004 年	2005 年	2006 年	2007 年	2008 年	2009 年	2010 年	均值
C21	1.805 6	1.738 0	1.362 7	0.846 0	1.109 8	1.082 2	1.429 3	1.339 1
C22	1.162 2	1.041 3	0.992 3	1.401 1	1.553 9	0.952 7	1.275 0	1.196 9
C23	1.172 8	1.396 8	1.123 7	1.419 6	1.211 4	1.079 6	1.030 6	1.204 9
C24	1.658 5	1.738 0	1.779 8	0.905 2	0.612 5	1.079 9	0.913 3	1.241 0
C25	1.014 2	1.040 7	0.907 2	1.240 5	1.219 8	0.884 2	1.275 1	1.083 1
C26	1.455 1	1.461 9	1.374 7	1.624 6	1.648 4	1.369 9	1.526 7	1.494 5
C27	1.678 1	1.489 3	1.378 1	1.684 5	1.573 0	1.230 0	1.526 7	1.508 5
C28	1.421 2	1.416 6	1.265 2	1.810 5	1.563 4	1.080 8	1.406 5	1.423 5
C29	1.728 7	1.732 3	1.434 6	1.783 6	1.654 5	1.349 4	1.675 5	1.622 7
C30	1.466 4	1.728 9	1.278 9	0.606 4	1.236 5	1.222 2	1.275 3	1.259 2
C31	1.170 9	1.555 7	1.379 1	1.399 6	1.479 1	1.636 3	1.275 4	1.413 7
C32	1.467 1	1.338 9	1.373 6	1.606 7	1.479 1	1.080 3	1.375 8	1.388 8
C33	1.184 4	0.976 5	1.176 1	1.615 4	1.563 4	1.071 2	1.429 7	1.288 1
C34	1.198 7	1.633 6	1.440 8	1.621 5	1.495 4	1.233 7	1.275 0	1.414 1
C35	1.486 7	1.835 5	1.661 0	1.509 2	1.553 9	1.505 4	1.606 2	1.594 0
C36	1.692 7	1.545 5	1.628 4	1.798 6	1.755 0	1.340 8	1.713 5	1.639 2
C37	1.670 3	1.656 1	1.731 6	1.883 8	1.965 9	1.495 9	1.742 6	1.735 2
C38	1.539 1	1.738 0	1.918 5	1.889 4	1.839 5	1.603 4	1.607 1	1.733 6
C39	2.165 4	2.376 4	2.209 0	2.128 0	2.159 5	2.129 7	1.932 2	2.157 2
C40	1.719 1	1.735 9	1.913 1	1.400 5	1.571 0	1.338 3	1.532 3	1.601 5
C41	1.302 3	1.559 1	1.438 7	1.052 8	1.005 7	0.868 5	0.769 3	1.142 3
均值	1.410 0	1.490 9	1.398 4	1.413 7	1.436 3	1.218 7	1.322 5	1.384 4

　　本书采用雷达图对制造业绿色工艺创新动力综合评价结果进行可视化比较，如图 4.1 所示。

　　从表 4.3 和图 4.1 中可以看出，我国制造业绿色工艺创新动力平均得分较高的十个行业分别是通信设备、计算机及其他电子设备制造业，交通运输设备制造业，电气机械及器材制造业，专用设备制造业，橡胶制品业，仪器仪表及文化、办公用机械制造业，通用设备制造业，纺织业，医药制造业，纺织服装、鞋、帽制造业。除纺织业，纺织服装、鞋、帽制造业两个行业外，其他八个行业具有一个共同的特性，均为技术密集型行业。我国制造业绿色工艺创新动力平均得分最低的五个行业分别皮革、毛皮、羽毛（绒）及其制品业，饮料制造业，石油加工、炼焦及核燃料加工业，烟草制品业，木材加工及木、竹、藤、棕、草制品业。

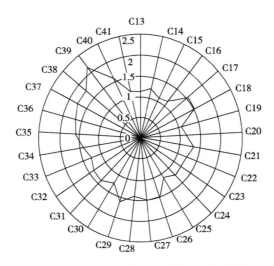

图 4.1　制造业绿色工艺创新动力综合评价结果

（3）制造业绿色工艺创新技术推动力评价结果与分析。制造业绿色工艺创新技术推动力评价结果如表 4.4 所示。

表 4.4　制造业绿色工艺创新技术推动力评价结果

行业代码	2004 年	2005 年	2006 年	2007 年	2008 年	2009 年	2010 年	均值
C13	0.033 1	0.022 0	0.033 1	0.011 6	0.016 2	0.013 0	0.010 4	0.019 9
C14	0.090 2	0.073 5	0.090 2	0.026 5	0.018 8	0.024 2	0.018 3	0.048 8
C15	0.195 1	0.104 5	0.195 1	0.037 6	0.019 4	0.014 8	0.008 6	0.082 2
C16	0.020 0	0.011 3	0.020 0	0.011 6	0.008 7	0.003 8	0.001 1	0.010 9
C17	0.056 8	0.064 9	0.056 8	0.048 0	0.041 9	0.037 0	0.035 3	0.048 7
C18	0.005 3	0.004 6	0.005 3	0.016 7	0.006 8	0.009 1	0.000 6	0.006 9
C19	0.001 4	0.001 0	0.001 4	0.006 0	0.004 8	0.000 1	0.001 6	0.002 3
C20	0.023 3	0.012 4	0.023 3	0.013 4	0.011 8	0.005 4	0.001 3	0.013 0
C21	0.004 5	0.031 9	0.004 5	0.019 0	0.006 0	0.006 6	0.005 7	0.011 2
C22	0.012 0	0.005 5	0.012 0	0.004 0	0.015 9	0.008 2	0.004 7	0.008 9
C23	0.000 1	0.000 2	0.000 1	0.003 0	0.003 4	0.010 1	0.004 3	0.003 0
C24	0.061 3	0.100 8	0.061 3	0.026 7	0.018 8	0.022 3	0.015 8	0.043 9
C25	0.213 6	0.125 7	0.213 6	0.088 1	0.034 0	0.031 1	0.019 2	0.103 6
C26	0.324 3	0.309 7	0.324 3	0.257 5	0.168 4	0.151 8	0.109 1	0.235 0
C27	0.282 1	0.232 9	0.282 1	0.248 3	0.167 7	0.151 7	0.133 9	0.214 1
C28	0.011 6	0.010 8	0.011 6	0.022 8	0.007 1	0.010 3	0.006 1	0.011 5

续表

行业代码	2004 年	2005 年	2006 年	2007 年	2008 年	2009 年	2010 年	均值
C29	0.031 7	0.015 6	0.031 7	0.019 3	0.008 6	0.016 9	0.009 0	0.019 0
C30	0.113 8	0.073 2	0.113 8	0.026 4	0.024 0	0.033 1	0.024 7	0.058 4
C31	0.174 7	0.211 4	0.174 7	0.378 9	0.055 1	0.269 1	0.147 3	0.201 6
C32	0.159 4	0.186 6	0.159 4	0.173 6	0.062 2	0.079 0	0.064 4	0.126 4
C33	0.179 1	0.129 8	0.179 1	0.104 6	0.068 7	0.085 0	0.050 3	0.113 8
C34	0.140 9	0.109 3	0.140 9	0.103 7	0.066 3	0.053 3	0.054 7	0.095 6
C35	0.360 7	0.256 8	0.360 7	0.217 4	0.140 8	0.174 3	0.133 7	0.234 9
C36	0.595 0	0.231 4	0.595 0	0.161 2	0.147 8	0.152 5	0.149 4	0.290 3
C37	0.389 9	0.291 5	0.389 9	0.181 1	0.237 7	0.188 0	0.166 1	0.263 5
C38	0.676 1	0.635 1	0.676 1	0.845 4	0.347 2	0.396 6	0.300 7	0.553 9
C39	1.000 2	1.000 5	1.000 2	1.004 0	1.000 9	1.000 2	1.000 5	1.000 9
C40	0.103 6	0.118 3	0.103 6	0.072 0	0.072 0	0.083 6	0.062 2	0.087 9
C41	0.028 6	0.031 8	0.028 6	0.032 1	0.021 5	0.012 2	0.005 5	0.022 9
均值	0.182 4	0.151 8	0.182 4	0.143 5	0.096 6	0.104 9	0.087 7	0.135 6

　　同样，制造业绿色工艺创新技术推动力评价结果的雷达图如 4.2 所示。

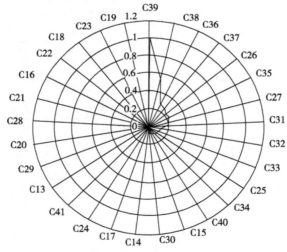

图 4.2　制造业绿色工艺创新技术推动力评价结果

　　从表 4.4 和图 4.2 中可以看出，我国制造业绿色工艺创新技术推动力平均得分最高的行业是通信设备、计算机及其他电子设备制造业，其得分值远远高于其他行业；电气机械及器材制造业也有较高得分，为 0.553 9。我国制造业绿色工艺创新技术推动力平均得分最低的行业为皮革、毛皮、羽毛（绒）及其制品业。同样的，技术密集型行业的技术推动力评价得分值较高。

此外，通过雷达图可以看出，我国制造业绿色工艺创新技术推动力评价得分值的行业间差异较大，发展不均衡程度较高。

（4）制造业绿色工艺创新市场拉动力评价结果与分析。制造业绿色工艺创新市场拉动力评价结果如表 4.5 所示。

表 4.5　制造业绿色工艺创新市场拉动力评价结果

行业代码	2004 年	2005 年	2006 年	2007 年	2008 年	2009 年	2010 年	均值
C13	0.855 7	0.846 5	1.103 2	0.762 4	0.809 7	1.038 2	0.827 3	0.891 9
C14	0.867 3	0.740 5	0.896 4	0.560 5	0.818 2	0.778 7	0.837 9	0.785 6
C15	0.700 9	0.544 9	0.747 9	0.458 8	0.708 8	0.638 0	0.762 3	0.651 7
C16	0.151 2	0.055 9	0.165 5	0.159 8	0.214 9	0.159 9	0.373 0	0.182 9
C17	1.112 7	1.136 3	1.388 4	1.140 7	1.013 7	1.332 1	1.191 1	1.187 9
C18	1.355 7	1.318 6	1.329 6	1.064 6	1.052 4	1.063 5	0.982 5	1.166 7
C19	1.325 4	1.295 4	1.215 2	0.903 7	1.028 9	0.865 6	0.831 4	1.066 5
C20	0.876 4	0.828 6	0.919 9	0.655 3	0.888 1	0.860 0	0.838 0	0.839 5
C21	1.289 8	1.266 2	1.150 0	0.870 4	1.010 4	0.794 8	0.796 6	1.025 5
C22	0.756 0	0.696 2	0.891 9	0.633 5	0.817 6	0.783 0	0.827 2	0.772 2
C23	0.712 6	0.662 8	0.808 8	0.529 0	0.759 9	0.709 2	0.800 3	0.711 8
C24	1.366 1	1.395 3	1.220 6	0.932 5	1.140 7	0.848 5	0.844 2	1.114 0
C25	0.265 5	0.238 6	0.293 6	0.162 7	0.221 5	0.252 9	0.223 4	0.236 9
C26	0.743 1	0.714 2	1.008 7	0.878 4	0.811 2	1.073 6	0.986 8	0.888 0
C27	0.867 0	0.671 3	0.910 9	0.686 3	1.012 7	0.869 2	1.205 7	0.889 0
C28	0.540 7	0.548 2	0.608 5	0.468 5	0.859 1	0.659 4	0.827 0	0.644 5
C29	0.878 7	0.849 8	0.911 8	0.762 7	1.014 5	0.794 5	0.982 0	0.884 9
C30	1.046 0	1.033 6	1.163 9	0.906 1	0.993 1	1.068 1	0.975 5	1.026 6
C31	0.876 4	0.855 4	1.166 5	0.906 5	0.827 8	1.184 8	0.998 3	0.973 7
C32	0.414 7	0.397 6	0.543 7	0.448 9	0.543 6	0.455 8	0.506 4	0.473 0
C33	0.522 6	0.499 2	0.633 1	0.457 2	0.585 4	0.539 4	0.619 6	0.550 9
C34	1.074 1	1.050 9	1.203 5	0.962 8	1.014 4	1.123 2	1.022 6	1.064 5
C35	0.869 3	0.861 9	1.203 9	1.186 8	1.149 8	1.413 0	1.389 7	1.153 5
C36	0.721 4	0.663 4	0.911 8	0.883 9	1.028 9	1.032 3	1.190 5	0.918 9
C37	0.553 0	0.546 3	0.793 0	0.981 4	1.140 5	1.053 0	1.246 7	0.902 0
C38	1.087 4	1.050 5	1.237 2	1.185 1	1.272 7	1.322 8	1.433 7	1.227 1
C39	1.250 7	1.314 8	1.313 5	1.357 0	1.516 0	1.123 2	1.279 7	1.307 8
C40	1.147 1	1.180 7	1.084 2	0.962 7	1.158 0	0.865 6	1.090 5	1.069 8
C41	1.131 2	1.192 8	1.112 7	0.884 3	0.973 9	0.794 9	0.756 8	0.978 1
均值	0.874 4	0.843 3	0.963 4	0.786 6	0.909 9	0.879 2	0.918 9	0.882 2

同样，制造业绿色工艺创新市场拉动力评价结果的雷达图如 4.3 所示。

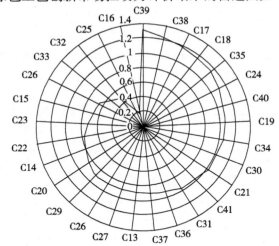

图 4.3　制造业绿色工艺创新市场拉动力评价结果

从表 4.5 和图 4.3 中可以看出，我国制造业绿色工艺创新市场拉动力平均得分最高的行业仍然是通信设备、计算机及其他电子设备制造业，其得分值为 1.307 8。我国制造业绿色工艺创新市场拉动力平均得分最低的行业为烟草制品业。

此外，通过雷达图可以看出，我国制造业绿色工艺创新市场拉动力评价得分值的行业间差异较小。

（5）制造业绿色工艺创新管制推动力评价结果与分析。制造业绿色工艺创新管制推动力评价结果如表 4.6 所示。

表 4.6　绿色工艺创新管制推动力评价结果

行业代码	2004 年	2005 年	2006 年	2007 年	2008 年	2009 年	2010 年	均值
C13	0.928 1	0.791 9	0.660 9	1.371 9	1.251 7	0.925 8	1.012 2	0.991 8
C14	1.130 1	1.012 5	1.074 7	1.383 1	1.353 8	1.018 1	1.096 1	1.152 6
C15	0.378 9	0.980 6	0.689 0	1.015 2	0.906 0	1.056 0	1.116 2	0.877 4
C16	1.263 5	1.312 1	0.896 4	1.365 1	1.397 9	0.848 2	1.516 1	1.228 5
C17	1.347 8	1.306 0	1.126 5	1.016 1	1.113 2	0.998 0	1.191 2	1.157 0
C18	1.335 9	1.335 7	1.369 4	0.884 9	1.159 2	1.020 2	1.005 0	1.158 6
C19	0.584 3	0.771 6	0.777 3	0.578 4	0.458 0	0.445 6	0.498 5	0.587 7
C20	0.863 1	1.146 8	1.126 5	1.068 7	1.229 8	0.273 8	0.668 0	0.911 0
C21	1.622 9	1.647 3	1.227 8	0.494 1	1.313 7	0.449 9	1.140 9	1.128 1
C22	0.943 8	0.690 5	0.911 4	1.213 8	1.369 3	1.044 8	1.287 9	1.065 9

续表

行业代码	2004 年	2005 年	2006 年	2007 年	2008 年	2009 年	2010 年	均值
C23	1.186 6	1.459 1	1.171 5	1.384 8	1.351 0	0.437 8	0.996 0	1.141 0
C24	1.349 9	1.495 1	1.136 4	0.890 0	0.713 6	0.443 7	0.789 7	0.974 1
C25	0.858 2	1.089 9	1.498 0	1.384 7	1.353 6	1.334 7	1.679 8	1.314 1
C26	1.264 0	1.306 8	1.083 8	1.474 0	1.353 5	1.228 0	1.445 2	1.307 9
C27	1.278 8	0.982 5	1.295 8	1.386 1	1.131 4	0.975 5	1.100 9	1.164 4
C28	1.445 2	1.545 2	1.505 0	1.644 2	1.597 7	1.297 0	1.514 5	1.507 0
C29	1.488 7	1.540 4	1.672 4	1.382 8	1.546 0	1.269 2	1.589 7	1.498 5
C30	1.226 3	1.403 3	0.908 3	0.389 2	1.065 8	0.721 7	1.126 2	0.977 3
C31	0.949 6	1.217 7	1.187 1	1.213 8	1.351 4	0.913 3	1.117 8	1.135 8
C32	1.492 0	1.495 6	1.498 0	1.517 9	1.484 0	1.262 2	1.515 5	1.466 5
C33	1.349 9	1.426 5	0.908 3	1.763 5	1.615 2	1.565 2	1.801 7	1.490 0
C34	0.802 9	1.084 3	1.288 9	1.700 8	1.355 3	0.546 6	1.014 0	1.113 3
C35	0.931 9	1.310 0	1.227 0	1.088 6	1.113 6	0.454 7	1.079 4	1.029 3
C36	1.239 3	1.175 5	1.498 0	1.382 9	1.340 1	1.052 7	1.380 2	1.295 5
C37	1.115 9	1.319 5	1.483 7	1.304 2	1.344 6	1.042 1	1.269 2	1.268 5
C38	0.596 6	0.550 2	1.389 1	1.199 7	1.110 6	0.852 6	1.008 4	0.958 2
C39	1.347 1	1.497 7	1.350 1	1.472 5	1.474 9	1.068 0	1.269 4	1.354 2
C40	1.368 7	1.312 1	1.601 0	1.149 7	1.363 9	0.790 6	1.389 6	1.282 2
C41	0.938 9	0.868 4	1.291 0	0.571 4	0.618 1	0.443 0	0.521 9	0.750 4
均值	1.125 1	1.209 5	1.201 8	1.196 3	1.235 8	0.888 9	1.177 3	1.147 8

同样，制造业绿色工艺创新管制推动力评价结果的雷达图如 4.4 所示。

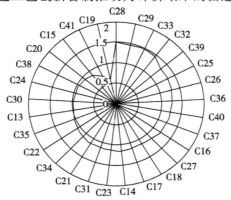

图 4.4　制造业绿色工艺创新管制推动力评价结果

从表 4.6 和图 4.4 中可以看出，我国制造业绿色工艺创新管制推动力平均得分最高的行业是化学纤维制造业，其得分值为 1.507 0。我国制造业绿色工艺创新管制推动力平均得分最低的行业为皮革、毛皮、羽毛（绒）及其制品业。

此外，通过雷达图可以看出，我国制造业绿色工艺创新管制推动力评价得分值的行业间差异较小。

4.2　外商直接投资对制造业绿色工艺创新动力的影响机理

4.2.1　外商直接投资对绿色工艺创新技术推动力的影响

前文对绿色工艺创新的技术推动力进行了分析，本书认为绿色工艺创新的技术推动力主要表现在两个方面，即科学技术的进步增加了绿色工艺创新的技术机会和独占性，因此本部分主要分析外商直接投资对绿色工艺创新的技术机会和独占性的影响。

1. 外商直接投资与绿色工艺创新的技术机会

技术机会对绿色工艺创新的作用在于降低创新活动的不确定性。一般来讲，绿色工艺创新的技术机会越多，创新的动力就越大。而外商直接投资的进入增加了我国制造业企业获取绿色工艺创新技术机会的可能性。

任何一项新的生产工艺在应用于生产时，总会面临较大的风险。对于潜在的绿色工艺创新者来讲，由于对绿色工艺创新的成本了解不足，又没有能力识别绿色工艺创新带来的潜在收益，会过高估计绿色工艺创新的风险，从而很难进行绿色工艺创新的决策。但随着外商直接投资企业的进入，在与外商直接投资企业的竞争和合作过程中，关于绿色工艺创新成本和收益的相关信息将扩散给潜在的绿色工艺创新者，从而降低绿色工艺创新活动的不确定性，提升绿色工艺创新的动力。

外商直接投资增加我国制造业绿色工艺创新技术机会的途径主要有两个。

首先，外商直接投资的进入增加了绿色工艺的数量，从而增加了我国制造业通过技术购买获取技术机会的可能性。随着外商直接投资企业不断向我国制造业进行技术转移，以及外商直接投资企业在我国不断开展绿色工艺创新活动，必然增加我国制造业绿色工艺创新的成果，其一部分创新成果将通过市场扩散给其他制造企业，从而增加制造业绿色工艺创新的技术机会。

其次，外商直接投资对内资企业绿色工艺创新具有示范效应，我国制造业企业可以通过非市场手段获取绿色工艺创新的技术机会。由于大多数外资企业往往比内资企业具有更为环境友好的绿色工艺，内资企业可以通过技术监听站等手段获取最新的绿色工艺知识和信息，并进行绿色工艺模仿创新。

2. 外商直接投资与绿色工艺创新的独占性

绿色工艺创新独占性的强弱取决于绿色工艺的内在知识特性和外部的知识产权保护。从绿色工艺的内在知识特征来看，绿色工艺知识越复杂，其被模仿的可能性越小，该项绿色工艺创新的独占性越高，从而创新主体进行绿色工艺创新的激励越强。从外部知识产权保护来看，对绿色工艺创新的专利保护程度越高，创新跟随着进行模仿的成本越大，绿色工艺创新领先者享有的独占性就越高，获得的利润也越高。当独占性较高时，较大突破的绿色工艺创新往往由产业领导者做出，当独占性较低时，较大突破的绿色工艺创新往往在跟随者和新进入者间产生。

绿色工艺的内在知识特征具有难以改变的本质，知识特性导致的独占性大小不以外部影响为转移，因此绿色工艺创新独占性的程度变化主要由知识产权保护环境的强弱所决定。而外商直接投资大量流入所导致的知识产权保护的变化，必然引起绿色工艺创新独占性的改变，从而影响绿色工艺创新的动力。

众所周知，发达国家具有较强的技术创新能力，在当代的技术竞争中处于领先地位。从专利数量上来看，发达国家占有世界上绝大多数的专利；从技术质量上来，其在发达国家的技术水平远远高于发展中国家，因此，在以技术和知识为核心竞争力的全球化竞争中，发达国家在进行外商直接投资时，必然要求外商直接投资流入国加强知识产权保护的力度，从而保证本身的技术和经济优势。随着我国融入国际化的程度不断加深，外商直接投资的流入量不断加大，且技术水平有所提升，为保护自身技术的领先优势，外商直接投资必然对我国尚未完善的知识产权保护制度提出新的要求，迫使我国提高知识产权保护的强度。

随着我国创新能力的不断提升，创新专利成果的不断增加，在引进外商直接投资的过程中也面临着加强知识产权保护，扩大专利保护范围的严重压力，以确保我国的自主知识产权在与外商直接投资企业的竞争中受到合法的保护。总之，不论是出于外商直接投资的压力，还是出于保护国内知识产权的考虑，外商直接投资的流入将对我国知识产权保护产生巨大影响，并影响我国制造业绿色工艺创新的独占性和创新动力。

4.2.2 外商直接投资对绿色工艺创新市场拉动力的影响

市场拉动力对绿色工艺创新的影响主要表现在绿色市场需求与市场竞争两个方面，外商直接投资的进入必然引起市场需求和市场竞争的变化，进而影响绿色工艺创新的动力。

1. 外商直接投资与绿色工艺创新的市场需求拉动力

外商直接投资的流入对我国经济增长具有重要的推动作用，这一观点已经在许多文献中得到了验证。一种观点认为外商直接投资促进经济增长的作用机制在于两个方面：首先，外商直接投资通过降低的 X 非效率促进了东道国技术效率的提升；其次，外商直接投资带来的先进技术为东道国基础技术前沿提供了便利，促进东道国的技术进步（姚树洁等，2006）。另一种观点则认为外商直接投资通过资本积累促进了东道国的经济增长。

上述两种观点基本代表了国内研究外商直接投资与经济增长关系的主流观点，即外商直接投资通过促进技术进步和增加资本积累促进了我国的经济增长，但研究外商直接投资是否促进了我国消费需求增长的研究较少。本书认为，外商直接投资的进入不仅能促进我国技术进步和增加资本积累，还有助于促进我国的消费增长和消费偏好转变。

从消费总量来看，随着我国经济不断增长，国内居民收入不断提高，消费者对市场产品的消费数量必然增加。外资企业的产品在质量、功能、外观等方面比内资企业更具有竞争优势，必然引起消费者更倾向于消费外资产品，从而带动国内消费总量的增加。苹果公司的案例就是一个很好的说明。从消费偏好来看，外商直接投资企业遵循全球统一的生产标准和环境标准，来自环境保护水平较高的发达国家的外商直接投资企业，必然倡导绿色消费，从而在竞争中保持现有的领先优势，并给内资企业带来绿色工艺创新的压力。因此，外商直接投资的大量进入不仅增加了我国市场消费的总量，也促进了我国绿色消费的增长。

2. 外商直接投资与绿色工艺创新的市场竞争拉动力

外商直接投资企业与内资企业竞争推动绿色工艺创新，主要在于市场竞争加剧时内资企业的成长和外商直接投资企业的反应。

首先，对内资企业来讲，大量外商直接投资的进入加剧了我国制造业的市场竞争强度，由于外资企业遵循全球统一的生产标准和环境标准，一般使用比当地企业更加环境友好的生产技术和污染处理技术，从而具有比我国内资企业更强的竞争优势。在生存和发展的压力下，内资企业必然选择增加绿色工艺创新投入，模仿外资企业的绿色技术或引进更为先进、环保的生产技术，提高企业的绿色工艺创新能力，从而增强企业的整体竞争力。但内资企业在绿色工艺创新的过程中存在失败的风险，一旦绿色工艺创新失败，则存在被挤出市场的可能性；或者在面临压力时，内资企业不选择绿色工艺创新从而被挤出市场。

其次，对外商直接投资企业来讲，随着内资企业整体竞争力的提高，内资企业与外商直接投资（FDI）企业的技术差距不断缩小，外商直接投资原有的技术优势将不再明显,外商直接投资面临了内资企业绿色工艺创新成长所带来的压力,从而激励外商直接投资企业进行绿色工艺创新,提升绿色工艺创新能力;同样外资企业在绿色工艺创新的过程中也存在失败的风险。或者外商直接投资对绿色工艺创新的成本和收益估计不足,不愿承担绿色工艺创新的风险,从而直接退出东道国市场。外资企业与内资企业推动绿色工艺创新的竞争机制如图 4.5 所示。

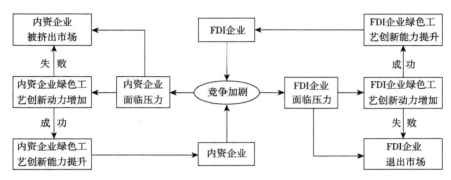

图 4.5　外资企业与内资企业推动绿色工艺创新的竞争机制

4.2.3　外商直接投资对绿色工艺创新管制推动力的影响

外商直接投资在全球范围内的不断增加,对全球经济的增长起到了重要的作用,但随着环境污染问题的日益严重,人们也开始关注外商直接投资在环境污染问题中所扮演的角色。近年来,不少文献开始研究环境管制对外商直接投资流入的影响以及验证“污染天堂”假说,从而考察外商直接投资在东道国环境污染中的作用。但很少有文献研究外商直接投资对东道国环境管制的影响。

从辩证的思想来看,任何事物在影响其他事物时总表现出一定的两面性,外商直接投资对我国制造业绿色工艺创新管制推动力的影响也不例外,同样具有两面性。外商直接投资对环境管制的这种两面性在垄断优势理论和内部化理论中有所体现。

1. 外商直接投资的环境管制降低效应

垄断优势理论认为跨国公司通过外商直接投资进行全球化扩张的原因在于,跨国公司具有较强的所有权优势,也可理解为垄断优势。而这种优势所导致的市场势力很可能转化为政治力量,进而被跨国公司用于创造不完全竞争市场,以消除竞争和冲突。基于垄断优势理论的这种假设,本书认为发达国家的跨国公司凭借其所有权优势,在一定程度上能有效地规避我国制造业的环境标准,并通过贿赂环境管理者参与环境管制标准的制定过程,降低环境管制水平。

　　目前，发展中东道国的不少跨国公司被批评实施"双重标准"，这些跨国公司利用其市场势力减少非生产成本，如与发展中东道国环境保护相关的非生产成本；对工人隐瞒危害他们健康的信息；不充分标明产品的性质；在发展中东道国采用低于其在 OECD 成员方的外商直接投资所执行的环境标准和技术（肖璐，2010）。发展中东道国的环境标准相对较低，公司员工和消费者的环保意识较弱以及自我保护知识缺乏，而外资公司市场势力导致的政治力量使其具有与东道国政府和环境保护规制者讨价还价的能力，进而在环境问题上迫使东道国做出让步和妥协。

　　此外，对外商直接投资恶性竞争也会导致环境管制水平降低。由于目前尚未形成一个关于外商直接投资的统一标准，全球的外商直接投资并没有完全向着绿色可持续的方向发展，因而不少为避免本国较严厉环境管制的污染产业进行国际化转移。而一些经济相对落后的地区在吸引外资的过程中形成了恶性竞争，不惜以牺牲环境为代价，通过保持较低的环境管制标准，甚至降低环境管制标准来换取外资的进入。

　　基于上述分析，本书认为外商直接投资具有降低环境管制效应，对我国制造业绿色工艺创新环境管制推动力具有消极的影响。

2. 外商直接投资的环境管制提升效应

　　内部化理论认为跨国公司进行外商直接投资的目的在于降低市场交易成本，从而保护并进一步发挥企业所拥有的垄断优势。基于内部化理论的这种基本思想，本书认为发展中国家成为发达国家污染避难所的可能较小，只有当发达国家的环境管制标准不允许在本国进行污染性生产时，或所有权导致的垄断优势受到竞争对手的威胁时，发达国家的污染产业才有可能向发展中国家转移。

　　对于遵循内部化理论的跨国公司来讲，在进行对外直接投资时一般会遵守母国的环境标准，向发展中东道国转移清洁、环保的生产技术和环境管理知识。而随着消费者环保意识的不断增强和政府环境保护压力的不断增加，清洁、环保的生产技术和管理知识将成为一种新的所有权优势，进一步促使跨国公司在进行外商直接投资时选择内部化经营的方式，加速向东道国扩散绿色工艺技术和管理知识。这些技术和管理知识相比于东道国的技术更为清洁、环保，从而会对东道国的环境技术和环境管理产生正向的溢出效应。

　　基于上述分析，本书认为外商直接投资具有提升环境管制效应，对我国制造业绿色工艺创新环境管制推动力具有积极的影响。

4.3　外商直接投资对制造业绿色工艺创新动力影响的实证分析

4.3.1　外商直接投资对绿色工艺创新动力影响的实证模型

1. 计量模型与变量解释

由于受部分核心指标数据的限制，本书仅选择了 2004~2010 年的数据进行回归分析，为避免回归分析的数据太少，同时为了分析外商直接投资对我国制造业绿色工艺创新动力影响的差异，本书采用面板数据进行回归分析。与时间序列数据分析和截面数据分析相比，面板数据既可以克服时间序列数据分析的多重共线性问题，提供更多的样本信息、更多的变化情况、更少的共线性、更多的自由度和更高的估计效率；同时能更好地识别与度量单纯时间序列数据和截面数据所不能发现的影响因素（匡王番，2008）。

根据面板数据模型的建模思想，本书将计量模型设定为以下形式：

$$\text{GPID}_{it} = c_1 + \alpha_1 \text{FDI}_{it} + \mu_{i1} + \varepsilon_{it1} \qquad (4.8)$$

$$\text{TECH}_{it} = c_2 + \alpha_2 \text{FDI}_{it} + \mu_{i2} + \varepsilon_{it2} \qquad (4.9)$$

$$\text{MARK}_{it} = c_3 + \alpha_3 \text{FDI}_{it} + \mu_{i3} + \varepsilon_{it3} \qquad (4.10)$$

$$\text{ER}_{it} = c_4 + \alpha_4 \text{FDI}_{it} + \mu_{i4} + \varepsilon_{it4} \qquad (4.11)$$

其中，GPID 为绿色工艺创新动力；TECH 为绿色工艺创新的技术推动力；MARK 为绿色工艺创新的市场拉动力；ER 为绿色工艺创新的管制推动力，均用前文计算的绿色工艺创新动力评价结果来衡量。α_k 为外商直接投资的回归系数；c_k 为截距项；μ_{ik} 为不随时间变化的个体效应，主要衡量不同行业自身特征在绿色工艺创新动力上的差异；ε_{itk} 为整个回归方程的误差项；下标 i 和 t 分别为所选行业和年份。

如何度量外商直接投资一直是学术界具有争议性的问题。常用来度量外商直接投资的指标包括外资企业员工占行业员工总量的比重（沈坤荣和孙文杰，2009）、外资企业销售收入占行业总销售的比重（Javorcik，2004）、外资企业资产占行业总资产的比重（潘文卿，2003）等。

本书认为外资企业员工占行业员工总量的比重主要反映了外资企业潜在的人力资源流动效应，而外资企业销售占行业总销售的比重则主要反映了外资企业的竞争效应和示范效应，只有外资企业资产占行业总资产的比重才能综合衡量外商直接投资所带来的影响。因此，本书选择用外资企业资产占行业总资产的比重作为外商直接投资的衡量指标。

2.数据说明

本书实证研究采用了我国制造业 29 个行业 2004~2010 年的面板数据。外商直接投资数据来源于《中国工业经济统计年鉴》。本书选择 2004~2010 年的面板数据进行实证研究,其原因在于工业出口交付值缺乏 2004 年以前的统计数据。在行业选择方面,行业划分标准不一致导致"废弃资源和废旧材料回收加工业"的数据不连贯,因此本书最终选择的样本行业共 29 个。

表 4.7 列出了样本数据的描述性统计。

表 4.7 样本数据的描述性统计

统计量	均值	中位数	最大值	最小值	标准差	观测量/个	截面数/个
GPID	1.384 4	1.400 0	2.376 0	0.606 0	0.328 2	203	29
FDI	0.338 9	0.335 5	0.726 1	0.001 6	0.154 2	203	29

4.3.2 外商直接投资对绿色工艺创新动力影响的实证结果

1.单位根检验与协整检验

面板数据模型要求在回归分析前进行单位根检验与协整检验,以确保变量存在长期稳定的协整关系,避免出现伪回归。

面板数据单位根检验的方法主要包括两类:一类检验假设所有个体均有相同的自回归系数,即含有相同单位根的检验,主要检验方法包括 LLC 检验、Breitung 检验、Hadri 检验;另一类检验则允许在不同的横截面间发生变化,即含有不同单位根的检验,主要检验方法包括 IPS 检验、Fisher-ADF 检验、Fisher-PP检验、MW 检验等。

参考现有文献的通常做法,本书选择含有相同根单位根的 LLC 检验和含有不同根单位根的 Fisher-PP 检验两种方法进行面板数据单位根检验。具体的面板数据单位根检验结果如表 4.8 所示。

表 4.8 面板数据单位根检验

变量	LLC 检验		Fisher-PP 检验	
	统计值	概率	统计值	概率
GPID	−8.629 14***	0.000 0	107.304***	0.000 1
FDI	−1.668 62**	0.047 6	105.562***	0.000 1

***、**、*分别表示在 1%、5%、10%的显著水平

从表 4.8 中可以看出,变量绿色工艺创新动力和外商直接投资在 5%的显著水

平下均通过了 LLC 检验和 Fisher-PP 检验，说明这两个变量是平稳变量。

常用的面板数据模型协整检验方法为三种，即 Pedroni 检验、Kao 检验、Johansen 检验。本书选择 Kao 检验进行协整检验，结果如表 4.9 所示。

表 4.9　面板数据协整检验

ADF	t 统计值	概率
	−1.921 550	0.027 3
残差	0.075 236	—
HAC 方差	0.026 478	—

从表 4.9 中可以看出，变量绿色工艺创新动力和外商直接投资通过了 5%显著水平的检验，这说明外商直接投资与我国制造业绿色工艺创新动力存在长期的协整关系。

2. 实证结果

在进行面板数据参数估计之前，首先要选择正确的面板数据模型形式，以避免参数估计的结果存在较大偏差。面板数据模型主要包括混合 OLS 模型、固定效应模型和随机效应模型三种。在面板数据模型形式的选择方法上，一般运用 F 检验和 Hausman 检验进行判断。具体而言，先运用 F 检验对混合 OLS 模型和固定效应模型进行选择，若 F 检验值显著，则拒绝原假设，采用固定效应模型优于混合 OLS 模型；然后运用 Hausman 检验对固定效应模型和随机效应模型进行选择，若 Hausman 检验值显著，则拒绝原假设，采用固定效应模型优于随机效应模型。

根据 F 检验和 Hausman 检验结果，本书选择固定效应模型对样本数据进行回归分析，回归结果如表 4.10 所示。

表 4.10　外商直接投资对我国制造业绿色工艺创新动力影响的回归结果

模型	模型（4.8）	模型（4.9）	模型（4.10）	模型（4.11）
常数项	0.313 913[*] (1.615 579)	0.135 266[**] (1.975 706)	0.155 025 (1.227 365)	0.035 848 (0.159 496)
FDI	3.158 308[***] (5.524 826)	0.001 041 (0.005 170)	2.145 546[***] (5.773 713)	3.280 674[***] (4.961296)
F 统计值	11.551 19[***]	54.513 59[***]	29.280 62[***]	6.622 152[***]
R^2	0.659 439	0.901 362	0.830 747	0.526 082
调整的 R^2	0.602 350	0.884 828	0.802 375	0.446 640
D-W	2.098 033	1.562 291	1.791 084	2.296 635
F 检验	202.418 678[***]	457.689 435[***]	245.475 982[***]	146.733 195[***]
Hausman 检验	16.584 351[***]	1.188 468[*]	3.940 136[**]	27.051 602[***]
估计模型	FE	FE	FE	FE
估计方法	LS	LS	LS	LS
观测量/个	203	203	203	203

[***]、[**]、[*]分别表示在 1%、5%、10%的显著水平

注：FE 表示固定效应模型

（1）从总体来看，外商直接投资在模型（4.8）中的回归系数约为 3.158 3，表明外商直接投资对我国制造业绿色工艺创新动力产生了显著的积极影响，每提高 1% 的外资投入，我国制造业绿色工艺创新的动力将提高约 3.158 3%。

（2）从技术推动力来看，外商直接投资对我国制造业绿色工艺创新的技术推动力产生了微小的积极影响，但其回归系数未通过显著性水平。

本书认为其原因在于，外商直接投资的进入虽然增加了企业获取外部技术的机会，但这种机会只是潜在的，只有当企业通过一定的手段（如技术引进、模仿）获取这些机会时，才能有效地推动我国制造业的绿色工艺创新。但知识产权保护的存在，尤其是外商直接投资对公司领先技术的保护，很难将这些潜在的技术机会变为显在的技术机会，从而导致外商直接投资对我国制造业绿色工艺创新技术推动力的影响有限。

（3）从市场拉动力来看，外商直接投资在模型（4.10）中的回归系数约为 2.145 5，表明外商直接投资对我国制造业绿色工艺创新的市场拉动力产生了较为显著的积极影响。

本书认为，外商直接投资的进入导致我国的绿色市场需求和市场竞争环境的变化，从而增强了我国制造业绿色工艺创新动力。一方面，随着外商直接投资的进入，在跨国公司遵循全球一体化标准的情况下，会带来相对绿色的产品和工艺，这些绿色产品和绿色工艺更为环保和健康，将引导市场消费对绿色消费和生产的追求，促进市场消费的绿色化转变，从而激励企业进行绿色工艺创新。另一方面，外商直接投资的进入加剧了市场竞争激烈程度，外商直接投资在与内资企业竞争的过程中，除传统的技术优势外，将绿色技术作为新的竞争优势，为获取绿色市场的竞争优势，内资企业将主动或被动地进行绿色工艺创新。

（4）从管制推动力来看，外商直接投资在模型（4.11）中的回归系数约为 3.280 7，且通过了 1% 水平下的显著性检验，表明外商直接投资对我国制造业绿色工艺创新的管制推动力产生了显著的积极影响，当外商直接投资每提高 1 百分点，将使我国制造业绿色工艺创新的管制推动增加 3.280 7 百分点左右。

如前文所述，内部化理论认为跨国公司更倾向于向东道国转移清洁、环保的工艺技术，以确保这种环境竞争优势在东道国形成新的竞争力来源。而这些清洁、环保的工艺技术和管理知识不仅有助于引导东道国的绿色消费意识转变，还能对东道国环境保护提供指导和借鉴，提高东道国的环境管制水平。

（5）制造业行业自身差异的影响。此外，不同行业的绿色工艺创新动力受到该行业自身特点的影响，表 4.11 列出了各行业特征对绿色工艺创新动力的影响。

表 4.11　制造业行业自身差异对绿色工艺创新动力的影响

行业代码	μ_{i1}	μ_{i2}	μ_{i3}	μ_{i4}
C13	−0.122 4	−0.115 7	0.105 1	−0.010 0
C14	−0.306 6	−0.086 9	−0.191 7	−0.140 5
C15	−0.345 9	−0.053 5	−0.249 4	−0.299 2
C16	0.773 8	−0.124 3	0.020 5	1.181 4
C17	0.332 3	−0.086 9	0.434 7	0.206 5
C18	−0.264 5	−0.128 8	0.029 3	−0.379 3
C19	−1.054 0	−0.133 5	−0.293 6	−1.290 9
C20	0.009 2	−0.122 5	0.153 0	0.062 5
C21	−0.566 5	−0.124 6	−0.210 9	−0.561 2
C22	−0.529 7	−0.126 8	−0.342 5	−0.437 3
C23	0.385 0	−0.132 4	0.212 9	0.579 3
C24	−1.022 4	−0.092 1	−0.365 5	−1.087 0
C25	0.310 8	−0.031 8	−0.229 6	0.802 1
C26	0.323 1	0.099 5	0.150 4	0.381 3
C27	0.432 2	0.078 6	0.216 0	0.336 5
C28	0.075 8	−0.124 1	−0.212 8	0.397 2
C29	−0.081 1	−0.116 8	−0.214 5	0.018 7
C30	−0.477 0	−0.077 3	−0.094 6	−0.536 0
C31	0.405 2	0.066 1	0.346 8	0.378 5
C32	0.718 5	−0.009 0	0.075 8	1.060 3
C33	0.467 9	−0.021 6	0.052 0	0.928 4
C34	−0.008 5	−0.040 0	0.156 2	−0.074 4
C35	0.385 0	0.099 4	0.390 4	0.063 7
C36	0.500 7	0.154 8	0.203 6	0.402 9
C37	0.260 9	0.127 8	−0.041 4	0.027 2
C38	0.329 2	0.418 3	0.331 3	−0.210 3
C39	−0.352 5	0.864 9	−0.338 8	−0.962 4
C40	−0.173 6	−0.047 8	−0.077 8	−0.271 3
C41	−0.405 0	−0.112 8	−0.014 9	−0.566 8

　　对于高污染行业来讲，由于比其他行业面临更为强烈的环境管制，因而这些行业的绿色工艺创新环境管制推动力相对更强。例如，化学原料及化学制品制造业的 μ_i 在模型（4.9）、模型（4.10）、模型（4.11）中的值分别为 0.099 5、0.150 4、0.381 3，表明环境管制对该行业的推动力明显大于技术推动力和市场拉动力。

对于高技术行业来讲，由于行业竞争激烈，技术更新速度快，人员和知识流动性较大，因而其绿色工艺创新的技术推动作用更为明显。例如，通信设备、计算机及其他电子设备制造业的 μ_i 在模型（4.9）、模型（4.10）、模型（4.11）中的值分别为 0.864 9、–0.338 8、–0.962 4，表明该行业绿色工艺创新的技术推动力更为明显。

4.4　本章小结

本章首先从技术推动力、市场拉动力和管制推动力三个方面分构建了制造业绿色工艺创新动力评价指标体系，并运用 RAGA-PPE 模型进行了实证评价；其次分别研究了外商直接投资对我国制造业绿色工艺创新技术推动力、市场拉动力和管制推动力的影响机理；最后运用面板数据模型实证研究了外商直接投资对我国制造业绿色工艺创新动力的影响效应。

第5章 外商直接投资对制造业绿色工艺创新路径的影响研究

5.1 外商直接投资对制造业研发式绿色工艺创新路径的影响

5.1.1 外商直接投资对研发式绿色工艺创新路径影响的理论解析

外商直接投资对我国制造业研发式绿色工艺创新路径的影响较为复杂，并非单一的正向影响或负向影响，而是两种影响效果共存，即外商直接投资对我国制造业研发式绿色工艺创新路径既有积极影响，也有消极影响。因此，外商直接投资对我国制造业研发式绿色工艺创新路径的影响是不确定的，依赖于正向影响和负向影响大小关系，其作用效果是两者相互抵消后的净作用。

1. 外商直接投资对研发式绿色工艺创新路径的积极影响

研发式绿色工艺创新路径具有较高的创新成本和创新风险，对创新能力的要求较高，导致创新能力相对较弱的我国制造业缺乏进行研发式绿色工艺创新的有效激励。随着外商直接投资的进入，其开展的研发活动和潜在存在的技术溢出，在一定程度上对我国的研发式绿色工艺创新路径存在积极的影响，增加了选择和实现研发式绿色工艺路径的可能性。外商直接投资对研发式绿色工艺创新路径的积极影响具体表现在以下方面。

（1）与外商直接投资研发机构的合作研发和技术交流有利于降低研发式绿色工艺创新路径的风险。随着跨国公司研发全球化战略的不断发展，越来越多的外资公司在我国设立研发机构，并加强了与我国制造业企业、科研机构、高校等的技术合作和技术交流。与这些研发机构的合作研发和技术交流，不仅能有效地分摊我国制造业研发式绿色工艺创新的成本，还能借助外商直接投资研发机构的创新能力降低研发式绿色工艺创新路径的风险，提高创新的成功率和创新效率。

（2）外商直接投资通过示范-竞争效应和前向关联效应等途径增加了我国制造业研发式绿色工艺创新路径的知识储备。随着我国制造业技术水平和竞争能力不断提高，以及环境管制不断加强，外资公司将不断从母公司带来越来越多的更先进、环保的生产技术，以维持现有的市场地位和利润水平、降低环境管制带来的成本。外资公司所带来的先进的、环保的生产技术不仅直接提高了我国制造业的知识与技术储备量，还有助于产生更多的技术机会，从而使我国制造业能够通过示范-竞争效应学习、接触和利用更多的技术资源。

此外，环境管制的加强导致我国制造业提高了对上游外资供应商的技术标准，更重视外资供应商所提供设备、生产工艺技术的环保水平，从而使我国制造业有机会获取固化在这些设备和生产工艺中的研发外溢。外商直接投资通过示范-竞争效应和前向关联效应等途径所带来的技术储备、技术机会和知识外溢，增加了我国制造业研发式绿色工艺创新路径的知识储备。

（3）外商直接投资的人力资本流动效应提高了我国制造业获取研发式绿色工艺创新人才的可能性。创新人才是创新行为得以实现的基础，创新人才的水平高低决定了创新成功可能性的大小和创新效率的快慢。外商直接投资的进入则有利于提高我国制造业绿色工艺创新的人力资源水平。

一方面，外资企业全方位的培训使公司的本土员工的专业水平得到提高，并通过"干中学"增强了这些本土员工的管理能力和科研能力，提升了我国的人力资本水平；另一方面，外资企业凭借优厚的薪资待遇、强大的创新能力、开放的创新氛围和良好的发展空间，在防止我国优秀创新人才向外流失和吸引留学人才回流的同时，吸引了海外优秀人才向国内流动，从而增加了我国的人力资本存量。而我国制造业可以通过人力资本流动效应，吸引外商直接投资所培养和引进的优秀创新人才向本土制造业流动，从而提高了我国制造业实现获取式绿色工艺创新路径的人力资本水平。

（4）外商直接投资后向关联引致的产业聚集有利于研发式绿色工艺创新知识、信息的交流和融合。为节约成本和尽快融入东道国本土市场，外资制造业与我国制造业的后向关联程度不断加强，越来越多的外资企业选择了本土化的中间产品配套战略。这种本土化的中间产品配套策略引起了我国中间产品供应商在空间上形成聚集，而产业聚集有利于知识尤其是隐性知识，以及信息在企业之间迅速传递（王然等，2010），增加了不同技术知识和创新信息的交流和融合，从而提高了触发研发式绿色工艺创新路径的可能性。

（5）外商直接投资的创新文化与创新管理模式对我国制造业研发式绿色工艺创新路径的文化和组织、制度起到了良好的示范作用。研发式绿色工艺创新路径所具有的高成本、高失败率特征，要求匹配与之相适应的自由宽容型创新文化和高效率的创新管理模式。李柏洲和苏屹（2011）认为我国"学而优则仕""以成败论英雄"等传统文化思想不但导致优秀人才游离于创新之外，而且导致创新人才不能发挥出全部的创新才能，并因为一两次的创新失败而将研发式绿色工艺创新搁浅；同时我国创新管理知识不足和创新管理行为缺乏也不利于研发式绿色工艺创新路径的实现。

相对而言，外资企业的创新文化较为自由，对创新失败具有较高的包容性，有利于研发式绿色工艺创新的开展。此外，外资公司在长期研发活动中，总结形成了一整套卓有成效的研发管理模式，如柔性化研发管理模式、虚拟化的研发组织与管理模式等，从而能提高研发效率，降低研发风险和成本。随着外商直接投资在华研发活动的开展，这些优秀的创新文化和先进的创新管理模式，对我国制造业创新文化的转变和研发管理模式的改进提供了良好的示范和有益的借鉴，进而促进我国制造业研发式绿色工艺创新路径的实现。

2. 外商直接投资对研发式绿色工艺创新路径的消极影响

外商直接投资对我国制造业研发式绿色工艺创新路径的消极影响主要来源于外资研发活动的挤出效应、市场竞争的挤出效应、技术引进的替代效应、技术依赖效应的消极影响。

（1）外资制造业的绿色工艺研发活动对我国制造业研发式绿色工艺创新投入具有挤出效应。研发式绿色工艺创新路径的成本较高，且难以实现，具有巨大的失败风险，因而对创新能力具有很高的要求。相比而言，外资制造业具有更强的自主创新能力，其进行研发式绿色工艺创新的成功率远远高于本土企业。因而当外资制造业进行研发式绿色工艺创新时，本土制造业将选择放弃研发式绿色工艺创新，避免在与外资制造业的创新竞争中失败，从而在一定程度上对我国制造业研发式绿色工艺创新路径产生挤出效应。

（2）外商直接投资的市场竞争的挤出效应降低了我国制造业研发式绿色工艺创新投入的积极性。虽然外资制造业的进入有利于打破市场的垄断格局，同时也加剧了制造业的市场竞争激烈程度，挤占了内资制造业的市场份额。面临激烈的市场竞争环境，部分内资制造业企业为降低企业的运营成本，保持现有利润，往往选择降低研发式绿色工艺创新的投入。尤其是研发式绿色工艺创新所具有的高成本与高风险特征，增加了激烈市场竞争中内资制造业降低绿色工艺创新投入的可能性。

（3）下游外商直接投资企业通过提升技术标准对我国制造业研发式绿色工艺路径具有技术引进的替代效应。随着下游外资制造业对绿色生产和绿色中间产品需求的不断增加，外资制造业将提高中间投入品的环境技术标准。为尽快地满足下游外资制造业的技术标准，作为供应商的内资制造业被"倒逼"进口先进环保的生产技术，从而替代了研发式绿色工艺创新的投入。

（4）外商直接投资所引致的技术依赖效应对我国制造业研发式绿色工艺创新路径具有消极的影响。在"市场换技术"的战略方针的指导下，我国制造业引进外商直接投资在于获取新的技术，但在引进外商直接投资的过程中，外资制造业凭借其技术能力和创新能力的竞争优势，使与之相关联的我国制造业企业产生了一定的技术依赖，这些内资制造业期望借助与外资制造业的直接或间接关系，获取先进的、环保的生产技术，以降低创新成本和风险。这种技术依赖性导致我国制造业成为外资制造业的一个加工车间，降低了我国制造业研发式绿色工艺创新路径的积极性，不利于绿色工艺创新能力的提升。

5.1.2　外商直接投资对研发式绿色工艺创新路径影响的实证检验

1. 模型、变量与数据

（1）计量模型。结合面板数据建模的基本思想，本书建立如下模型分析外商直接投资对我国制造业研发式绿色工艺创新路径的影响。

$$\text{GPIP}_{it}^{\text{RD}}=c+\alpha\text{FDI}_{it}+\mu_i+\varepsilon_{it} \quad\quad\quad（5.1）$$

其中，GPIP^{RD}为研发式绿色工艺创新路径；α为外商直接投资的回归系数；c为截距项；μ_i为不随时间变化的个体效应，主要衡量不同行业自身特征在研发式绿色工艺创新路径上的差异；ε_{it}为整个回归方程的误差项；下标i和t分别为所选行业和年份。

（2）变量解释。如何衡量创新路径是目前创新研究领域的难点问题。就研发式绿色工艺创新路径来讲，最为科学的衡量指标为绿色工艺的自主研发投入，但目前尚未有针对绿色工艺创新自主研发投入的相关统计数据，因而对绿色工艺创新的研究造成了巨大的困难。

在相近研究领域中，不少学者采用近似指标进行了替代衡量。例如，陆小成（2011）在评价区域低碳创新能力的过程中，采用研发经费等指标近似衡量低碳技术创新水平。此外，本书认为对于大多数工艺创新活动来讲，往往不仅带来经济绩效增加，也能引起环境绩效的变化，或多或少有一定的环保效应，如陈媛媛和李坤望（2010）认为研发费用投入越多，关于能源利用的先进设备技术和管理的有效的研发活动也越多，相应的能源效率也会越高，进行单位污染排放也就越少。

鉴于上述考虑，本书选择用新工艺开发经费支出强度（即新工艺开发经费支出占产品销售收入的比重）来近似衡量绿色工艺创新的自主研发投入，即近似衡量研发式绿色工艺创新路径。参考毕克新和孙德花（2010）的做法，新工艺开发经费支出等于科技活动内部经费支出减去新产品开发经费支出。

（3）数据说明。本节实证研究利用了我国制造业 29 个行业 2004~2008 年的面板数据，数据源于《中国工业经济统计年鉴》《工业企业科技活动统计资料》。由于统计口径非变化，2008 年以后的科技活动内部经费支出并未统计，本节实证研究的数据为 2008 年以前的统计数据；"废弃资源和废旧材料回收加工业"的数据不连贯，在实证研究时被删除，因此本书最终选择的样本行业共 29 个。

2. 实证结果及分析

根据 F 检验和 Hausman 检验的结果（表 5.1），本书选用固定效应模型进行回归估计，具体结果如表 5.1 所示。

表 5.1　外商直接投资对研发式绿色工艺创新路径的影响

变量	系数	标准误差	t 统计值	概率
C	1.209 366***	0.177 847	6.800 038	0.000 0
FDI	−1.651 066***	0.514 551	−3.208 754	0.001 7
R^2	0.926 528		F 检验	51.653 703***
调整的 R^2	0.908 000		Hausman 检验	4.533 661*
F 统计值	50.007 53***		估计模型	FE
D-W	2.015 449		估计方法	EGLS
观测量/个	145		截面数/个	28

***、**、*分别表示在 1%、5%、10%的显著水平

注：FE 为固定效应模型

外商直接投资对我国制造业研发式绿色工艺创新路径具有消极的影响，如表 5.1 所示，外商直接投资的回归系数约为−1.651 1，且在 1%的水平下通过了显著性检验，表明外商直接投资与研发式绿色工艺创新路径呈显著的相关关系，意味着外商直接投资每增加 1 百分点，我国制造业研发式绿色工艺创新路径的投入强度将下降 1.651 1 百分点左右。

此外，在外商直接投资影响研发式绿色工艺创新路径的过程中，各行业自身特征对研发式绿色工艺创新路径的影响表现出一定的行业差异性，具体如表 5.2 所示。

表 5.2　制造业行业自身差异对研发式路径的影响

行业代码	μ_i	行业代码	μ_i	行业代码	μ_i	行业代码	μ_i
C13	−0.473 1	C21	−0.141 6	C29	0.324 4	C37	0.354 6
C14	−0.021 6	C22	0.356 3	C30	0.081 2	C38	0.295 6
C15	0.418 0	C23	−0.362 9	C31	−0.221 6	C39	0.423 2
C16	−0.669 4	C24	0.190 4	C32	−0.100 8	C40	0.227 2
C17	−0.360 7	C25	−0.742 3	C33	−0.022 8	C41	−0.096 1
C18	−0.139 1	C26	0.391 1	C34	−0.095 9		
C19	−0.130 7	C27	0.472 5	C35	0.200 1		
C20	−0.348 5	C28	−0.063 5	C36	0.256 2		

5.2　外商直接投资对制造业获取式绿色工艺创新路径的影响

5.2.1　外商直接投资对获取式绿色工艺创新路径影响的理论解析

外商直接投资对我国制造业获取式绿色工艺创新路径的影响具有双面性。一方面，外商直接投资的进入增加了制造业外部绿色工艺获取的可能性，并对获取技术的消化吸收、二次创新提供示范和指导，从而对获取式绿色工艺创新路径产生积极的影响；另一方面，外商直接投资的进入可能导致技术获取陷阱，对制造业获取式绿色工艺创新路径具有消极的影响。

1. 外商直接投资对获取式绿色工艺创新路径的积极影响

从获取式绿色工艺创新路径的基本过程来看，外商直接投资对获取式绿色工艺创新的积极影响主要表现在以下几个方面（图 5.1）。

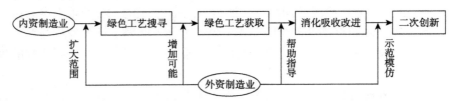

图 5.1　外商直接投资对获取式绿色工艺创新路径的积极影响

（1）扩大了绿色工艺搜寻的范围。获取式绿色工艺创新依赖于对外部绿色工艺的获取，这些技术既源于同行业的竞争合作企业，也源于行业外的其他企业、研究机构、高校等。外商直接投资的进入不仅增加了同行业的企业数量，也增加了其他行业的企业数量，从而扩大了绿色工艺搜寻的范围。

（2）增加了绿色工艺获取的可能性。一方面，外商直接投资的进入极大地充实了制造业的行为主体，扩大了外部绿色工艺搜寻的范围，提高了制造业经济环境的开放性，有利于增加绿色工艺外部获取的积极性和成功率。另一方面，不同企业存在不同的生产工艺技术，外资企业的进入不仅增加了绿色工艺的数量，也丰富了绿色工艺的多样性，从而有利于我国制造业获取更为实用的绿色新工艺。

（3）提供技术上的帮助和指导。为更好地适应东道国经济环境，快速融入当地的产业链，充分地利用东道国的资源，外资企业将不断加强与本土企业的联系，这种联系既包括行业内与本土企业的技术合作，也包括行业间的价值链上下游关系。随着这些联系的加深，为满足自身企业的创新或生产需要，外资企业将有偿地向本土企业提供一定的技术指导和帮助，从而提高本土企业对引进技术的消化吸收。

（4）产生了示范模仿效应。Mukoyama（2003）认为外资企业不仅为东道国提供了先进的新生产加工技术和高品质的机器设备，也带来了管理理念、技术选择等非物化技术，而这些物化技术和非物化技术对本土企业的二次创新具有良好的示范和指导作用。一方面，通过技术监听站、逆向工程等手段，本土企业可以对外资企业的先进技术进行复制、模仿甚至二次创新；另一方面，通过"看中学"等方式，本土企业可以学习外资企业的非物化技术，尤其是创新活动的管理经验，进而更高效地进行二次创新管理。因此，通过外商直接投资的示范模仿效应，不仅提高提了获取式绿色工艺创新成功的可能性，还能有效地降低我国制造业获取式绿色工艺创新的试错成本。

2. 外商直接投资对获取式绿色工艺创新路径的消极影响

从技术演化的 S 曲线来看，任何一项工艺技术都存在物理极限，而处在物理极限阶段的工艺技术，其技术性能的增长速度非常缓慢，大量的研发投入只能取得较少的创新效果。一旦某项工艺技术进入技术极限阶段，这种旧的工艺技术将被新的工艺技术替代。Mukoyama（2003）认为先进的生产工艺和设备总是由技术发达国家提供，当某项绿色工艺面临技术极限时，为降低新技术替代旧技术的转换成本，尽可能地实现旧技术的利用价值，技术发达国家的跨国公司将向发展中国家转移这种极限工艺，从而增加本土企业的获取技术极限阶段的绿色工艺的可能性。

获取式绿色工艺创新依赖于外部绿色工艺的选择和获取，这些外部获取的绿色工艺决定了获取式绿色工艺创新路径实现可能性的大小和创新效果的高低。当外部获取的绿色工艺为技术 S 曲线末端的绿色工艺时，实现获取式绿色工艺创新路径的成本较高，且创新的效果十分微弱。因此，外商直接投资向东道国转移极限工艺技术所引致的技术陷阱，将对我国制造业获取式绿色工艺创新产生消极的影响。图 5.2 描述了由外商直接投资所引致的技术获取陷阱与获取式绿色工艺创新路径的关系。

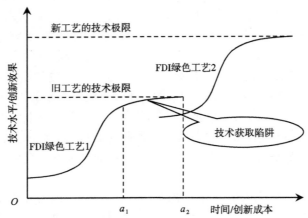

图 5.2　外商直接投资（FDI）技术获取陷阱与获取式绿色工艺创新路径的关系

如图 5.2 所示，区间[a_1，a_2]是外商直接投资所引致的技术获取陷阱区间。当获取该区间的旧工艺技术轨迹上的绿色工艺时，我国制造业获取式绿色工艺创新路径的创新成本较高，且创新的效果低。在该种情况下，若我国制造业缺乏足够的创新能力，不能实现由旧工艺的技术范式向新工艺的技术范式的路径跃迁，仅沿着旧工艺的技术轨迹进行生产、改进和二次创新时，将掉入外商直接投资所引致的技术陷阱，陷入"低水平技术循环引进"的恶性循环。

5.2.2　外商直接投资对获取式绿色工艺创新路径影响的实证检验

1. 模型、变量与数据

结合面板数据建模的基本思想，本书建立如下模型分析外商直接投资对我国制造业研发式绿色工艺创新路径的影响。

$$GPIP_{it}^{TA} = c + \alpha FDI_{it} + \mu_i + \varepsilon_{it} \tag{5.2}$$

其中，$GPIP^{TA}$ 为获取式绿色工艺创新路径；α 为外商直接投资的回归系数；c 为截距项；μ_i 为不随时间变化的个体效应，主要衡量不同行业自身特征在研发式绿色工艺创新路径上的差异；ε_{it} 为整个回归方程的误差项；下标 i 和 t 分别为所选行业和年份。

　　绿色工艺的外部获取方式包括依赖于技术市场的技术购买、技术引进等方式，以及不依赖于技术市场的技术溢出等方式。由于不依赖于市场的外部获取方式难以衡量且影响较小，同时与本书后续研究的外商直接投资溢出效应存在较大重叠，因而本书仅考虑通过技术市场的外部技术获取。

　　一般来讲，通过技术市场的外部技术获取手段包括技术购买和技术引进两种。但从技术活动过程来看，技术引进总是会导致消化吸收活动的产生，只有经过充分的消化吸收环节才能完整地实现技术引进。同理，技术改造活动也是技术购买行为的延续和补充（孙玮，2011）。因此，完整的外部技术获取过程包括技术引进、消化吸收、技术购买和技术改造四个部分。

　　与研发式绿色工艺创新路径相似，由于缺乏专门的绿色工艺引进购买的数据，所以本书用传统的外部技术获取强度来替代，即用技术引进经费、消化吸收经费、购买国内技术经费和技术改造经费之和与产品销售收入的比值来近似衡量。

　　同前文相同，本节实证研究利用了我国制造业 29 个行业 2004~2008 年的面板数据，数据源于《中国工业经济统计年鉴》《工业企业科技活动统计资料》。由于统计口径非变化，2008 年以后的科技活动内部经费支出并未统计，本书实证研究的数据为 2008 年以前的统计数据；"废弃资源和废旧材料回收加工业"的数据不连贯，在实证研究时被删除，因此本书最终选择的样本行业共 29 个。

　　2. 实证结果及分析

　　根据 F 检验和 Hausman 检验的结果，本书选用固定效应模型分析外商直接投资对我国制造业获取式绿色工艺创新路径的影响，具体结果如表 5.3 所示。

表 5.3　外商直接投资对获取式绿色工艺创新路径的影响

变量	系数	标准误差	t 统计值	概率
C	1.183 168***	0.292 475	4.045 361	0.000 1
FDI	0.909 891	0.845 498	1.076 160	0.284 1
R^2	0.933 656		F 检验	35.052 784***
调整的 R^2	0.916 926		Hausman 检验	1.104 448
F 统计值	55.806 56***		估计模型	FE
D-W	1.326 325		估计方法	EGLS
观测量/个	145		截面数/个	29

***、**、*分别表示在 1%、5%、10%的显著水平

注：FE 为固定效应模型

　　外商直接投资对我国制造业获取式绿色工艺创新路径的影响并不明显，如表 5.3 所示，外商直接投资的回归系数约为 0.909 9，但并未通过显著性检验，表明外商直接投资与获取式绿色工艺创新路径的相关关系不显著，即外商直接投资

未对我国制造业获取式绿色工艺创新路径的产生明显的影响。

此外，在外商直接投资影响获取式绿色工艺创新路径的过程中，各行业自身特征对研发式绿色工艺创新路径的影响表现出了一定的行业差异性，具体如表5.4所示。

表 5.4　制造业行业自身差异对获取式路径的影响

行业代码	μ_i	行业代码	μ_i	行业代码	μ_i	行业代码	μ_i
C13	−0.959 1	C21	−1.417 9	C29	0.208 7	C37	0.578 4
C14	−0.787 2	C22	0.145 1	C30	−0.794 3	C38	−0.220 3
C15	0.466 6	C23	0.250 9	C31	0.226 1	C39	−1.148 3
C16	0.590 3	C24	−1.489 7	C32	3.701 5	C40	−0.665 3
C17	−0.360 1	C25	0.225 2	C33	1.562 9	C41	−0.845 2
C18	−1.061 7	C26	1.599 3	C34	−0.465 9		
C19	−1.397 2	C27	0.772 9	C35	0.514 5		
C20	−0.439 3	C28	0.343 4	C36	0.865 8		

5.3　外商直接投资对制造业绿色工艺创新路径选择的影响

5.3.1　制造业绿色工艺创新路径选择的演化博弈模型

制造业绿色工艺创新路径选择面临的是动态环境，受到绿色工艺创新成本、绿色工艺创新收益、绿色工艺创新风险、竞争者的绿色工艺创新路径等众多因素的影响。

基于有限理性假设，单个制造业企业在最初往往不能选择最优的绿色工艺创新路径，绿色工艺创新路径的选择过程实际上是一个学习的过程。一般来讲，单个制造业企业根据自身的经验和其他企业的绿色工艺创新情况，选择一种绿色工艺创新路径，获得一定的创新收益和积累新的创新经验，通过模仿与试错，不断优化调整自己的绿色工艺创新路径，进而尽可能地提高下次绿色工艺创新的绩效。经过一段时期的演化，绿色工艺创新路径的选择将提高或降低制造业的创新收益，从而导致制造业绿色工艺创新路径策略分布遵循"适者生存"的原则进行演化发展，而这种有限理性的绿色工艺创新路径选择的学习和调整将导致整个制造业的绿色工艺创新路径选择的策略均衡。

从微观层面来讲，单个制造业不断对自身的绿色工艺创新路径进行调整，从而获取更有利的绿色工艺创新收益。Ohtsuki 等（2006）认为，从演化生物学的角度来看，基因或者文化可以被复制和模仿，那些具有更高产出的行为方式将会不断地被学习和模仿，而那些不能取得更好收益的行为方式将被淘汰。从宏观层面来讲，随着单个制造业企业绿色工艺创新路径的确定，整个制造业绿色工艺创新路径的比例将趋于稳定。

基于上述分析，本节将运用演化博弈论，探讨未考虑外商直接投资时我国制造业绿色工艺创新路径选择问题。演化博弈论建立在博弈双方均为有限理性假设的基础上，是一种用于分析群体博弈过程中博弈成员采用某一策略比例的变化趋势和稳定状态的研究方法。

1. 模型假设

制造业绿色工艺创新路径选择环境十分复杂而多变，为便于分析，本书做出如下假设。

（1）参与主体。假设制造业由 A 和 B 两家企业构成，且都希望通过绿色工艺创新来增强竞争力和提高企业利润。本书将这两家制造业企业看做同质的企业。

（2）行为策略。制造业绿色工艺创新路径的策略集合为 $S=\{s_1, s_2\}$，其中 s_1 为研发式绿色工艺创新路径，s_2 为获取式绿色工艺创新路径。

（3）行为策略采用比例。假设在博弈的初始阶段，选择研发式绿色工艺创新路径的概率为 x（$0 \leqslant x \leqslant 1$），选择获取式绿色工艺创新路径的概率为 y（$0 \leqslant y \leqslant 1$），可知 $x+y=1$。

（4）参数假设与基本解释。假设研发式绿色工艺创新路径的创新期望收益为 V_1，获取式绿色工艺创新路径的创新期望收益为 V_2，一般来讲存在 $V_1 > V_2$。研发式绿色工艺创新路径的创新成本为 C_1，获取式绿色工艺创新路径的创新成本为 C_2，一般来讲存在 $C_1 > C_2$。研发式绿色工艺创新路径的创新成功率为 $P_1(I_1, H_1, K_1)$，获取式绿色工艺创新路径的创新成功率为 $P_2(I_2, H_2, K_2)$，一般来讲存在 $P_1 < P_2$；其中 $P_i(I_i, H_i, K_i)$ 表示由绿色工艺创新资金投入能力 I_i、绿色工艺创新人力资本 H_i、知识积累水平 K_i 决定的创新成功率函数。

（5）收益矩阵。制造业绿色工艺创新路径选择的博弈是对称博弈，其博弈收益矩阵如表 5.5 所示。

表 5.5　演化博弈的收益矩阵

路径	研发式绿色工艺创新路径	获取式绿色工艺创新路径
研发式绿色工艺创新路径	$P_1(V_1 - C_1)$, $P_1(V_1 - C_1)$	$P_1(V_1 - C_1 + V^+)$, $P_2(V_2 - C_2 - V^-)$
获取式绿色工艺创新路径	$P_2(V_2 - C_2 - V^-)$, $P_1(V_1 - C_1 + V^+)$	$P_2(V_2 - C_2)$, $P_2(V_2 - C_2)$

令 $\pi_{11} = P_1(V_1 - C_1)$ 表示两家企业均选择研发式绿色工艺创新路径时的创新收益。令 $\pi_{22} = P_2(V_2 - C_2)$ 表示两家企业均选择获取式绿色工艺创新路径时的创新收益。令 $\pi_{12} = P_1(V_1 - C_1 + V^+)$ ，$\pi_{21} = P_2(V_2 - C_2 - V^-)$ 表示两家企业选择不同创新路径时各企业的创新收益。其中，V^+ 为企业 A 选择研发式绿色工艺创新路径而企业 B 选择的获取式绿色工艺创新路径时，企业 A 获得的超额收益；V^- 为企业 A 选择研发式绿色工艺创新路径而企业 B 选择的获取式绿色工艺创新路径时，企业 B 受到的额外损失。

2. 演化博弈模型的建立

根据上述假设和描述，本部分将分析有限理性假设下的我国制造业绿色工艺创新路径选择的随机配对博弈问题。

假定制造业中选择纯策略 s_1——研发式绿色工艺创新路径的企业比例为 x，且 x 为时间 t 的函数；选择纯策略 s_2——获取式绿色工艺创新路径的企业比例为 y（$y = 1 - x$）。根据演化博弈理论适应度函数 W 的计算公式 $W = e_i^1 A p^T$ ，可得两种绿色工艺创新路径选择的适应度函数。

其中，$e_1^1 = (1, 0)$ 表示制造业以 1 的概率选择研发式绿色工艺创新路径；$e_2^1 = (0, 1)$ 表示制造业以 1 的概率选择获取式绿色工艺创新路径；$p = (x, y)$ 表示制造业绿色工艺创新路径选择的混合策略；$A = \begin{bmatrix} \pi_{11} & \pi_{12} \\ \pi_{21} & \pi_{22} \end{bmatrix}$ 表示制造业绿色工艺创新路径的收益矩阵。

选择研发式绿色工艺创新路径的适应度函数为

$$W(s_1) = e_1^1 A p^T = x\pi_{11} + y\pi_{12} \tag{5.3}$$

选择获取式绿色工艺创新路径的适应度函数为

$$W(s_2) = e_2^1 A p^T = x\pi_{21} + y\pi_{22} \tag{5.4}$$

平均适应度函数为

$$\overline{W} = xW(s_1) + yW(s_2) \tag{5.5}$$

根据演化博弈理论，选择纯策略 s_1 和纯策略 s_2 的总体比例增长率分别等于该策略的当前收益与总体的当前平均收益之差，进而可得模仿者动态方程。

$$\begin{aligned} x &= x[W(s_1) - \overline{W}] \\ &= x(1-x)[x(\pi_{11} - \pi_{21} - \pi_{12} + \pi_{22}) + \pi_{12} - \pi_{22}] \end{aligned} \tag{5.6}$$

$$\begin{aligned} y &= y[W(s_2) - \overline{W}] \\ &= y(1-y)[y(\pi_{11} - \pi_{21} - \pi_{12} + \pi_{22}) - \pi_{11} + \pi_{21}] \end{aligned} \tag{5.7}$$

式（5.6）和式（5.7）分别反映了制造业对研发式绿色工艺创新路径和获取式绿色工艺创新路径选择比例，随着时间变化而演化的发展过程，式（5.6）和式（5.7）构成的方程组就是我国制造业绿色工艺创新路径选择的演化博弈模型，该模型很好地体现了我国制造业绿色工艺创新路径选择的动态调整过程，体现了从制造业单个企业绿色工艺创新路径选择到整个制造业选择的形成机制。

3. 演化博弈模型的分析

演化博弈模型反映了我国制造业绿色工艺创新路径选择的动态调整过程。本部分将进一步对模型进行分析，求解我国制造业绿色工艺创新路径选择演化博弈的稳定状态点和均衡点。

令 $\alpha = \pi_{11} - \pi_{21}$，$\beta = \pi_{12} - \pi_{22}$，则式（5.6）和式（5.7）可以改写为

$$x = x(1-x)[x(\alpha - \beta) + \beta] \tag{5.8}$$

$$y = y(1-y)[y(\alpha - \beta) - \alpha] \tag{5.9}$$

其中，α、β 被称为稳定平衡参数。根据 α、β 的表达式可知，α、β 为对手选择研发式绿色工艺创新路径和获取式绿色工艺创新路径的条件下，自身选择研发式绿色工艺创新路径的创新收益和获取式绿色工艺创新路径的创新收益。因此，本书又分别称 α、β 为研发式绿色工艺创新路径的相对创新收益和获取式绿色工艺创新路径的相对创新收益。

由于 x 为选择研发式绿色工艺创新路径的比例，而 y 为选择获取式绿色工艺创新路径的比例，且 $x + y = 1$，两种路径演化博弈模型的求解过程大同小异。因此，本书仅分析选择研发式绿色工艺创新路径的情况。

令 $f(x) = x$，$g(x)$ 为 $f(x)$ 的一阶导数，则有

$$f(x) = x(1-x)[x(\alpha - \beta) + \beta] \tag{5.10}$$

$$g(x) = (1-2x)[x(\alpha - \beta) + \beta] + (\alpha - \beta)x(1-x) \tag{5.11}$$

根据演化博弈理论，满足 $f(x) = 0$ 的点为一般稳定状态点（平衡点），同时满足 $f(x) = 0$ 和 $g(x) < 0$ 的点为演化稳定均衡点。

通过求解 $f(x) = 0$ 得到 $x_1 = 0$，$x_2 = 1$，$x_3 = \beta / (\beta - \alpha)$。但由于 $x \in [0, 1]$，因而要使 $x_3 = \beta / (\beta - \alpha)$ 有意义，必须满足 $\alpha \cdot \beta \leq 0$。将所得 x 的解代入式（5.11）求得 $g(x)$ 的值。当 $x = 0$ 时，$g(x) = \beta$；当 $x = 1$ 时，$g(x) = -\alpha$；当 $x = \beta / (\beta - \alpha)$ 时，$g(x) = \alpha\beta / (\beta - \alpha)$。因此，我国制造业绿色工艺创新路径选择的演化稳定均衡点取决于 α、β 的大小和符号。

结合动力系统定性理论，进一步探讨 α、β 的关系，并得到如下结论。

（1）当 $\alpha > 0$，$\beta > 0$ 时，即 $P_1(V_1 - C_1) - P_2(V_2 - C_2 - V^-) > 0$，$P_1(V_1 - C_1 + V^+) -$

$P_2(V_2 - C_2) > 0$，式（5.10）具有两个平衡点 $x_1 = 0$，$x_2 = 1$，其中 $x_2 = 1$ 是演化博弈模型的演化稳定点，而 $x_1 = 0$ 不是演化稳定点。在该种情况下，我国制造业绿色工艺创新路径选择的阶段博弈存在严格的占优纯策略 (s_1, s_1)，即强纳什均衡。这说明选择研发式绿色工艺创新路径所获得的创新收益大于选择获取式绿色工艺创新路径所获得的创新收益。而从长期的演化博弈来看，我国制造业绿色工艺创新路径的选择将趋向于 $x = 1$ 的演化稳定状态，即我国制造业将全部选择研发式绿色工艺创新路径。

（2）当 $\alpha < 0, \beta < 0$ 时，即 $P_1(V_1 - C_1) - P_2(V_2 - C_2 - V^-) < 0$，$P_1(V_1 - C_1 + V^+) - P_2(V_2 - C_2) < 0$，式（5.10）同样具有两个平衡点 $x_1 = 0$，$x_2 = 1$，其中 $x_1 = 0$ 是演化博弈模型的演化稳定点，而 $x_2 = 1$ 不是演化稳定点。在该种情况下，我国制造业绿色工艺创新路径选择的阶段博弈同样存在严格的占优纯策略 (s_2, s_2)。这说明选择获取式绿色工艺创新路径所获得的创新收益大于选择研发式绿色工艺创新路径所获得的创新收益。而从长期的演化博弈来看，我国制造业绿色工艺创新路径的选择将趋向于 $x = 0$ 的演化稳定状态，即我国制造业将全部选择获取式绿色工艺创新路径。

（3）当 $\alpha < 0, \beta > 0$ 时，即 $P_1(V_1 - C_1) - P_2(V_2 - C_2 - V^-) < 0$，$P_1(V_1 - C_1 + V^+) - P_2(V_2 - C_2) > 0$，式（5.10）存在三个平衡点 $x_1 = 0$，$x_2 = 1$，$x_3 = \beta / (\beta - \alpha)$，其中仅 $x_3 = \beta / (\beta - \alpha) = \dfrac{P_1(V_1 - C_1 + V^+) - P_2(V_2 - C_2)}{P_1 V^+ - P_2 V^-}$ 为演化博弈模型的演化稳定点，而 $x_1 = 0$，$x_2 = 1$ 不是演化稳定点。在该种情况下，我国制造业绿色工艺创新路径选择的阶段博弈不存在占优纯策略，此时阶段博弈存在混合策略 $\left(\dfrac{P_1(V_1 - C_1 + V^+) - P_2(V_2 - C_2)}{P_1 V^+ - P_2 V^-}, \dfrac{P_1(V_1 - C_1) - P_2(V_2 - C_2 - V^-)}{P_1 V^+ - P_2 V^-} \right)$ 的纳什均衡，从长期的演化博弈来看，我国制造业选择研发式绿色工艺创新路径的比例将趋向于 $\dfrac{P_1(V_1 - C_1 + V^+) - P_2(V_2 - C_2)}{P_1 V^+ - P_2 V^-}$，而选择获取式绿色工艺创新路径的比例将趋向于 $\dfrac{P_1(V_1 - C_1) - P_2(V_2 - C_2 - V^-)}{P_1 V^+ - P_2 V^-}$ 的演化稳定状态。

（4）当 $\alpha > 0, \beta < 0$ 时，即 $P_1(V_1 - C_1) - P_2(V_2 - C_2 - V^-) > 0$，$P_1(V_1 - C_1 + V^+) - P_2(V_2 - C_2) < 0$，式（5.10）存在三个平衡点 $x_1 = 0$，$x_2 = 1$，$x_3 = \beta / (\beta - \alpha)$，其中 $x_1 = 0$，$x_2 = 1$ 均为演化博弈模型的演化稳定点，而 $x_3 = \dfrac{P_1(V_1 - C_1 + V^+) - P_2(V_2 - C_2)}{P_1 V^+ - P_2 V^-}$ 不是演化稳定点。在这种情况下，我国制造业绿

色工艺创新路径选择的演化博弈稳定状态取决于绿色工艺创新路径选择的初始状态。当我国制造业选择研发式绿色工艺创新路径的初始比例 x 处于区间 $(0,\ x_3)$ ，演化博弈模型的复制动态趋势将趋向于稳定状态 $x_1 = 0$ ，即我国制造业将趋向于选择获取式绿色工艺创新路径。当我国制造业选择研发式绿色工艺创新路径的初始比例 x 处于区间 $(x_3, 1)$ ，演化博弈模型的复制动态趋势将趋向于稳定状态 $x_1 = 1$ ，即我国制造业将趋向于选择研发式绿色工艺创新路径。

5.3.2 外商直接投资作用下绿色工艺创新路径选择演化博弈过程

5.3.1 小节分析了未考虑外商直接投资时我国制造业绿色工艺创新路径选择的演化博弈过程。但随着外商直接投资不断进入，我国制造业绿色工艺创新路径选择的演化博弈过程将受到一定的影响。因此，本部分将进一步探讨外商直接投资作用下的我国制造业绿色工艺创新路径选择的演化博弈过程。

1. 外商直接投资作用下的演化博弈模型建立

从前文的分析可知，我国绿色工艺创新路径选择受到创新成功率等因素的影响。在开放经济条件下，外商直接投资的进入必然引起我国制造业绿色工艺创新的资金投入水平、人力资源水平及知识存量水平发生变化，进而影响我国制造业绿色工艺创新的创新成功率。鉴于此，本书在 5.3.1 小节的模型假设基础上做出如下补充假设。

假设外商直接投资对我国制造业绿色工艺创新路径选择的影响，依赖于其对各创新路径成功率的影响。其中，外商直接投资对研发式绿色工艺创新路径的创新成功率的影响系数为 m_1 ，获取式绿色工艺创新路径的创新成功率的影响系数为 m_2 。可得外商直接投资作用下我国制造业绿色工艺创新路径选择的博弈收益矩阵，如表 5.6 所示。

表 5.6 外商直接投资作用下的演化博弈收益矩阵

路径	研发式绿色工艺创新路径	获取式绿色工艺创新路径
研发式绿色工艺创新路径	$(1+m_1)P_1(V_1-C_1)$, $(1+m_1)P_1(V_1-C_1)$	$(1+m_1)P_1(V_1-C_1+V^+)$, $(1+m_2)P_2(V_2-C_2-V^-)$
获取式绿色工艺创新路径	$(1+m_2)P_2(V_2-C_2-V^-)$, $(1+m_1)P_1(V_1-C_1+V^+)$	$(1+m_2)P_2(V_2-C_2)$, $(1+m_2)P_2(V_2-C_2)$

为便于后文推导，同样令 $\pi_{11}=P_1(V_1-C_1)$ ， $\pi_{22}=P_2(V_2-C_2)$ ， $\pi_{12}=P_1(V_1-C_1+V^+)$ ， $\pi_{21}=P_2(V_2-C_2-V^-)$ 。根据演化博弈模型，可得外商直接投资作用下两种绿色工艺创新路径的适应度函数。

外商直接投资作用下选择研发式绿色工艺创新路径的适应度函数为

$$W'(s_1) = x'(1+m_1)\pi_{11} + y'(1+m_1)\pi_{12} \tag{5.12}$$

外商直接投资作用下选择获取式绿色工艺创新路径的适应度函数为

$$W'(s_2) = x'(1+m_2)\pi_{21} + y'(1+m_2)\pi_{22} \tag{5.13}$$

平均适应度函数为

$$\overline{W}' = xW'(s_1) + yW'(s_2) \tag{5.14}$$

根据演化博弈理论，选择纯策略 s_1 和纯策略 s_2 的总体比例增长率分别等于该策略的当前收益与总体的当前平均收益之差，进而可得模仿者动态方程。

$$
\begin{aligned}
x' &= x'[W'(s_2) - \overline{W}'] \\
&= x'(1-x') \cdot \{x'[(1+m_1)\pi_{11} - (1+m_2)\pi_{21} - (1+m_1)\pi_{12} + (1+m_2)\pi_{22}] \\
&\quad + [(1+m_1)\pi_{12} - (1+m_2)\pi_{22}]\}
\end{aligned} \tag{5.15}
$$

$$
\begin{aligned}
y' &= y'[W'(s_2) - \overline{W}'] \\
&= y'(1-y')\{y'[(1+m_1)\pi_{11} - (1+m_2)\pi_{21} - (1+m_1)\pi_{12} + (1+m_2)\pi_{22}] \\
&\quad - [(1+m_1)\pi_{11} - (1+m_2)\pi_{21}]\}
\end{aligned} \tag{5.16}
$$

令 $\alpha' = (1+m_1)\pi_{11} - (1+m_2)\pi_{21}$，$\beta' = (1+m_1)\pi_{12} - (1+m_2)\pi_{22}$，则式（5.13）和式（5.14）可以改写为

$$x' = x'(1-x')[x'(\alpha' - \beta') + \beta'] \tag{5.17}$$

$$y' = y'(1-y')[y'(\alpha' - \beta') - \alpha'] \tag{5.18}$$

2. 外商直接投资作用下的演化博弈模型分析

已知 $x' + y' = 1$，其中 x' 为外商直接投资作用下选择研发式绿色工艺创新路径的比例，而 y' 为外商直接投资作用下选择获取式绿色工艺创新路径的比例。同前文相似，两种绿色工艺创新路径演化博弈模型的求解过程大同小异。因此，本部分仅分析选择外商直接投资作用下研发式绿色工艺创新路径的情况。

令 $f(x') = x'$，$g(x')$ 为 $f(x')$ 的一阶导数，则有

$$f(x') = x'(1-x')[x'(\alpha' - \beta') + \beta'] \tag{5.19}$$

$$g(x') = (1-2x')[x'(\alpha' - \beta') + \beta'] + (\alpha' - \beta')x'(1-x') \tag{5.20}$$

同理，通过求解 $f(x') = 0$ 得到三个一般稳态点，即 $x_1' = 0$，$x_2' = 1$，$x_3' = \dfrac{\beta'}{(\beta' - \alpha')}$。

进而得到 $g(0) = \beta'$，$g(1) = -\alpha'$，$g(x_3') = \dfrac{\alpha'\beta'}{(\beta' - \alpha')}$。同样，本书得到如下结论。

（1）当 $\alpha' = (1+m_1)P_1(V_1 - C_1) - (1+m_2)P_2(V_2 - C_2 - V^-) > 0$，$\beta' = (1+m_1) \times$

$P_1(V_1 - C_1 + V^+) - (1+m_2)P_2(V_2 - C_2) > 0$ 时，$x_2' = 1$ 是演化博弈模型的演化稳定点，阶段博弈存在严格的占优纯策略 $(s_1,\ s_1)$ 的强纳什均衡，即我国制造业将全部选择研发式绿色工艺创新路径。

（2）当 $\alpha' = (1+m_1)P_1(V_1 - C_1) - (1+m_2)P_2(V_2 - C_2 - V^-) < 0$，$\beta' = (1+m_1) \times P_1(V_1 - C_1 + V^+) - (1+m_2)P_2(V_2 - C_2) < 0$ 时，$x_1' = 0$ 是演化博弈模型的演化稳定点，阶段博弈存在严格的占优纯策略 $(s_2,\ s_2)$，即我国制造业将全部选择获取式绿色工艺创新路径。

（3）当 $\alpha' = (1+m_1)P_1(V_1 - C_1) - (1+m_2)P_2(V_2 - C_2 - V^-) < 0$，$\beta' = (1+m_1) \times P_1(V_1 - C_1 + V^+) - (1+m_2)P_2(V_2 - C_2) > 0$ 时，$x_3' = \dfrac{\beta'}{(\beta' - \alpha')}$ 为演化模型的演化稳定点，阶段博弈存在混合策略（ $[(1+m_1)P_1(V_1 - C_1 + V^+) - (1+m_2)\ P_2(V_2 - C_2)] / [(1+m_1)P_1 V^+ - (1+m_2)P_2 V^-]$，$[(1+m_1)P_1(V_1 - C_1) - (1+m_2)\ P_2(V_2 - C_2 - V^-)] / [(1+m_1)P_1 V^+ - (1+m_2)P_2 V^-]$ ）。

（4）当 $\alpha' = (1+m_1)P_1(V_1 - C_1) - (1+m_2)P_2(V_2 - C_2 - V^-) > 0$，$\beta' = (1+m_1) \times P_1(V_1 - C_1 + V^+) - (1+m_2)P_2(V_2 - C_2) < 0$ 时，$x_1' = 0$，$x_2' = 1$ 均为演化博弈模型的演化稳定点，我国制造业绿色工艺创新路径选择的演化博弈稳定状态取决于绿色工艺创新路径选择的初始状态与 x_3' 的大小关系。

5.3.3　外商直接投资对绿色工艺创新路径选择影响的实证研究

1. 模型、变量与数据

结合面板数据建模的基本思想，本书建立如下模型分析外商直接投资对我国制造业研发式绿色工艺创新路径的影响。

$$\text{GPIP}_{it}^{\text{CH}} = c + \alpha \text{FDI}_{it} + \mu_i + \varepsilon_{it} \qquad (5.21)$$

其中，α 为外商直接投资的回归系数；c 为截距项；μ_i 为不随时间变化的个体效应，主要衡量不同行业自身特征在研发式绿色工艺创新路径上的差异；ε_{it} 为整个回归方程的误差项；下标 i 和 t 分别为所选行业和年份。

GPIP^{CH} 表示绿色工艺创新路径选择，用前文研发式绿色工艺创新路径与获取式绿色工艺创新路径的比值来衡量。若该比值变大，表明研发式绿色工艺创新的投入增加或获取式绿色工艺创新的投入减少，即倾向于选择研发式绿色工艺创新路径；反之，亦然。若外商直接投资与该比值正相关，则表明在外商直接投资的影响下更倾向于选择研发式绿色工艺创新路径；反之，亦然。

　　与前文相同，本节实证研究采用了 29 个制造行业 2004~2008 年的面板数据，数据源于《中国工业经济统计年鉴》《工业企业科技活动统计资料》。由于统计口径非变化，2008 年以后的科技活动内部经费支出并未统计，本书实证研究的数据为 2008 年以前的统计数据；"废弃资源和废旧材料回收加工业"的数据不连贯，在实证研究时被删除，因此本书最终选择的样本行业共 29 个。

2. 实证结果及分析

　　根据 F 检验和 Hausman 检验的结果，本书选择用固定效应模型分析外商直接投资对我国制造业绿色工艺创新路径选择的影响，具体结果如表 5.7 所示。

表 5.7　外商直接投资对我国制造业绿色工艺创新路径选择的影响

变量	系数	标准误差	t 统计值	概率
C	1.074 204***	0.185 958	5.776 606	0.000 0
FDI	−1.569 279***	0.538 123	−2.916 209	0.004 3
R^2	0.831 742		F 检验	9.481 847***
调整的 R^2	0.789 311		Hausman 检验	19.212 299***
F 统计值	19.602 49***		估计模型	FE
D-W	2.412 106		估计方法	EGLS
观测量/个	145		截面数/个	29

***、**、*分别表示在 1%、5%、10%的显著水平
注：FE 为固定效应模型

　　外商直接投资对我国制造业绿色工艺创新路径具有较为显著的影响，如表 5.7 所示，外商直接投资的回归系数约为−1.569 3，且在 1%的水平下通过了显著性检验，意味着外商直接投资每增加 1%，将使研发式绿色工艺创新路径与获取式绿色工艺创新路径的比值缩小约 1.569 3%。这表明在外商直接投资的影响下，我国制造业更倾向于选择获取式绿色工艺创新路径。

　　此外，在外商直接投资影响我国制造业绿色工艺创新路径选择时，将受到各行业自身因素的影响而表现出一定的差异性。表 5.8 列出了由于各行业自身特征，我国制造业绿色工艺创新路径选择的差异。

表 5.8 制造业行业自身差异对绿色工艺创新路径选择的影响

行业代码	μ_i	行业代码	μ_i	行业代码	μ_i	行业代码	μ_i
C13	−0.092 7	C21	0.626 7	C29	0.085 9	C37	−0.046 6
C14	0.311 6	C22	0.117 6	C30	0.353 0	C38	0.197 3
C15	0.008 2	C23	−0.443 6	C31	−0.323 1	C39	0.703 7
C16	−0.753 0	C24	1.429 4	C32	−0.705 6	C40	0.352 7
C17	−0.272 5	C25	−0.697 9	C33	−0.493 2	C41	0.216 1
C18	0.300 0	C26	−0.260 2	C34	−0.013 9		
C19	0.241 0	C27	−0.086 7	C35	−0.144 0		
C20	−0.167 4	C28	−0.228 8	C36	−0.214 0		

5.4 本章小结

　　本章首先从理论角度分别研究了外商直接投资对我国制造业研发式绿色工艺创新路径和获取式绿色工艺创新路径的影响，并进行了实证检验；其次根据演化博弈论分别研究了未考虑外商直接投资条件下和考虑外商直接投资条件下，我国制造业绿色工艺创新路径选择的演化博弈过程，并实证分析了外商直接投资对我国制造业绿色工艺创新路径选择的影响。

第6章 外商直接投资对制造业绿色工艺创新绩效的影响研究

6.1 制造业绿色工艺创新绩效评价研究

6.1.1 制造业绿色工艺创新绩效评价指标体系

1. 评价指标体系构建的基本原则

评价指标体系的构建关系最终评价结果的准确性,对于准确把握我国制造业绿色工艺创新绩效具有决定性的作用。因此,在构建制造业绿色工艺创新绩效评价指标体系时应首先明确指标体系构建的基本原则。结合本书的研究目的,本书在构建评价指标体系时不仅考虑到传统工艺创新绩效评价的普遍性,还考虑到绿色工艺创新绩效的特殊性,从而遵循以下评价指标体系构建原则。

(1)科学性与可行性相结合的原则。科学性原则是评价指标体系构建时需要首先遵循的基本原则。制造业绿色工艺创新绩效评价指标的选择是否科学,直接关系评价结果是否准确、合理和客观。因此,在选择评价指标时本书以现有文献为基础,选取能真实客观反映制造业绿色工艺创新绩效的指标作为评价指标。但在遵循科学性原则的基础上还应考虑评价过程的可行性。可行性原则是指在选择评价指标时应考虑指标数据等可获取性,过多采用一些抽象、复杂的评价指标不但导致评价过程难以实现,而且导致评价结果缺乏足够的可信度。因此,在科学性原则的基础上兼顾可行性原则。

(2)系统性与目的性相结合的原则。系统性是指制造业绿色工艺创新绩效评价指标体系,要能从不同层面、不同纬度和不同视角系统地反映制造业绿色工艺创新绩效的基本特征和系统属性,所选择指标应考虑指标间的相互关系和在系统中的作用。目的性原则是指评价指标体系的构建必须具有明确的目的导向性,以综合、客观反映制造业绿色工艺创新绩效的基本水平和主要问题为目标,而非简单地为了评价排序而构建指标体系。

（3）全面性与典型性相结合的原则。全面性原则是指制造业绿色工艺创新绩效评价指标体系构建，能够全面地反映制造业绿色工艺创新绩效的综合水平。典型性原则是指在指标体现构建时应选择具有代表性的、典型性的评价指标，而非将所有指标简单综合，对于一些不具有代表性和不能主要反映制造业绿色工艺创新绩效的指标应尽量排除，从而以相对简洁的指标体系进行评价分析。

（4）理论性与实践性相结合的原则。理论性原则是指构建评价指标体系时不仅必须以制造业绿色工艺创新绩效的理论研究为基础，且所构建的评价指标体系也能对相关理论进行补充和拓展。但制造业绿色工艺创新绩效评价指标体系的构建也应遵循实践性原则，即构建的评价指标体系具有实践意义，能反映制造业绿色工艺创新绩效在不同时间维度和行业维度的差异，不仅使评价结果具有纵向和横向的可比性，还能反映各制造业行业绿色工艺创新绩效存在的问题，从而对制造业绿色工艺创新绩效提供正确的指导。

（5）静态性与动态性相结合的原则。制造业绿色工艺创新绩效首先是一个相对稳定的状态，反映了过去某一时间点制造业绿色工艺创新绩效的基本状态和特征，从而其指标体系具有静态性的特征。但随着时间推移，制造业绿色工艺创新绩效会发生改变，从而导致制造业绿色工艺创新绩效具有动态发展性，所以在选取评价指标的过程中应遵循动态性原则，要选择能够兼顾具有长期监控功能的评价指标，从而使评价指标体系在一定程度上具有对未来的可预测性。

2. 我国制造业绿色工艺创新绩效评价指标体系构建

对于制造业来讲，资源的过度消耗和污染物的产生主要源于生产环节，对生产工艺的绿色改进和创新必然带来资源消耗的降低和污染物的减少。这种绿色工艺创新不仅指狭义角度的在技术上对生产工艺进行绿色改进和创新，也涉及广义角度的从管理角度对生产工艺管理、工艺组织进行绿色改进和创新。

具体而言，绿色工艺创新是指为降低产品生产所带来的资源消耗和污染物排放而进行的工艺研发或使用活动，包括以降低生产过程中资源消耗、污染物产生为目的的清洁生产创新和以减少已产生污染物排放为目的的末端治理创新两个方面。通过开展绿色工艺创新活动，不仅有助于减少污染物的产生和排放，降低制造业生产活动对环境的污染（曲晶，2010）；而且有助于提高资源、能源的利用效率，降低制造业生产活动的成本和物耗。

因此，制造业绿色工艺创新绩效不仅体现在生态绩效维度，其带来了生态环境的改善；也表现在经济绩效和社会绩效维度，即提高制造业企业的经济效益、提高社会就业率等。

为了全面、系统地评价我国制造业绿色工艺创新绩效，在遵循指标体系构建的科学性原则、系统性原则、可行性原则等的前提下，本书从经济绩效、社会绩效和生态绩效三个方面构建了我国制造业绿色工艺创新绩效评价指标体系，如表6.1所示。

表 6.1　制造业绿色工艺创新绩效评价指标体系

目标	一级指标	二级指标
绿色工艺创新绩效评价指标体系	经济绩效	制造业各行业制造设备改造率
		制造业各行业绿色制造能力
		制造业各行业绿色新工艺（产品、服务）总数
		制造业各行业绿色新工艺（产品、服务）占市场比重
		制造业各行业绿色新工艺（产品、服务）产值占总产值比重
		制造业各行业绿色工艺创新经费占总产值比重
		制造业各行业三废综合利用经费占总产值比重
		制造业各行业环境污染治理经费占总产值比重
	社会绩效	制造业各行业绿色新工艺（产品、服务）专利增长率
		制造业各行业绿色工艺创新信息化水平
		制造业各行业绿色新工艺（产品、服务）新增就业岗位数
		制造业各行业绿色新工艺（产品、服务）出口创汇率
		制造业各行业绿色制度建设水平
		制造业各行业全员劳动生产率的增长率
	生态绩效	制造业各行业单位产值资源消耗降低率
		制造业各行业单位产值能源消耗降低率
		制造业各行业三废排放达标率
		制造业各行业三废综合利用率
		制造业各行业碳排放强度
		制造业各行业低碳改造率的增长率

6.1.2　制造业绿色工艺创新绩效的实证评价

1. 指标说明及数据来源

本节数据源于历年的《中国工业经济统计年鉴》《中国统计年鉴》《中国环境统计年鉴》《中国能源统计年鉴》《中国工业经济统计年鉴》《中国科技统计年鉴》《工业企业科技活动统计资料》《人力资源和社会保障事业发展统计公报》等，以及国家统计局、国家知识产权局和国务院发展研究中心信息网等相关数据库。为消除价格变动的影响，本书以 2003 年为基年，用出厂价格指数对工业总产值等指标进行平减。为保持前后文实证数据一致，本书选择的样本数据为 2004~2010 年的面板数据。各指标的具体衡量方式和数据来源说明如下。

1）经济绩效相关指标衡量方式和数据来源说明

（1）制造业各行业制造设备改造率。本书选择用制造业各行业技术改造费用占生产经营用设备价值的比重来近似衡量制造设备改造率。根据《工业企业科技活动统计资料》，技术改造经费是指企业在报告期进行技术改造而发生的费用支出。技术改造是指企业在坚持科技进步的前提下，将科技成果应用于生产的各个领域（产品、设备、工艺等），用先进工艺、设备代替落后工艺、设备，实现以内涵为主的扩大再生产，从而提高产品质量、促进产品更新换代、节约能源、降低消耗，全面提高综合经济效益。

因此，技术改造活动反映了制造业企业对制造设备的改进活动，用技术改造费用占生产经营用设备价值比重可以很好地衡量制造设备改造率。该指标数据源于《工业企业科技活动统计资料》，由于缺乏 2009 年和 2010 年的生产经营用设备价值数据，本书利用 2004~2008 年生产经营用设备价值的平均增长率进行推导获取。该指标值越大，表明绿色工艺创新的经济绩效越显著。

（2）制造业各行业绿色制造能力。本书选择用制造业各行业循环技术产值、绿色技术产值和低碳技术产值之和占行业总产值比重来近似衡量。由于无法直接获取绿色制造能力的相关数据，而循环技术、绿色技术、低碳技术研发和生产应用在一定程度上科学地反映了制造业的绿色制造活动和绿色制造能力，因此本书采用循环技术产值、绿色技术产值和低碳技术产值占总产值的比重来近似替代。

目前关于制造业行业绿色创新方面的相关数据较少，本书认为制造业行业绿色专利数量对于制造业行业绿色创新具有一定的代表性，因此本书利用制造业各行业循环技术专利申请数占专利申请总数的比重乘上各行业总产值来近似衡量循环技术产值，绿色技术产值和低碳技术产值的数据以同样的方式获取。循环技术专利、绿色技术专利和低碳技术专利的数据源于国家知识产权局专利检索与服务系统，参考程华和廖中举（2011）获取环境专利的方式，本书通过设定循环技术专利、绿色技术专利和低碳技术专利的检索关键词，将专利分类号与各行业相对应，从而检索获得三种专利的申请数。由于作者专业知识的局限性，三种专利的检索词设定、专利判断和行业分类等方面可能存在一定偏差，但总体上能很好地反映三种专利的基本情况。该指标值越大，表明绿色工艺创新的经济绩效越显著。

（3）制造业各行业绿色新工艺（产品、服务）总数。绿色新工艺数反映了绿色工艺创新成果在制造业中的具体应用。因此，本书用转化后的绿色工艺专利数来近似衡量制造业各行业绿色新工艺总数。

参考周杨（2011）计算高校科技成果转化率的公式，本书用制造业专利所有权转让及许可数与专利数的比重来衡量制造业的科技成果转化率，进而推算制造业绿色工艺专利的转化情况。由于缺乏历年制造业各行业专利所有权转让及许可数，本书以全国技术市场成交变化趋势来近似反映制造业各行业的专利转让和许可活动，通过全国技术市场成交合同数的平均增长率来推算历年制造业各行业的专利转让和许可活动数。全国技术市场成交合同数平均增长率的计算时间范围为2004~2010年。该指标值越大，表明绿色工艺创新的经济绩效越显著。

（4）制造业各行业绿色新工艺（产品、服务）占市场比重。由于无法获取绿色新工艺（产品、服务）占市场比重，本书以制造业各行业绿色新工艺数比重×（制造业各行业专利所有权转让及许可数/制造业各行业专利授权数）来近似衡量。制造业各行业绿色新工艺数比重反映了绿色工艺在制造业中的总体情况，而制造业各行业专利所有权转让及许可数占制造业各行业专利数的比重反映了制造业技术市场的整体趋势。因此，该数据在一定程度上反映了制造业各行业绿色新工艺（产品、服务）占市场比重。该指标值越大，表明绿色工艺创新的经济绩效越显著。

（5）制造业各行业绿色新工艺（产品、服务）产值占总产值比重。在技术性创新中，产品创新与工艺创新是两个无法割裂、相互关联、相互影响的要素。产品创新可以提高产品的差异化，工艺创新可以降低产品的生产成本，工艺创新为产品创新目标的顺利实现提供了生产工艺保证（毕克新和孙德花，2010）。但对于工艺创新而言，其创新所获取的经济绩效往往与产品创新相关，绿色工艺创新很难脱离产品创新而单独测度，产品产值的变化情况在一定程度上反映了工艺创新的经济绩效。

同时，随着我国环境管制制度的不断加强和社会环保意识的不断提高，新产品越来越呈现出绿色发展的趋势，因此新产品产值在一定程度上反映了绿色新工艺的产值。鉴于此，本书用各行业新产品产值占各行业产值比重来近似衡量绿色新工艺（产品、服务）产值占总产值比重。该指标值越大，表明绿色工艺创新的经济绩效越显著。

（6）制造业各行业绿色工艺创新经费占总产值比重。由于目前尚未有绿色创新投入的相关统计数据，本书无法直接获取绿色工艺创新经费的准确数据。而绿色工艺专利数作为绿色工艺创新活动的产出，很好地反映了制造业的绿色工艺创新活动，绿色工艺专利占专利总数的比重，可以在一定程度上反映制造业绿色工艺创新活动在制造业技术创新活动中的情况。

因此，本书用绿色工艺专利占专利总数的比重×技术创新经费来近似衡量制造业各行业绿色工艺创新经费。一般来讲，完整的技术创新经费支出应该包括研发经费支出、制造经费支出和营销经费支出，但目前的统计数据仅限于对研发经费支出的数据，缺乏制造经费支出和营销经费支出的相关统计。鉴于此，本书以 2006 年全国工业企业创新普查中的完整技术创新经费支出为基础，根据国家统计局发布的信息推算完整技术创新经费支出的年均增长率，进而推算历年各行业的完整技术创新经费支出。制造业各行业绿色工艺创新经费占总产值比重为正向指标，即该指标值越大，绿色工艺创新的经济绩效越显著。

（7）制造业各行业"三废"综合利用经费占总产值比重。"三废"综合利用经费反映了制造业清洁生产技术创新的绩效。一般来讲，清洁生产技术创新能降低生产过程中的污染物产生量，从而降低"三废"综合利用经费，因此"三废"综合利用经费越少，在一定程度上也就意味着生产过程中产生的废物越少。由于无法直接获取"三废"综合利用经费，本书通过计算制造业各行业的总投入占总产出的比重来近似推算三废综合利用经费。"三废"综合利用经费占总产值比重为负向指标，即该指标值越小，绿色工艺创新的经济绩效越好。

（8）制造业各行业环境污染治理经费占总产值比重。同三废综合利用经费相似，污染治理经费也反映了制造业清洁生产技术创新的绩效。本书选择用废水治理年度运行费用和废气治理年度运行费用之和来衡量污染治理经费。环境污染治理经费占总产值比重为负向指标，即该指标值越小，绿色工艺创新的经济绩效越好。

2）社会绩效相关指标衡量方式和数据来源说明

（1）制造业各行业绿色新工艺（产品、服务）专利增长率。同前文一致，绿色新工艺专利数源于国家知识产权局专利检索与服务系统。绿色新工艺专利增长率为正向指标，即该指标值越大，绿色工艺创新的社会绩效越显著。

（2）制造业各行业绿色工艺创新信息化水平。绿色工艺创新信息化水平为定性指标，本书从绿色工艺创新信息化硬件设施的完善程度、绿色工艺创新信息化的软件系统引入程度和绿色工艺创新信息化技术的应用程度三个方面设计调查问卷，从而获得制造业各行业绿色工艺创新信息化水平的相关数据。绿色工艺创新信息化水平为正向指标，即该指标值越大，绿色工艺创新的社会绩效越显著。

（3）制造业各行业绿色新工艺（产品、服务）新增就业岗位数。一般来讲，工艺技术水平的提升将导致机械设备生产效率的提高，从而可能导致部分员工失业。但从另一个角度来看，绿色工艺创新所带来的新工艺、新设备、新技术往往要求增加新的工作岗位，而这些工作岗位对员工的技术要求比现有工作岗位的要求要高，意味着绿色工艺创新成果的应用依赖于高技能人才，因此绿色工艺创新活动将增加高技能人才的就业岗位数。

鉴于此，本书用高技能人才增长率来衡量绿色新工艺（产品、服务）新增就业岗位数。由于缺乏制造业各行业的高技能人才统计数据，本书用全国高技能人才数占全国员工总数的比重×制造业各行业员工数来推算制造业各行业的高技能人才数。该指标为正向指标，即指标值越大，绿色工艺创新的社会绩效越显著。

（4）制造业各行业绿色新工艺（产品、服务）出口创汇率。同指标绿色新工艺（产品、服务）产值占总产值比重相似，由于无法获取绿色新工艺（产品、服务）出口的数据，且考虑到工艺创新与产品创新相互关联、相互影响的关系，本书用制造业各行业新产品出口交付值占制造业各行业产值的比重来近似衡量绿色新工艺（产品、服务）出口创汇率。绿色新工艺（产品、服务）出口创汇率为正向指标，即指标值越大，绿色工艺创新的社会绩效越显著。

（5）制造业各行业绿色制度建设水平。绿色制度建设水平为定性指标，本书从绿色制度体系的完善程度和绿色制度的执行程度两个方面设计调查问卷，从而获得制造业各行业绿色制度建设水平的相关数据。绿色制度建设水平为正向指标，即该指标值越大，绿色工艺创新的社会绩效越显著。

（6）制造业各行业全员劳动生产率增长率。制造业通过绿色工艺创新，可以提高生产工艺、设备的技术水平，从而提高全员劳动生产率，有助于在保持或提高经济绩效的同时更加有效地利用人力资源，从而具有很好的员工福利效益。由于缺乏 2008~2010 年制造业工业增加值的数据，本书在提取该指标时采用了一定的估算方法，具体步骤如下：首先计算 2005~2007 年制造业工业增加值占工业总产值的比重，其次通过算数平均的方式计算工业增加值占工业总产值的平均比重，最后根据工业增加值占工业总产值的平均比重和 2008~2010 年的工业总产值估算各年的工业增加值。全员劳动生产率的增长率为正向指标，即该指标值越大，绿色工艺创新的社会绩效越显著。

3）生态绩效相关指标衡量方式和数据来源说明

（1）制造业各行业单位产值资源消耗降低率。降低资源消耗是绿色工艺创新的主要目的之一，有助于解决日益严重的资源约束问题。本书用制造业各行业单位产值资源消耗降低率来反映绿色工艺创新的降耗效果，其中制造业各行业资源消耗量=制造业各行业主营业务成本−制造业各行业工资总额−制造业各行业当年折旧。单位产值资源消耗降低率为正向指标，即该指标值越大，绿色工艺创新的生态绩效越好。

（2）制造业各行业单位产值能源消耗降低率。单位产值能源消耗的降低反映了绿色工艺创新对能源的节约效果。制造业各行业单位产值能源消耗量等于制造业各行业能源消耗总量比上制造业各行业产值。单位产值资源消耗降低率为正向指标，即该指标值越大，绿色工艺创新的生态绩效越好。

（3）制造业各行业"三废"排放达标率。制造业各行业"三废"排放达标率等于制造业各行业"三废"排放达标总量比上制造业各行业"三废"排放总量。其中，制造业各行业"三废"排放达标总量=制造业各行业废水排放达标量+制造业各行业二氧化硫排放达标量+制造业各行业粉尘排放达标量+制造业各行业烟尘排放达标量+制造业各行业固体废弃物处置量+制造业各行业固体废弃物综合利用量；制造业各行业"三废"排放总量=制造业各行业废水排放量+制造业各行业二氧化硫排放量+制造业各行业粉尘排放量+制造业各行业烟尘排放量+制造业各行业固体废弃物产生量。"三废"排放达标率为正向指标，即该指标值越大，绿色工艺创新的生态绩效越好。

（4）制造业各行业"三废"综合利用率。由于数据无法获取，本书用制造业各行业"三废"综合利用产品产值占行业产值的比重来近似衡量"三废"综合利用率。"三废"综合利用率为正向指标，即该指标值越大，绿色工艺创新的生态绩效越好。

（5）制造业各行业碳排放强度。碳排放强度等于制造业各行业碳排放量比上行业产值，由于目前没有碳排放量的统计数据，碳排放量只能根据能源消费情况进行估算，参考陈诗一（2009）的估算方法，即碳排放量等于第 i 种能源消耗量乘上该种能源碳排放系数，本书估算所涉及能源主要包括煤炭、焦炭、焦炉煤气、汽油、煤油、柴油、液化石油气、天然气等 14 种。碳排放强度为正向指标，即该指标值越大，绿色工艺创新的生态绩效越好。

（6）制造业各行业低碳改造率的增长率。由于缺乏低碳改造率的相关数据，本书用制造业各行业低碳技术专利数占专利总数的比重来近似替代，其原因在于低碳技术创新活动是制造业企业低碳改造行为的最主要方式和手段，而低碳技术专利的申请代表了低碳技术创新活动的成果，也就是反映了制造业企业在生产过程中所进行的低碳改造活动。低碳改造率的增长率为正向指标，即该指标值越大，绿色工艺创新的生态绩效越好。

2. 实证结果

根据表 6.1 所建绿色工艺创新绩效评价指标体系，利用 4.1.2 小节中绿色工艺创新动力评价的 RAGA-PPE 模型，本节对我国制造业绿色工艺创新绩效进行了综合评价，具体结果如表 6.2 所示。

表 6.2　基于 RAGA-PPE 的绿色工艺创新效果评价结果

行业代码	2004 年	2005 年	2006 年	2007 年	2008 年	2009 年	2010 年
C13	1.170 5	1.389 3	0.995 9	1.151 8	1.197 5	1.315 7	1.281 2
C14	1.277 1	1.398 8	1.014 2	1.068 9	1.278 7	1.346 7	1.300 6
C15	1.380 6	1.385 0	1.217 0	1.431 9	1.371 6	1.518 5	1.645 5
C16	1.830 1	1.638 8	1.429 0	1.727 0	1.773 9	2.037 0	1.761 8
C17	1.524 6	1.711 2	0.991 7	1.205 8	1.305 6	1.521 4	1.487 9
C18	1.689 7	1.652 1	1.216 1	1.395 7	1.275 0	1.448 7	1.204 6
C19	1.361 4	1.594 2	0.992 0	1.019 7	1.283 5	1.143 8	1.237 6
C20	1.529 1	1.705 5	1.217 0	1.341 5	1.298 5	1.637 2	1.484 0
C21	1.717 8	2.071 2	1.422 5	1.427 3	1.180 0	1.449 3	1.476 8
C22	1.289 6	1.320 4	0.992 0	1.204 9	1.292 7	1.163 1	1.204 6
C23	1.676 5	1.705 3	1.425 7	1.678 4	1.376 9	1.863 5	1.473 8
C24	1.283 4	1.698 4	1.198 7	1.195 7	0.985 6	1.279 6	1.473 2
C25	1.291 2	1.400 7	1.438 5	1.427 3	1.289 3	1.447 4	1.264 5
C26	1.602 2	1.641 3	1.383 4	1.534 0	1.623 0	1.701 3	1.739 3
C27	2.036 0	1.714 4	1.833 0	1.783 1	2.017 9	2.142 5	1.985 9
C28	1.689 5	1.717 1	1.411 7	1.631 3	1.544 5	1.699 0	1.765 2
C29	2.009 1	2.091 4	1.916 1	1.946 1	1.782 8	2.037 1	1.755 1
C30	1.677 6	1.959 4	1.411 4	1.427 3	1.293 5	1.595 0	1.467 9
C31	0.792 8	0.898 4	0.873 1	1.017 5	1.170 0	1.142 3	1.079 2
C32	1.653 6	1.390 9	1.527 5	1.427 3	1.783 5	1.705 0	1.621 2
C33	1.525 1	1.698 5	1.521 6	1.427 4	1.761 3	1.704 9	1.597 1
C34	1.601 3	1.713 6	1.218 0	1.440 9	1.627 1	1.541 1	1.454 6
C35	2.193 9	2.213 2	2.008 7	2.032 5	2.154 6	2.065 3	2.174 7
C36	2.195 7	1.883 5	2.203 9	2.303 3	2.335 0	2.227 2	2.225 3
C37	2.434 3	2.213 0	2.476 9	2.519 1	2.584 1	2.469 3	2.411 8
C38	2.823 1	2.595 4	2.473 5	2.596 1	2.596 7	2.771 2	2.904 1
C39	2.195 3	2.502 3	1.708 4	2.110 3	1.953 7	2.025 4	2.167 8
C40	2.055 9	2.019 6	1.791 3	1.812 3	1.954 6	2.043 6	2.085 1
C41	1.526 5	1.437 3	1.217 1	1.243 2	0.972 6	1.272 1	1.049 9

6.2　外商直接投资对制造业绿色工艺创新绩效的影响机制

从微观的角度来讲,绿色工艺创新绩效依赖于制造业企业绿色工艺创新成果的有效应用；而从宏观的角度来看，绿色工艺创新绩效不仅依赖于制造业企业绿色工艺创新成果的内部有效应用，还依赖于制造业产业间绿色工艺创新成果的有效扩散。本书基于宏观的研究视角，将我国制造业绿色工艺创新绩效的来源分为绿色工艺创新的内部化应用和外部化扩散两个方面。

随着跨国公司的进入，外商直接投资不仅会在企业层面对我国制造业绿色工艺创新的内部化应用产生影响，也会在产业层面对我国制造业绿色工艺创新的外部化扩散产生影响。而在外商直接投资影响我国制造业绿色工艺创新绩效的作用过程中，必然受到投资方和接收方众多因素的影响。鉴于上述分析，本书构建了外商直接投资（FDI）对我国制造业绿色工艺创新绩效的影响机制模型，如图 6.1 所示。

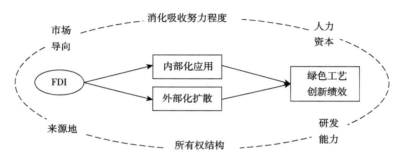

图 6.1　外商直接投资（FDI）对我国制造业绿色工艺创新绩效的影响机制

该模型由两个部分组成：第一个部分为外商直接投资（FDI）对我国制造业绿色工艺创新绩效的影响机理，是模型的核心部分；第二个部分是外商直接投资对我国制造绿色工艺创新绩效的影响因素，探讨在各因素作用下的外商直接投资对我国制造业绿色工艺创新绩效的影响过程。

6.2.1　外商直接投资对绿色工艺创新绩效的影响机理

1. 外商直接投资与我国制造业绿色工艺创新的内部化应用

绿色工艺创新内部化应用是指将新的绿色工艺、设备、技术成功地应用于产品生产过程，这些新的绿色工艺、设备、技术既可以源于企业自主研发，也可以源于外部技术获取。内部化应用的效果依赖于企业本身的人力资源水平，人力资源水平越高，尤其是企业的一线技术工人的能力越强，其适应绿色新工艺的速度就越快，且有可能在生产运用的过程中改进绿色新工艺、新设备的不足。外商直接投资的进入将对我国制造业的人力资源水平产生巨大的影响，进而促进我国制造业绿色工艺创新的内部化应用。

　　人力资本是企业构成的最基本要素，是知识、技术的主要载体。发达国家的经验表明，外资公司的竞争优势不仅依赖于其先进的技术和设备，更依赖于承载先进管理经验、具有先进技术知识的人力资源。因此，外资公司的进入必然加强对当地人力资源的开发和利用，以确保跨国子公司或合资公司的有效运转。

　　具体而言，外资企业开发利用并提升当地人力资源水平具体表现在两个方面：一方面，本土人员不断进入外资公司，接受公司的培训，并通过与跨国母公司的技术专家等的接触和共同工作，或参与产品、工艺的改进甚至研发等，这有效地提升了这些员工的能力和水平；另一方面，凭借优厚的工资待遇和良好的工作环境，外资企业有效地抑制了我国制造业优秀人才的流失，同时吸引部分海外留学生和华人回国工作，在一定程度上留住和吸引了一批高端技术、管理人才（徐侠，2007）。而随着这些外资企业的本土员工、归国优秀人才向本土企业转移，或独立创办企业，外资公司的先进管理经验、技术将向东道国转移。

　　此外，通过"看中学"效应、技术监听站等手段，本土企业有机会获取外商直接投资的知识技巧和管理技能，并对外资企业的先进工艺、技术进行复制和模仿，甚至进一步地改进创新，从而有效地提升本土企业的绿色工艺创新绩效。

2. 外商直接投资与我国制造业绿色工艺创新的外部化扩散

　　外部化扩散是指绿色工艺创新活动所产生的新工艺、设备、技术在产业内和产业间的有效扩散。这些新的工艺、设备、技术既可以源于我国制造业，也可以源于国外制造业。绿色工艺创新的外部化扩散依赖于我国制造业绿色工艺创新系统的开放程度和完善程度。我国制造业绿色工艺创新系统的开放程度越高、范围涵盖越广、完善程度越高，新的工艺、设备、技术的外部化扩散速度越快、扩散效果越好。在相对开放和完善的绿色工艺创新系统中，不论是我国制造业研发的绿色新工艺、新设备、新技术的市场化推广速度和成功率，还是国外绿色新工艺、设备、技术的引进速度和效果，都将得到大大的提升。

　　外商直接投资对我国制造业绿色工艺创新的外部化扩散的影响具有双面性，既具有积极的影响也具有消极的影响，最终作用效果依赖于二者的净作用。

　　一方面，外商直接投资的进入能有效地充实我国制造业绿色工艺创新主体，增加我国绿色工艺创新系统的开放性，完善我国制造业绿色工艺创新系统，进而扩大和提高绿色工艺创新成果扩散的范围和速度。《世界投资报告 2005》一书中指出，研发相关的外商直接投资引起了东道国国家创新体系的结构性变化。跨国公司在东道国设立的研发机构成为东道国国家创新体系的组成部分，并与东道国的企业、科研机构、政府机构形成不同程度的相互作用，从而增加了东道国国家创新体系的复杂性，使东道国国家创新系统从相对复杂的封闭系统向更加复杂的开放系统转变，如图 6.2 所示（UNCTAD，2005）。

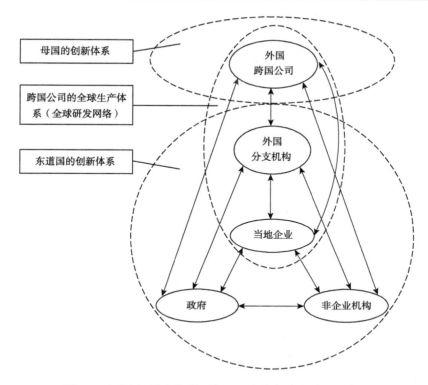

图 6.2　东道国国家创新体系与 FDI 研发投资的关系示意图

跨国公司在东道国设立研发机构，进行研发相关的外商直接投资活动，这为跨国公司与东道国公司之间的资源交流和共享提供了更为便捷的渠道，对东道国的技术学习和模仿创新具有重要的影响。随着跨国公司对东道国的研发投资不断增加，东道国的国家创新体系越来越与跨国公司的全球研发网络，以及地区的相应创新体系联系在一起。外商直接投资进入使创新体系更为完善，扩大了绿色工艺创新成果外部化扩散的范围，增加了我国制造业成功获取绿色工艺创新成果的可能性，从而有利于提高绿色工艺创新成果的外部化扩散效果。

另一方面，外商直接投资对绿色工艺创新成果的外部化扩散可能产生不利的影响。绿色工艺创新作为新的竞争力来源，其创新成果必然受到创新主体的极大保护，这种保护程度随着市场竞争激励程度的增加而提高。外商直接投资的进入在一定程度上加剧了我国制造业市场的竞争程度，导致绿色工艺创新成果的自主知识产权保护意识进一步加强，不利于我国制造业绿色工艺创新成果的外部化扩散。

6.2.2　外商直接投资对绿色工艺创新绩效的影响因素

在一个复杂的社会经济系统中，两个事物之间的关系总会受到来自自身和外部环境的影响。同样，外商直接投资在影响我国制造业绿色工艺创新的过程中，也将受到众多甚至无限多因素的影响，需要对这些因素进行划分和取舍。在参考现有文献研究成果和考虑数据可得性的基础上，本书从投资方和接收方两个方面出发，分析以下几个外商直接投资对我国制造业绿色工艺创新的影响因素。

1. 投资方因素

（1）市场导向。外商直接投资的市场导向可以分为国内市场导向型和出口市场导向型两种，不同的市场导向将导致外商直接投资企业行为存在差异，从而对我国制造业绿色工艺创新产生不同的影响。

国内市场导向型外商直接投资注重我国国内经济市场的发展潜力，其主要目的在于获取东道国的市场份额。对于国内市场导向型外商直接投资而言，为实现长期占领我国市场的战略目标，国内市场导向型外商直接投资更倾向于采取本土化战略和研发活动，一方面围绕我国市场进行更多的技术转移，甚至吸引母国配套产业对我国制造业进行投资；另一方面，我国企业更了解我国消费市场的需求，上游供应商提供的中间产品和下游加工商的产品加工能更好地满足我国消费者的偏好，因此国内市场导向型外商直接投资不断加强与我国上下游企业的联系，通过我国企业进行中间品的采购或销售，增加了我国企业在跨国公司所主导的国际分工链条中的重要性（姚战琪，2007）。国内市场导向型外商直接投资的本土化战略和研发活动，增加了我国制造业获取技术外溢的可能性，有利于我国制造业通过示范效应、产业关联效应等途径推动绿色工艺创新进步。

出口市场导向型外商直接投资的目的是促进其全球销售，具有明显的贸易互补性，重视获取东道国的廉价成本和资源。出口市场导向型外商直接投资对中间产品的要求较高，而我国大部分企业很难达到标准，因此我国制造业仅是出口市场导向型外商直接投资全球销售链上的生产环节，其带来的技术转移规模和程度较小，从而对我国制造业绿色工艺创新的影响有限，甚至对我国资源环境产生不利的影响。陆旸（2010）认为出口导向型的外商直接投资流入将导致产品的生产和消费发生分离，进而将生产过程中产生的污染留在我国。

目前，不少文献对市场导向所带来的影响进行了研究，但研究结论尚存在争议。Javorcik（2004）对立陶宛的研究结果表明，国内市场导向型外商直接投资比出口市场导向型外商直接投资产生了更显著的溢出效应。但也有研究认为，出口市场导向型外商直接投资比国内市场导向型外商直接投资具有更明显的影响。Girma 等（2004）以英国面板数据的结果表明，出口市场导向型外商直接投资通过水平溢出效应和后向关联效应产生了积极的影响，而国内市场导向型外商直接投资仅通过前向关联效应产生了积极的影响。Jabbour 和 Mucchielli（2007）的研究认为，出口市场导向型外商直接投资对西班牙企业产生了明显的溢出效应，而国内市场导向型外商直接投资溢出效应不显著，其原因在于未满足国内市场导向型企业对中间产品的高要求，出口市场导向型外商直接投资会对东道国供应商提供新技术或原理性知识。

（2）外商直接投资来源地。外商直接投资来源地的不同，意味着外商直接投资的技术水平、投资规模、管理模式等方面的不同，从而对我国制造业绿色工艺创新产生不同的影响。

从技术水平上来看，日本在进行对外直接投资时倾向于选择国内比较劣势的产业对外转移，以期在东道国获得新的比较优势。日本外商直接投资与我国制造业的技术水平差距较小，便于我国制造业学习模仿，较易产生溢出效应，但由于技术差距小，我国制造业所能获取的溢出效应也有限。欧美国家在进行对外直接投资时倾向于选择比较优势产业，进入我国制造业的外商直接投资具有较高的技术水平，能在较大程度上提升我国整体的绿色工艺创新能力；但由于技术差距较大，我国制造业获取欧美外商直接投资溢出效应的难度较大，而一旦能获取溢出效应，内资企业绿色工艺创新能力提升的幅度较大。

从投资规模与管理模式上来看，来自中国港澳台的直接投资的投资主体多为中小企业，直接投资项目较多，但平均投资规模较小；且我国港澳台与内地文化源于一体，不存在明显文化差异，企业管理模式比较相似。来自欧美、日本等地的外商直接投资的投资主体多为大型跨国公司，外商直接投资项目虽然较少，但其投资规模较大；这些外商直接投资公司的管理模式源于西方文化，与我国制造业的管理模式差异较大。较多的投资项目意味着与我国制造业的联系较多，从而产生溢出效应的可能性更大；而较大的投资规模意味着技术水平较高，我国制造业通过技术溢出提升绿色工艺创新能力的空间较大。

不少文献的研究成果表明，不同来源地的境外直接投资对我国内地经济发展、技术进步等方面的影响存在差异性。何艳（2007）认为外商直接投资资本不但与内资资本异质，而且其内部因来源地不同也存在着差异，这种异质性不仅体现在其对中国经济增长的影响上，而且体现在对技术进步、人力资本等的外溢效应上。朱华兵和龚江洪（2009）研究了境外直接投资来源地对我国内地技术进步的影响，在来源于中国香港的直接投资与美国、日本和欧洲的外商直接投资中，仅来源于美国的外商直接投资对我国内地技术进步的长期影响最为显著。隆娟洁和陈治亚（2009）的研究结果表明，中国港澳台资本对我国内资企业产生了正向的溢出效应，而其他外商资本虽对我国内资企业产生了正向的行业间溢出效应，但也产生了负向的行业内溢出效应。

2. 接收方因素

（1）研发能力。研发能力的强弱对外商直接投资的作用效果具有重要影响。研发能力是吸收外商直接投资溢出效应的基础，只有具备较高的研发能力时，才能正确选择外商直接投资的先进、绿色技术，并对这些技术进行模仿、改进甚至二次创新。良好的研发能力不仅有助于促进国内企业的自主创新，还将提高企业对于外来技术的鉴别、模仿与吸收能力（吴建军和仇怡，2007）。

不少文献研究了研发能力在外商直接投资对东道国创新影响过程中的作用。赖明勇等（2002）分析了研发能力在捷克制造业创新中的作用，合资企业并未从外商直接投资合作伙伴获得溢出效应，而研发学习和消化吸收能力的提升对创新起到了重要的影响。吴晓波等（2005）对比分析了研发投入在上海、江苏和浙江技术追赶中的作用，结果表明研发投入最多的上海与外资企业的技术差距最小，而研发投入最少的浙江与外资的技术差距最大，从而得出基于研发投入的吸收能力是实现我国技术追赶的关键因素。黄静（2007）的研究发现，外商直接投资技术溢出与研发投入正相关，增强研发投入、提高研发人员素质可以提高我国对外商直接投资企业技术外溢的吸收。

研发活动推动我国制造业绿色工艺创新能力提升的途径主要包括两个方面，即创新作用和吸收作用。一方面，研发成果直接促进了绿色工艺创新的产出。戴鸿轶和柳卸林（2009）认为创新活动具有"创新培育创新"的特点，即企业高度发展的研发能力可能会导致未来进一步创新成功。因此，研发能力越强，我国制造业绿色工艺创新能力越强。另一方面，研发投入有利于增加我国制造业的吸收能力、学习能力、创造性模仿能力，有利于吸收外部的技术扩散，促进溢出效应的产生。一般来讲，研发能力与外商直接投资的溢出效应呈正相关，也就是说研发能力越强，外商直接投资对我国制造业绿色工艺创新的影响越明显。

（2）消化吸收努力程度。消化吸收努力程度反映了东道国在引进技术后进行消化、吸收、模仿的主观意愿和行动努力程度。外商直接投资对东道国创新的影响并非自动发生，而是取决于东道国对外商直接投资的先进技术的消化吸收。日、韩两国技术崛起的历史表明，通过对引进技术的消化吸收实现创新知识的积累，提高自主创新能力，是后发国家实现技术赶超的重要路径，其中的关键就是提高对引进技术的吸收能力。Kim（1997）认为技术后发国家实现自主创新能力提升的过程是一个创造性学习的复杂过程，并利用韩国汽车、电子和半导体行业的"从模仿到创新"的发展历程，对这一观点进行了验证。而消化吸收努力是吸收能力形成的基础，消化吸收努力的程度决定了吸收能力，只有当企业产生消化吸收意愿并付诸努力时，才能有效地消化吸收引进的先进技术。

　　对于绿色工艺来讲，只有在企业有效地消化吸收的前提下，隐含在绿色工艺中的外商直接投资的先进知识才能被我国制造业掌握，进而具有模仿创新、甚至二次创新的可能性。一般来讲，消化吸收努力程度越高，吸收能力越强，则外商直接投资对我国绿色工艺创新的影响越显著。Blomström 和 Kokko（1996）、黄静（2006）的研究结果均表明外商直接投资溢出效应的产生依赖于东道国的学习活动，东道国对学习外商直接投资的投入越多，消化吸收努力程度越高，获取的外商直接投资溢出效应就越多。

　　（3）人力资本。人力资本是外商直接投资与技术进步的重要载体。人力资本不仅是东道国吸引外商直接投资进入和外商直接投资成功的最主要因素，也是影响东道国外商直接投资利用的质量、制约东道国吸收外商直接投资溢出效应的重要因素。

　　对于跨国公司来讲，东道国的人力资源水平是跨国公司进行外商直接投资决策时的重要影响因素。在东道国进行外商直接投资的过程中，两国在文化习惯、政治经济体制、思维方式与习惯等方面存在较大差异，甚至存在冲突，从而对外商直接投资行为的顺利开展具有巨大的影响，解决这些差异导致的问题的重要方式就是开发利用当地的人力资本。

　　一般来讲，东道国人力资本水平越高，跨国公司顺利实现外商直接投资活动的可能性越大；东道国人力资本水平越高，跨国公司进行外商直接投资活动的人力资本培训和开发成本越低，对外商直接投资技术、管理的接受和适应能力越强，就增加了外商直接投资成功的可能性。此外，高水平的人力资本也能更大限度地发挥外商直接投资的技术优势，促进东道国技术进步。

　　对于东道国企业来讲，人力资本是吸收外商直接投资技术溢出的关键因素。一般来讲，东道国的人力资本水平越高，对外商直接投资技术溢出的学习能力、模仿与改进能力、再次创新能力就越强，所得到的溢出效应也就越大。不少文献认为人力资本水平甚至决定了外商直接投资溢出效应是否发生，存在人力资本的"门槛效应"。只有在东道国具有一个最低的人力资本水平时（即跨过人力资本水平的门槛），才能从外商直接投资的溢出效应中获取先进的技术、知识和经验。Borensztein 等（1998）利用 69 个发展中国家数据的研究表明，外商直接投资是技术转移的重要途径，具有比东道国更高的生产率，但外商直接投资更高水平的生产率受到东道国人力资本的制约，从而认为只有东道国具有一定的人力资本水平时，才能从外商直接投资技术转移中获得收益。

　　上述人力资本的作用在外商直接投资影响我国制造业绿色工艺创新过程中同样适用。一方面，我国制造业人力资本水平越高，吸引外商直接投资进入的可能性越高，甚至促使外商直接投资利用我国优秀的人力资本进行绿色工艺研发活动，增加外商直接投资的研发投资，从而促进我国制造业绿色工艺创新能力的提升。另一方面，我国制造业人力资本水平越高，意味着我国制造业的吸收能力越高，能有效地吸收外商直接投资的技术溢出，推动我国制造业绿色工艺模仿创新能力，甚至二次创新能力和自主创新能力的提高。

（4）所有权结构。不同所有权性质企业在应对外商直接投资进入所带来效应的行为选择上具有一定的差异性，从而导致外商直接投资对不同所有权性质企业的影响不同。因此，一个产业的所有权比例结构不同，外商直接投资进入所产生的影响也会存在差异。按所有权性质不同，我国制造业企业可以分为国有企业和非国有企业。国有企业和非国有企业在创新动力和吸收能力方面有差异，因此外商直接投资对两者的影响不同。

从创新动力和吸收动力来看，非国有企业要高于国有企业。一方面由于我国市场体制不完善，以及国有企业的资本深化、"民工荒"问题的存在，国有经济部门的资本和劳动力要素扭曲程度高于非国有经济部门；而随着市场进程不断推进，国有企业逐渐从竞争性领域向资本密集型的垄断竞争或垄断部门集中，将进一步加剧国有部门的要素扭曲程度（史晋川和赵自芳，2007）。此外，由于国有企业的利润取决于多种非经济因素，所以国有企业的经济收益存在扭曲，且扭曲程度高于民营企业等非国有经济部门。这种所有权约束下的要素和利润扭曲，弱化了技术进步的重要性，降低了技术创新的市场效率和价值，也造成了国有企业对先进技术吸收和创新意愿的降低（孙少勤和邱斌，2010）。

另一方面，总体上来讲，非国有企业的市场化程度要高于国有企业，从而非国有企业受到更强的市场约束，面临更为激烈的市场竞争环境；同时，非国有企业在市场竞争中表现得更为灵活，导致非国有企业向外资企业模仿学习的动力和激励更强。因此，国有企业的技术创新动力和对外商直接投资溢出效应的吸收动力要弱于非国有企业，导致外商直接投资对非国有企业的影响更为显著。

从潜在吸收能力来看，国有企业要高于非国有企业。这主要是因为国有企业在规模、研发能力、人力资本、资本密集度等方面总体上要高于非国有企业，所以国有企业对外商直接投资技术溢出的潜在吸收能力要高于非国有企业。但这种吸收能力的潜在优势只是当国有企业具有较强的创新和技术吸收意愿时，才能充分转换成现实的优势。

因此，一个产业的国有企业比重越高，该产业的创新动力和对外商直接投资技术溢出的吸收动力越小，但其潜在的技术吸收能力越高。

6.3　外商直接投资对制造业绿色工艺创新绩效影响的实证分析

6.3.1　模型、变量与数据

1. 模型设计与变量解释

根据面板数据模型的建模思想，本书将计量模型设定为以下形式：

$$\text{GPIE}_{it} = c_1 + \alpha \text{FDI}_{it} + \mu_i + \varepsilon_{it} \tag{6.1}$$

其中，GPIE 为制造业绿色工艺创新绩效，用表 6.2 中绿色工艺创新绩效评价结果来衡量；外商直接投资的衡量指标参见 4.3.3 小节。α 为外商直接投资的回归系数；c 为截距项；μ_i 为不随时间变化的个体效应，主要衡量不同行业自身特征在绿色工艺创新绩效上的差异；ε_{it} 为回归方程的误差项；i 和 t 分别为所选行业和年份。

2. 数据说明

本书实证研究采用了我国制造业 29 个行业 2004~2010 年的面板数据。其中，外商直接投资数据来源于《中国工业经济统计年鉴》，绿色工艺创新绩效的相关数据源于《中国工业经济统计年鉴》和《中国环境统计年鉴》。表 6.3 列出了样本数据的描述性统计。

表 6.3　样本数据的描述性统计

统计量	均值	中位数	最大值	最小值	标准差	观测量/个	截面数/个
GPIE	1.628 6	1.541 1	2.904 1	0.792 8	0.422 5	203	29
FDI	0.338 9	0.335 5	0.726 1	0.001 6	0.154 2	203	29

6.3.2　实证分析与结果探讨

1. 单位根检验与协整检验

同前文一致，本节选择采用含有相同根单位根的 LLC 检验和含有不同根单位根的 Fisher-PP 检验两种方法进行面板数据单位根检验，检验结果如表 6.4 所示。

表 6.4　单位根检验结果

变量	LLC 检验		Fisher-PP 检验	
	统计值	概率	统计值	概率
GPIE	−7.303 13***	0.000 0	95.180 1***	0.001 5
FDI	−9.290 67***	0.000 0	105.562***	0.000 1

***、**、*分别表示在 1%、5%、10%的显著水平

从表 6.4 中可以看出，变量绿色工艺创新绩效和外商直接投资在 10%的显著性水平下均通过了 LLC 检验和 Fisher-PP 检验，说明变量 GPIE 和 FDI 均为平稳变量。

同样，本书选择 Kao 检验进行协整检验，结果如表 6.5 所示。从表 6.5 中可以看出，变量绿色工艺创新绩效和外商直接投资通过了 1%显著水平的检验，这说明我国制造业绿色工艺创新绩效与外商直接投资存在长期的协整关系。

表 6.5　面板数据协整检验

ADF	t 统计值	概率
	−3.179 485	0.000 7
残差	0.051 190	
HAC 方差	0.026 115	

2. 实证结果

根据 F 检验和 Hausman 检验的结果，本书选用固定效应模型进行回归估计，具体结果如表 6.6 所示。

表 6.6　外商直接投资对绿色工艺创新绩效的影响

变量	系数	标准误差	t 统计值	概率
C	1.403 931	0.156 775	8.955 099	0.000 0
FDI	0.662 843	0.461 606	1.435 949	0.152 8
R^2	0.906 361		F 检验	59.218 451
调整的 R^2	0.890 664		Hausman 检验	1.947 154
F 统计值	57.742 19		估计模型	FE
D-W	2.137 101		估计方法	EGLS
观测量	203		截面数	29

***、**、*分别表示在 1%、5%、10%的显著水平

注：FE 为固定效应模型

外商直接投资对我国制造业绿色工艺创新绩效产生的影响并不显著，如表 6.6 所示，外商直接投资的回归系数约为 0.662 8，但并未通过 10%的显著性检验意味

着外商直接投资与我国制造业绿色工艺创新绩效并不存在明显的相关关系。

外商直接投资对我国制造业绿色工艺创新绩效影响不显著的原因可能在于，外商直接投资对绿色工艺创新绩效影响的双面性。

如前文所述，一方面外商直接投资的进入不利于我国制造业绿色工艺创新成果的外部化扩散，可能产生不利的影响。绿色工艺创新作为新的竞争力来源，其创新成果必然受到创新主体的极大保护，这种保护程度随着市场竞争激励程度的增加而提高。外商直接投资的进入在一定程度上加剧了我国制造业市场竞争程度，导致绿色工艺创新成果的自主知识产权保护意识进一步加强，不利于我国制造业绿色工艺创新成果的外部化扩散。

另一方面，外商直接投资的进入具有良好的示范效应，我国本土制造业可以通过"看中学"效应、技术监听站等手段，有机会获取外商直接投资的知识技巧和管理技能，并对外资企业的先进、环保的工艺和技术进行复制和模仿，甚至进一步地改进创新，有效地提升本土企业的绿色工艺创新绩效。这种双面性导致外商直接投资对我国制造业绿色工艺创新绩效的影响不显著。

此外，外商直接投资影响我国制造业绿色工艺创新绩效时，都受到各行业自身因素的影响。表 6.7 列出了各行业自身特征对绿色工艺创新绩效影响的差异。

表 6.7　制造业行业自身差异对绿色工艺创新绩效的影响

行业代码	μ_i	行业代码	μ_i	行业代码	μ_i	行业代码	μ_i
C13	−0.384 5	C21	−0.203 0	C29	0.238 3	C37	0.796 6
C14	−0.417 2	C22	−0.490 8	C30	−0.155 0	C38	1.047 2
C15	−0.213 0	C23	0.089 8	C31	−0.553 5	C39	0.230 0
C16	0.336 3	C24	−0.511 0	C32	0.108 3	C40	0.255 5
C17	−0.196 1	C25	−0.134 6	C33	0.095 0	C41	−0.417 3
C18	−0.295 7	C26	0.019 6	C34	−0.122 8		
C19	−0.543 1	C27	0.366 4	C35	0.528 6		
C20	−0.109 2	C28	0.016 0	C36	0.619 2		

6.4　本章小结

本章首先从经济绩效、社会绩效和生态绩效三个方面建立了我国制造业绿色工艺创新绩效评价指标体系，并运用 RAGA-PPE 模型对我国制造业绿色工艺创新绩效进行了实证评价；其次从内部化应用和外部化扩散两个方面分析了外商直接投资对我国制造业绿色工艺创新绩效的影响机理，并从投资方和接收方两个方面分析了外商直接投资对我国制造业绿色工艺创新绩效的影响因素；最后实证分析了外商直接投资对我国制造业绿色工艺创新绩效的影响。

第7章　外商直接投资研发本土化对制造业绿色工艺创新的影响研究

7.1　外商直接投资研发本土化对制造业绿色工艺创新动力的影响

7.1.1　模型、变量与数据

结合面板数据建模的基本思想，本书建立如下模型分析外商直接投资研发本土化对我国制造业绿色工艺创新动力的影响。

$$\text{GPID}_{it} = c + \alpha_1 \text{FDI}_{it}^{\text{RD}} + \alpha_2 \text{FDI}_{it}^{\text{TR}} + \mu_i + \varepsilon_{it1} \tag{7.1}$$

$$\text{TECH}_{it} = c + \beta_1 \text{FDI}_{it}^{\text{RD}} + \beta_2 \text{FDI}_{it}^{\text{TR}} + \mu_i + \varepsilon_{it2} \tag{7.2}$$

$$\text{MARK}_{it} = c + \gamma_1 \text{FDI}_{it}^{\text{RD}} + \gamma_2 \text{FDI}_{it}^{\text{TR}} + \mu_i + \varepsilon_{it3} \tag{7.3}$$

$$\text{ER}_{it} = c + \eta_1 \text{FDI}_{it}^{\text{RD}} + \eta_2 \text{FDI}_{it}^{\text{TR}} + \mu_i + \varepsilon_{it4} \tag{7.4}$$

其中，GPID 为绿色工艺创新动力；TECH 为绿色工艺创新的技术推动力；MARK 为绿色工艺创新的市场拉动力；ER 为绿色工艺创新的管制推动力，均用前文计算的绿色工艺创新动力评价结果来衡量。FDIRD 表示外商直接投资企业的内生性研发活动，用外商直接投资内部研发支出与外商直接投资工业总产值的比例来衡量；FDI^{TR} 表示外商直接投资企业的外生性创新活动，用外商直接投资技术引进、消化吸收、技术改造、国内技术购买等费用之和与外商直接投资工业总产值的比例来衡量。

本节实证研究的样本数据为我国制造业 2004~2010 年 28 个行业的面板数据。数据来源于《工业企业科技活动统计资料》。"烟草制品业"和"废弃资源和废旧材料回收加工业"的数据不连贯，因此本书最终选择的样本行业共 28 个。

7.1.2 实证分析及结论探讨

根据 F 检验和 Hausman 检验的结果，本书选择用固定效应模型进行分析，其结果如表 7.1 所示。

表 7.1 研发本土化对我国制造业绿色工艺创新动力的影响

模型	模型（7.1）	模型（7.2）	模型（7.3）	模型（7.4）
常数项	0.021 497***	−5.022 465***	−0.397 859***	−0.145 479***
FDIRD	−0.079 880***	−0.525 954***	−0.016 340	−0.072 690***
FDI^{TR}	0.031 053	0.196 648***	−0.023 651	0.032 864
F 统计值	19.168	227.895	36.806	10.376 16
R^2	0.770	0.975	0.865 412	0.644 470
调整的 R^2	0.730	0.971	0.841 900	0.582 360
D-W	2.161	1.777	2.301	2.116
F 检验	14.612***	111.849***	31.148***	7.287***
Hausman 检验	31.715***	13.392***	17.467***	10.534***
模型/方法	FE/EGLS	FE/EGLS	FE/EGLS	FE/EGLS
观测量/个	196	196	196	196

***、**、*分别表示在 1%、5%、10%的显著水平
注：FE 表示固定效应模型

（1）外商直接投资的内生性研发活动对我国制造业绿色工艺创新动力具有显著的负向影响，如模型（7.1）所示，FDIRD 的回归系数约为–0.079 9，意味着外商直接投资的内生性研发每提高 1 百分点，将使我国制造业绿色工艺创新动力降低约 0.079 9 百分点。从模型（7.2）、模型（7.3）、模型（7.4）可知，外商直接投资的内生性研发活动对我国制造业绿色工艺创新的技术推动力和管制推动力具有显著的负向影响。本书认为，外商直接投资的内生性研发活动对我国制造业企业的绿色工艺创新活动存在一定的替代效应和挤出效应，降低了我国制造业绿色工艺创新的积极性。

（2）外商直接投资的外生性创新活动对我国制造业绿色工艺创新动力具有正向影响，如模型（7.1）所示，FDI^{TR} 的回归系数约为 0.031 1，但回归系数并未通过显著性检验。从模型（7.2）、模型（7.3）、模型（7.4）可知，外商直接投资的外生性创新活动对我国制造业绿色工艺创新的技术推动力和管制推动力具有显著的正向影响，而对市场拉动力具有负向影响，但仅有技术推动力的回归系数显著为正。因此，本书认为，外商直接投资的外生性创新活动对我国制造业企业的绿色工艺创新活动具有一定的促进作用。

（3）其他因素影响。外商直接投资研发本土化影响我国制造业绿色工艺创新

动力时,各行业自身特征对绿色工艺创新动力的影响表现出了一定的行业差异性,具体如表 7.2 所示。

表 7.2　μ_{i1}、μ_{i2}、μ_{i3}、μ_{i4} 所对应的值（一）

行业代码	μ_{i1}	μ_{i2}	μ_{i3}	μ_{i4}
C13	−0.256 2	−1.315 7	0.007 4	−0.173 1
C14	−0.115 3	−0.144 4	−0.102 1	0.051 5
C15	−0.239 2	0.083 0	−0.263 5	−0.260 6
C17	0.109 8	0.045 6	0.325 6	0.053 0
C18	0.000 0	−2.778 6	0.270 0	−0.028 6
C19	−0.357 3	−3.841 7	0.160 7	−0.681 9
C20	−0.272 4	−1.849 5	−0.058 3	−0.310 5
C21	−0.052 2	−1.746 3	0.112 0	−0.071 3
C22	−0.150 3	−1.793 0	−0.084 1	−0.057 2
C23	−0.132 7	−3.866 8	−0.194 2	−0.019 2
C24	−0.138 5	−0.123 4	0.208 6	−0.156 7
C25	−0.369 8	−0.406 8	−1.321 3	0.045 5
C26	0.082 1	1.506 7	0.037 0	0.166 3
C27	0.190 4	2.123 7	0.064 7	0.137 2
C28	0.046 5	−1.371 6	−0.275 2	0.327 6
C29	0.202 1	−0.779 6	0.071 2	0.336 2
C30	−0.100 7	0.131 5	0.159 1	−0.159 5
C31	0.016 3	1.254 9	0.150 0	0.011 8
C32	−0.006 1	0.797 9	−0.572 7	0.270 9
C33	−0.049 5	0.962 6	−0.436 3	0.308 9
C34	0.020 4	0.594 5	0.214 3	−0.045 7
C35	0.222 2	2.008 4	0.309 2	−0.045 2
C36	0.243 6	2.064 6	0.076 9	0.220 2
C37	0.294 7	2.069 7	0.053 5	0.189 3
C38	0.315 3	2.936 9	0.374 4	−0.110 8
C39	0.551 3	3.691 6	0.423 8	0.296 6
C40	0.201 6	0.929 6	0.216 9	0.184 5
C41	−0.256 3	−1.184 1	0.072 4	−0.479 3

从表 7.2 可知，农副食品加工业、食品制造业等低技术行业的 μ_{1i} 值为负，表明这些行业自身特征导致进行绿色工艺创新的动力不足；而医药制造业，通信设备、计算机及其他电子设备制造业等高技术行业的 μ_{1i} 值为正，意味着这些行业自身特征所导致的绿色工艺创新动力较强。

7.2　外商直接投资研发本土化对制造业绿色工艺创新路径的影响

7.2.1　模型、变量与数据

结合面板数据建模的基本思想，本书建立如下模型分析外商直接投资研发本土化对我国制造业绿色工艺创新路径的影响。

$$GPIP_{it}^{RD} = c_1 + \alpha_1 FDI_{it}^{RD} + \alpha_2 FDI_{it}^{TR} + \mu_{i1} + \varepsilon_{it1} \qquad (7.5)$$

$$GPIP_{it}^{TA} = c_2 + \beta_1 FDI_{it}^{RD} + \beta_2 FDI_{it}^{TR} + \mu_{i2} + \varepsilon_{it2} \qquad (7.6)$$

$$GPIP_{it}^{CH} = c_3 + \gamma_1 FDI_{it}^{RD} + \gamma_2 FDI_{it}^{TR} + \mu_{i3} + \varepsilon_{it3} \qquad (7.7)$$

其中，$GPIP^{RD}$ 为研发式绿色工艺创新路径；$GPIP^{TA}$ 为获取式绿色工艺创新路径；$GPIP^{CH}$ 为两种绿色工艺创新路径的选择。这三个指标的衡量方式见第 5 章。FDI^{RD} 为外商直接投资企业的内生性研发活动，用外商直接投资内部研发支出与外商直接投资工业总产值的比例来衡量；FDI^{TR} 为外商直接投资企业的外生性研发活动，用外商直接投资技术引进、消化吸收、技术改造、国内技术购买等费用之和与外商直接投资工业总产值的比例来衡量。

本节实证研究的样本数据为我国制造业 2004~2008 年 28 个行业的面板数据。数据来源于《工业企业科技活动统计资料》。"烟草制品业"和"废弃资源和废旧材料回收加工业"的数据不连贯，因此本书最终选择的样本行业共 28 个。

7.2.2　实证分析及结论探讨

根据 F 检验和 Hausman 检验的结果，本书选择用固定效应模型进行分析，其结果如表 7.3 所示。

表 7.3　研发本土化对我国制造业绿色工艺创新路径的影响

解释变量	CPIPRD	CPIP^{TA}	CPIP^{CH}
常数项	0.979 472***	2.900 806***	−0.066 714
FDIRD	−0.041 428***	−0.124 470***	0.095 563***
FDI^{TR}	0.097 872***	0.361 133***	−0.197 503***
F 统计值	58.020 19	43.149 41	18.150 59***
R^2	0.938 636	0.919 197	0.209 469
调整的 R^2	0.922 458	0.897 894	0.197 928
D-W	2.084	1.578	1.669
F 检验	20.069***	15.615***	8.738***
Hausman 检验	32.569***	6.517**	3.287
模型/方法	FE/EGLS	FE/EGLS	RE/EGLS
观测量/个	140	140	140

***、**、*分别表示在 1%、5%、10%的显著水平

注：FE 表示固定效应模型

（1）外商直接投资的内生性研发活动对我国制造业两种绿色工艺创新路径及路径选择的影响。

从对绿色工艺创新路径的影响来看，外商直接投资的内生性研发活动对我国制造业两种绿色工艺创新路径均具有负向影响。如表 7.3 所示，FDIRD 对 CPIPRD、CPIP^{TA} 的回归系数均为负数，且在 1%的水平下通过了显著性检验，意味着外商直接投资的内生性研发活动对我国制造业研发式绿色工艺创新路径和获取式绿色工艺创新路径具有显著的不利影响。相对而言，外商直接投资的内生性研发活动对获取式绿色工艺创新路径的影响更显著。

从对绿色工艺创新路径选择的影响来看，FDIRD 对 CPIP^{CH} 的回归系数为正，其通过了 1%水平下的显著性检验，表明随着外商直接投资的内生性研发活动增加，研发式绿色工艺创新路径与获取式绿色工艺创新路径的比值将扩大，即在外商直接投资内生性研发活动的影响下，我国制造业更倾向于选择研发式绿色工艺创新路径。

（2）外商直接投资的外生性创新活动对我国制造业两种绿色工艺创新路径及路径选择的影响。

从对绿色工艺创新路径的影响来看，外商直接投资的外生性创新活动对我国制造业两种绿色工艺创新路径均具有正向的影响。如表 7.3 所示，FDIRD 对 CPIP^{TR}、CPIP^{TA} 的回归系数均为正数，且在 1%的水平下通过了显著性检验，意味着外商直接投资的外生性创新活动对我国制造业研发式绿色工艺创新路径和获

取式绿色工艺创新路径具有显著的积极影响。同样，外商直接投资的外生性创新活动对获取式绿色工艺创新路径的影响更显著。

从对绿色工艺创新路径选择的影响来看，FDI^{RD} 对 $CPIP^{CH}$ 的回归系数为负，其通过了 1%水平下的显著性检验，表明随着外商直接投资的外生性创新活动增加，研发式绿色工艺创新路径与获取式绿色工艺创新路径的比值将缩小，即在外商直接投资外生性创新活动的影响下，我国制造业更倾向于选择获取式绿色工艺创新路径。

（3）其他因素影响。

外商直接投研发本土化影响我国制造业绿色工艺创新路径及选择时，各行业自身特征对绿色工艺创新路径及选择的影响表现出了一定的行业差异性，具体如表 7.4 所示。

表 7.4 μ_{i1}、μ_{i2}、μ_{i3} 的值

行业代码	μ_{i1}	μ_{i2}	μ_{i3}	行业代码	μ_{i1}	μ_{i2}	μ_{i3}
C13	−0.365 2	−0.857 2	−0.035 1	C28	−0.098 6	0.045 5	−0.026 4
C14	−0.059 2	−0.634 1	0.100 0	C29	0.070 8	0.003 4	0.032 9
C15	0.344 3	0.249 5	0.054 7	C30	−0.060 9	−0.411 1	0.006 8
C17	−0.278 3	−0.470 5	−0.077 2	C31	−0.148 8	−0.311 6	0.047 2
C18	−0.360 0	−0.952 8	0.076 5	C32	0.173 5	3.120 1	−0.075 8
C19	−0.444 7	−0.872 1	−0.140 0	C33	0.279 4	1.390 4	−0.108 8
C20	−0.181 0	−0.286 8	−0.075 9	C34	−0.130 0	−0.401 0	−0.037 0
C21	−0.324 5	−0.706 7	0.028 6	C35	0.284 1	0.421 0	−0.033 1
C22	0.117 8	−0.004 0	0.044 1	C36	0.401 0	0.786 7	−0.055 0
C23	−0.080 9	0.018 3	−0.058 3	C37	0.259 6	0.317 3	0.022 5
C24	−0.151 2	−0.706 4	0.365 6	C38	0.320 9	−0.071 0	0.040 9
C25	−0.541 3	−0.391 0	−0.055 0	C39	−0.082 8	−0.471 4	−0.045 1
C26	0.463 6	1.357 8	−0.025 8	C40	0.074 4	−0.269 9	−0.010 4
C27	0.648 7	0.589 1	0.049 0	C41	−0.130 5	−0.481 3	−0.009 9

从表 7.4 可知，农副食品加工业、食品制造业等低技术行业的 μ_{i}、μ_{2i} 值为负，表明这些行业自身特征对两种绿色工艺创新路径均具有负向影响；而医药制造业，通信设备、计算机及其他电子设备制造业等高技术行业的 μ_{i}、μ_{2i} 值为正，意味着这些行业自身特征对两种绿色工艺创新路径均具有积极影响。从路径选择来看，医药制造业、造纸及纸制品业等行业的 μ_{i3} 值为正，意味着这些行业在自身特征的影响下倾向于选择研发式绿色工艺创新路径。

7.3　外商直接投资研发本土化对制造业绿色工艺创新绩效的影响

7.3.1　模型、变量与数据

结合面板数据建模的基本思想，本书建立如下模型分析外商直接投资研发本土化对我国制造业绿色工艺创新动力的影响。

$$GPIP_{it} = c + \alpha_1 FDI_{it}^{RD} + \alpha_2 FDI_{it}^{TR} + \mu_i + \varepsilon_{it} \qquad (7.8)$$

其中，GPIP 为绿色工艺创新绩效，数据源于 6.1.2 小节的实证评价结果；FDI^{RD} 为外商直接投资企业的内生性研发活动，用外商直接投资内部研发支出与外商直接投资工业总产值的比例来衡量；FDI^{TR} 为外商直接投资企业的外生性研发活动，用外商直接投资技术引进、消化吸收、技术改造、国内技术购买等费用之和与外商直接投资工业总产值的比例来衡量。

本节实证研究的样本数据为我国制造业 2004~2010 年 28 个行业的面板数据。数据源于《工业企业科技活动统计资料》。"烟草制品业"和"废弃资源和废旧材料回收加工业"的数据不连贯，因此本书最终选择的样本行业共 28 个。

7.3.2　实证分析及结论探讨

根据 F 检验和 Hausman 检验的结果，本书选择用固定效应模型进行分析，其结果如表 7.5 所示。

表 7.5　研发本土化对我国制造业绿色工艺创新绩效的影响

变量	系数	标准误差	t 统计值	概率
常数项	1.689 479***	0.176 719	9.560 232	0.000 0
FDI^{RD}	−0.020 198	0.024 388	−0.828 198	0.408 7
FDI^{TR}	0.030 236*	0.017 632	1.714 783	0.088 3
R^2	0.910 553	F 检验		36.777 631***
调整的 R^2	0.894 927	Hausman 检验		27.635 041***
F 统计值	58.270 54	估计模型		FE
D-W	2.118 452	估计方法		EGLS
观测量/个	196	截面数/个		28

***、**、*分别表示在 1%、5%、10%的显著水平

注：FE 为固定效应模型

（1）外商直接投资的内生性研发活动对我国制造业绿色工艺创新绩效的影

响。如表 7.5 所示，FDIRD 的回归系数为–0.020198，意味着外商直接投资的内生性研发每提高 1 百分点，我国制造业绿色工艺创新绩效将降低 0.020198 百分点。但 FDIRD 的回归系数并未通过显著性检验，意味着外商直接投资的内生性研发活动对我国制造业绿色工艺创新绩效的影响并不明显。

（2）外商直接投资的外生性创新活动对我国制造业绿色工艺创新绩效具有正向影响。如表 7.5 所示，FDI^{TR} 的回归系数为 0.030 236，并通过了 10% 下的显著性检验，意味着外商直接投资的外生性创新每提高 1 百分点，我国制造业绿色工艺创新绩效将提高 0.030 236 百分点。因此，本书认为，外商直接投资的外生性创新活动对我国制造业企业的绿色工艺创新绩效具有一定的积极作用。

（3）其他因素影响。外商直接投资研发本土化影响我国制造业绿色工艺创新绩效时，各行业自身特征对绿色工艺创新绩效的影响表现出了一定的行业差异性，具体如表 7.6 所示。

表 7.6　μ_i 所对应的值（一）

行业代码	μ_i	行业代码	μ_i	行业代码	μ_i	行业代码	μ_i
C13	−0.414 9	C21	−0.054 7	C28	−0.005 7	C35	0.501 9
C14	−0.378 2	C22	−0.436 5	C29	0.289 7	C36	0.578 5
C15	−0.215 2	C23	−0.025 8	C30	−0.055 6	C37	0.806 3
C17	−0.234 4	C24	−0.286 8	C31	−0.658 2	C38	1.071 8
C18	−0.224 5	C25	−0.296 1	C32	−0.066 4	C39	0.504 7
C19	−0.380 2	C26	−0.033 3	C33	−0.018 8	C40	0.360 3
C20	−0.157 8	C27	0.309 4	C34	−0.114 5	C41	−0.365 2

从表 7.6 可知，农副食品加工业、食品制造业等大部分低技术行业，以及石油加工、炼焦及核燃料加工业，化学原料及化学制品制造业等部分中高技术行业的 μ_i 值为负，表明这些行业自身特征对绿色工艺创新绩效具有不利影响；而医药制造业，通信设备、计算机及其他电子设备制造业等高技术行业的 μ_i 值为正，意味着这些行业自身特征对绿色工艺创新绩效具有积极影响。

7.4　本章小结

本章将外商直接投资研发本土化分为内生性研发和外生性创新两个维度，然后分别实证检验了内生性研发、外生性创新对我国制造业绿色工艺创新动力、绿色工艺创新路径、绿色工艺创新绩效的影响。

第8章 外商直接投资溢出效应对制造业绿色工艺创新的影响研究

8.1 外商直接投资溢出效应的特征与形式

8.1.1 外商直接投资溢出效应的界定

最早研究外商直接投资溢出效应的学者为 MacDougall（1960），他在研究外商直接投资流入对东道国福利影响时使用了溢出效应这一概念，虽然 MacDougall 并未对溢出效应做出明确的定义，但也引起了国内外学者对溢出效应的研究，并逐步扩展该概念的内涵和外延。关于溢出效应的定义，学术界尚未形成统一的意见，学者从不同的角度定义了溢出效应，本书对一些具有代表性的定义进行了归纳，如表 8.1 所示。

表 8.1　部分具有代表性的溢出效应定义

学者	定义
Caves（1974）	由跨国公司的创新活动产生，或者由于跨国公司带来的竞争压力消除了东道国产业内原有的扭曲，从而产生的准租金。这些准租金不能完全被跨国公司获取所产生的溢出
Dunning（1993）	内资企业因与跨国公司进行接触而获得的好处
Young 和 Lan（1997）	跨国公司所拥有的知识伴随着原材料的交换和人才的流动而流出或者扩散
Blomström 和 Kokko（1998）	跨国公司在东道国实施外商直接投资，引起当地技术或生产力的进步，而跨国公司无法获取其中全部收益的一种经济外部效应
何洁（2000）	对东道国的经济效益、经济增长或发展能力产生无意识影响的间接作用，它可以发生在同一产业内或者不同的产业间
杜健（2005）	外商直接投资的溢出效应主要指的是外商直接投资对我国工业产业的技术创新和技术进步产生无意识影响的间接作用
李成刚（2008）	溢出效应是指外商直接投资所带来的"一揽子"资源对内资企业所带来非自愿技术扩散，或者其进入对内资企业原有扭曲的纠正所产生的准租金，而外商无法获取全部收益的一种经济外部性

虽然学者对溢出效应的定义还存在争议，但在外商直接投资溢出效应本质上

达成了一致观点，即外商直接投资溢出效应是外商直接投资的一种外部性影响。基于科斯的外部性理论，外商直接投资溢出效应是外商直接投资行为对东道国的一种正向、负向或不确定的影响，这种影响从成本的视角来看并没有完全被补偿，而从收益的角度来看则并没有完全被支付。正是这种外部性特征，使外商直接投资行为不仅为跨国母公司带来巨大的经济收益，也对东道国的经济与社会发展产生巨大影响。东道国获取外商直接投资溢出效应的收益时并不需要向外商直接投资企业支付成本，这使外商直接投资溢出效应对东道国影响的意义更为重要。因此，本章进一步研究外商直接投资对我国制造业绿色工艺创新的溢出效应。

参考现有定义并结合本书的研究内容，本书认为外商直接投资的溢出效应主要是指外商直接投资对我国制造业绿色工艺创新非自愿产生的，且无法直接获取全部收益（甚至无收益）的外部性影响。这种影响不仅强调外商直接投资溢出效应所带来的结果，也强调外商直接投资溢出效应的作用过程和机制。需要指出的是，由于用词习惯差异等，在研究外商直接投资溢出效应的过程中，也常用"技术溢出""技术外溢"等类似概念，这些概念同"溢出效应"不存在本质上的区别。因而，本书中出现的"溢出效应""技术溢出""技术外溢"为同一含义的不同表达。

8.1.2　外商直接投资溢出效应的特征

1. 无偿性和无收益性

无偿性是指接收方将无偿地获取外商直接投资溢出效应所带来的利益或影响，而不需要向投资方支付报酬。无收益性是指外商直接投资溢出效应所带来的收益主要被接收方获取，而投资主体无法获取或仅能获取很少的一部分。无偿性是基于接收方视角的外商直接投资溢出效应特征，而无收益性是基于投资方的外商直接投资溢出效应特征，两者互为一体，密不可分。

2. 非自愿性

非自愿性是指外商直接投资溢出效应对东道国技术创新和技术进步的影响是非自愿发生的，这种影响是投资主体对东道国无意识产生的。对于跨国公司来讲，进行外商直接投资活动的主要目的在于获取东道国的廉价资源、开辟新的产品市场、获取外部技术和知识等，从而增加公司的利润，降低企业运营的成本和风险，从而推动公司的进一步发展和成长。跨国公司进行外商直接投资的立足点在于本公司的发展而非东道国企业，并无推动东道国经济发展和技术进步的主观意愿。

3. 复杂性

复杂性是指外商直接投资溢出效应的传导机制是一个复杂且难以准确把握的系统。外商直接投资通过何种传导机制对东道国产生溢出效应，尚是学术界研究中一个未完全打开的黑箱。外商直接投资溢出效应既可能源于产业内的示范传播、市场竞争、人力资源流动，也可能源于产业间的供应链关联；而其溢出内容既可以是技术知识的流动，也可以是管理经验的学习；同时，外商直接投资溢出效应受到来自投资方和接收方众多因素的影响，因而外商直接投资的溢出效应十分复杂。

4. 隐蔽性

隐蔽性是指外商直接投资溢出效应的作用效果较为隐蔽，且难以精确衡量。外商直接投资溢出效应是伴随着跨国公司技术转移和技术扩散而存在的。不同于外商直接投资技术转移和技术扩散对东道国影响效果的直观和有迹可循，外商直接投资溢出效应的作用效果往往很难确定，只能通过科学的方法进行估计和推测。这种隐蔽性导致不少学者否认外商直接投资溢出效应的现实存在。

8.1.3 外商直接投资溢出效应的形式

近年来，不少学者对外商直接投资技术溢出的形式进行了大量研究。但外商直接投资溢出效应的具体内容和传导机制是一个很难准确描述的过程，且其作用效果也很难衡量和确定。因此，对于外商直接投资溢出效应形式的划分并不一致。总体上来看，现有关于外商直接投资溢出效应形式的研究主要分为三种视角，即基于外商直接投资溢出内容的视角、基于外商直接投资溢出机制的视角、基于外商直接投资溢出效果的视角，具体如表 8.2 所示。

表 8.2 外商直接投资溢出效应的主要形式划分

划分标准		具体分类
基于外商直接投资溢出内容的视角	技术特性	生产加工技术溢出效应、技术诀窍溢出效应、技术原理溢出效应
	职能分工	市场层面的溢出效应、生产层面的溢出效应、研发层面的溢出效应
基于外商直接投资溢出机制的视角	传导途径	示范效应、竞争效应、人力资本流动效应、关联效应或示范-竞争效应、人力资本流动效应、关联效应
	产生范围	产业内溢出效应、产业间溢出效应
	作用机制	知识溢出效应、市场溢出效应和网络溢出效应
基于外商直接投资溢出效果的视角	影响方向	积极型溢出效应、消极型溢出效应、双面型溢出效应
	发展趋势	趋同型溢出效应和竞争型溢出效应
	作用效果	分配效率溢出效应、技术效率溢出效应、技术转让溢出效应

1. 基于外商直接投资溢出内容的视角

由于外商直接投资技术溢出的具体内容尚未达成一致观点，所以基于溢出内容视角的外商直接投资溢出效应形式划分也存在不同的观点。

（1）按外商直接投资溢出内容的技术特性进行划分，外商直接投资溢出效应的形式主要包括生产加工技术的溢出效应、技术诀窍的溢出效应和技术原理的溢出效应三种。

（2）按外商直接投资溢出内容的职能分工进行划分，外商直接投资溢出效应的形式主要包括市场层面的溢出效应、生产层面的溢出效应和研发层面的溢出效应三种。

2. 基于外商直接投资溢出机制的视角

外商直接投资溢出效应的传导机制是一个复杂的过程，是外商直接投资溢出效应研究中的黑箱，不同学者对外商直接投资溢出效应传导机制的观点存在较大差异。

（1）按外商直接投资溢出效应的传导途径进行划分，外商直接投资溢出效应的形式主要包括示范效应、竞争效应、人力资本流动效应和关联效应四种；也有学者认为示范效应和竞争效应两种作用机制存在共生现象，即两种效应往往同时产生，因而外商直接投资溢出效应的形式也包括示范-竞争效应、人力资本流动效应和关联效应三种。

（2）按外商直接投资溢出效应传导机制的产生范围进行划分，外商直接投资溢出效应的形式主要包括产业内的溢出效应和产业间的溢出效应两种，也被称为水平溢出效应和垂直溢出效应。

（3）按外商直接投资溢出效应的作用机制进行划分，外商直接投资溢出效应的形式主要包括知识溢出效应、市场溢出效应和网络溢出效应三种。

3. 基于外商直接投资溢出效果的视角

外商直接投资是否对东道国产生了一致的溢出效果，目前尚存在争议，从而导致外商直接投资溢出效应形式的划分存在不同的观点。

（1）按外商直接投资溢出效果的影响方向进行划分，外商直接投资溢出效应的形式主要包括积极型溢出效应（正向溢出效应）、消极型溢出效应（负向溢出效应）、双面型溢出效应三种。

（2）按外商直接投资溢出效应的动态发展趋势进行划分，外商直接投资溢出效应的形式主要包括趋同型溢出效应和竞争型溢出效应两种。

（3）按外商直接投资溢出效应的具体作用效果进行划分，外商直接投资溢出效应的形式主要包括分配效率溢出效应、技术效率溢出效应、技术转让溢出效应三种。

　　不同外商直接投资溢出效应形式的划分将导致不同的研究结论。参考普遍接受的观点，并结合本书研究的可行性，本书将从示范–竞争效应、人力资本流动效应和关联效应三种形式进一步研究外商直接投资对我国制造业绿色工艺创新的溢出效应。

8.2　外商直接投资溢出效应对制造业绿色工艺创新动力的影响

8.2.1　示范–竞争效应对绿色工艺创新动力的影响

1. 模型、变量与数据

　　结合面板数据建模的基本思想，本书建立如下模型分析示范–竞争效应对我国制造业绿色工艺创新动力的影响：

$$GPID_{it} = c + \alpha FDI_{it}^{CD} + \mu_i + \varepsilon_{it} \tag{8.1}$$

其中，GPID 为绿色工艺创新动力，数据源于前文绿色工艺创新动力的实证评价结果；FDI^{CD} 为示范–竞争效应，用行业销售收入中外商直接投资所占比重来衡量。

　　本节实证研究的样本数据为我国制造业 2004~2010 年 28 个行业的面板数据。数据源于《工业企业科技活动统计资料》。"烟草制品业"和"废弃资源和废旧材料回收加工业"的数据不连贯，因此本书最终选择的样本行业共 28 个。表 8.3 列出了 2004~2010 年示范–竞争效应数据的统计描述。

表 8.3　示范–竞争效应数据的统计描述

统计量	均值	中位数	最大值	最小值	标准差	观测量/个	截面数/个
FDI^{CD}	0.344 4	0.322 0	0.835 8	0.101 8	0.155 4	196	28

2. 实证分析及结论探讨

　　根据 F 检验和 Hausman 检验的结果，本书选择用固定效应模型进行分析，其结果如表 8.4 所示。

表 8.4　示范-竞争效应对我国制造业绿色工艺创新动力的影响

变量	系数	标准误差	t 统计值	概率
C	0.596 364***	0.125 372	4.756 760	0.000 0
FDI^{CD}	2.317 664***	0.362 554	6.392 600	0.000 0
R^2	0.824 174		F 检验	14.295 399***
调整的 R^2	0.794 694		Hausman 检验	11.901 664***
F 统计值	27.957 18***		估计模型	FE
D-W	2.311 075		估计方法	EGLS
观测量/个	196		截面数/个	28

***、**、*分别表示在 1%、5%、10%的显著水平

注：FE 为固定效应模型

如表 8.4 所示，示范-竞争效应对我国制造业绿色工艺创新动力具有显著的正向影响。FDI^{CD} 的回归系数约为 2.317 7，意味着外商直接投资示范-竞争效应每提高 1 百分点，我国制造业绿色工艺创新动力将提高约 2.317 7 百分点。

此外，外商直接投资示范-竞争效应影响我国制造业绿色工艺创新动力时，各行业自身特征对绿色工艺创新动力的影响表现出一定的行业差异性，具体如表 8.5 所示。

从表 8.5 可知，农副食品加工业、家具制造业等低污染行业的 μ_i 值为负，表明这些行业自身特征导致进行绿色工艺创新的动力不足；而石油加工炼焦及核燃料加工业、医药制造业等高污染行业的 μ_i 值为正，意味着这些行业自身特征所导致的绿色工艺创新动力较强。

表 8.5　μ_i 所对应的值（二）

行业代码	μ_i	行业代码	μ_i	行业代码	μ_i	行业代码	μ_i
C13	−0.109 1	C21	−0.321 3	C28	0.138 5	C35	0.381 2
C14	−0.241 2	C22	−0.180 0	C29	0.166 4	C36	0.435 8
C15	−0.376 8	C23	−0.071 7	C30	−0.230 5	C37	0.096 2
C17	0.380 8	C24	−0.704 3	C31	0.412 8	C38	0.308 2
C18	−0.111 5	C25	0.206 4	C32	0.488 4	C39	−0.318 9
C19	−0.711 6	C26	0.287 6	C33	0.337 2	C40	−0.390 3
C20	0.079 3	C27	0.315 5	C34	0.066 9	C41	−0.33 4

8.2.2　人力资本流动效应对绿色工艺创新动力的影响

1. 模型、变量与数据

结合面板数据建模的基本思想，本书建立如下模型分析人力资本流动效应对我国制造业绿色工艺创新动力的影响。

$$GPID_{it} = c + \beta FDI_{it}^{HC} + \mu_i + \varepsilon_{it} \qquad (8.2)$$

其中，GPID 为绿色工艺创新动力，数据源于前文绿色工艺创新动力的实证评价结果；FDI^{HC} 为人力资本流动效应，用行业员工数中外商直接投资所占比重衡量。FDI^{HC} 的数据源于《工业企业科技活动统计资料》。表 8.6 列出了力资本流动效应数据的统计描述。

表 8.6　人力资本流动效应数据的统计描述

统计量	均值	中位数	最大值	最小值	标准差	观测量/个	截面数/个
FDI^{HC}	0.3148	0.2598	0.7530	0.0676	0.1743	196	28

2. 实证分析及结论探讨

根据 F 检验和 Hausman 检验的结果，本书选择用固定效应模型分析人力资本流动效应对我国制造业绿色工艺创新动力的影响，其结果如表 8.7 所示。

表 8.7　人力资本流动效应对我国制造业绿色工艺创新动力的影响

变量	系数	标准误差	t 统计值	概率
C	0.280385	0.181593	1.544030	0.1245
FDI^{HC}	3.539235***	0.575659	6.148142	0.0000
R^2	0.782861		F 检验	16.985652***
调整的 R^2	0.746455		Hausman 检验	21.918771***
F 统计值	21.50332***		估计模型	FE
D-W	2.217361		估计方法	EGLS
观测量/个	196		截面数/个	28

***、**、*分别表示在 1%、5%、10%的显著水平

注：FE 为固定效应模型

如表 8.7 所示，人力资本流动效应与我国制造业绿色工艺创新动力呈显著的正相关关系。FDI^{HC} 的回归系数约为 3.5392，且通过了 1%水平下的显著性检验，意味着外商直接投资人力资本流动效应每提高 1 百分点，我国制造业绿色工艺创新动力将提高约 3.5392 百分点。

此外，外商直接投资的人力资本流动效应影响我国制造业绿色工艺创新动力

时，各行业自身特征对绿色工艺创新动力的影响表现出了一定的行业差异性，具体如表 8.8 所示。

表 8.8　μ_i 所对应的值（三）

行业代码	μ_i	行业代码	μ_i	行业代码	μ_i	行业代码	μ_i
C13	0.063 5	C21	−0.681 3	C28	0.416 0	C35	0.640 4
C14	−0.099 4	C22	0.033 0	C29	0.000 5	C36	0.583 6
C15	−0.085 8	C23	−0.039 8	C30	−0.531 9	C37	0.547 2
C17	0.360 9	C24	−1.425 3	C31	0.618 2	C38	0.025 4
C18	−0.556 5	C25	0.493 6	C32	0.828 3	C39	−0.704 8
C19	−1.373 1	C26	0.716 6	C33	0.583 5	C40	−0.456 5
C20	0.208 5	C27	0.521 5	C34	0.074 6	C41	−0.761 0

8.2.3　关联效应对绿色工艺创新动力的影响

1. 模型、变量与数据

结合面板数据建模的基本思想，本书建立如下模型分析关联效应对我国制造业绿色工艺创新动力的影响。

$$\text{GPID}_{it} = c_1 + \alpha_1 \text{FS}_{it}^{\text{RD}} + \beta_1 \text{BS}_{it} + \mu_{i1} + \varepsilon_{it1} \tag{8.3}$$

$$\text{GPID}_{it} = c_2 + \alpha_2 \text{FS}_{it}^{\text{TR}} + \beta_2 \text{BS}_{it} + \mu_{i2} + \varepsilon_{it2} \tag{8.4}$$

其中，GPID 为绿色工艺创新动力，数据源于前文绿色工艺创新动力的实证评价结果；FS^{RD} 为基于研发的前向关联效应；FS^{TR} 为基于技术改造升级的前向关联效应；BS 为后向关联效应。

参考 Coe 和 Helpman（1995）衡量国际研发溢出的思想及 Javorcik（2004）计算前向关联的方法（Coe and Helpman，1995；Javorcik，2004），本书采用式（8.5）、式（8.6）来计算 FS^{RD} 和 FS^{TR}：

$$\text{FS}_{it}^{\text{RD}} = \sum_{j(j \neq i)} \sigma_{ji} \times Y_{it} \times \left(\frac{\text{TS}_{jt}^{\text{FDI}} - \text{ES}_{jt}^{\text{FDI}}}{\text{TS}_{jt} - \text{ES}_{jt}} \right) \times \left(\frac{\text{RD}_{jt}^{\text{FDI}}}{\text{TS}_{jt}^{\text{FDI}}} \right) \tag{8.5}$$

$$\text{FS}_{it}^{\text{TR}} = \sum_{j(j \neq i)} \sigma_{ji} \times Y_{it} \times \left(\frac{\text{TS}_{jt}^{\text{FDI}} - \text{ES}_{jt}^{\text{FDI}}}{\text{TS}_{jt} - \text{ES}_{jt}} \right) \times \left(\frac{\text{TR}_{jt}^{\text{FDI}}}{\text{TS}_{jt}^{\text{FDI}}} \right) \tag{8.6}$$

其中，σ_{ji} 为产出部门 i 的产品消耗各投入部门 j 的产品的数量；Y 为整个行业的工业总产值；TS 和 ES 分别为整个行业的工业销售产值和出口交付值；TS^{FDI} 和 ES^{FDI} 则分别为外商直接投资的工业销售产值和出口交付值；RD^{FDI} 为外商直接投资的研发经费内部支出；$\mathrm{TR}^{\mathrm{FDI}}$ 为外商直接投资的技术改造经费支出。

参考毕克新等（2012）计算后向关联效应的思想，本书采用式（8.7）来计算 BS：

$$\mathrm{BS}_{it} = \sum_{j(j \neq i)} \sigma_{ij} Y_{jt}^f \tag{8.7}$$

其中，σ_{ij} 为投入部门 i 的产品被作为产出部门 j 的中间投入品的数量；Y_{jt}^f 为 i 的所有下游行业 j 中外商直接投资企业销售产值比重。

实证数据来源于历年的《中国工业经济统计年鉴》、《工业企业科技活动统计资料》和《中国投入产出表 2007》。由于中国投入产出表每 5 年编制一次，2004~2007 年的直接消耗系数采用 2007 年的数据，而 2007 年之后投入产出关系的数据还无法获取，因此假设 2008 年的直接消耗系数保持不变。表 8.9 列出了关联效应数据的统计描述。

表 8.9　关联效应数据的统计描述

统计量	均值	中位数	最大值	最小值	标准差	观测量/个	截面数/个
$\mathrm{FS}^{\mathrm{RD}}$	6.991 0	3.787 6	73.463 3	0.276 6	9.794 1	196	28
$\mathrm{FS}^{\mathrm{TR}}$	4.726 2	3.741 7	17.736 7	0.362 8	3.200 0	196	28
BS	120 0	669	6012	19	1275	196	28

2. 实证分析及结论探讨

根据 F 检验和 Hausman 检验的结果，本书选择固定效应模型分析关联效应对我国制造业绿色工艺创新动力的影响，其结果如表 8.10 和表 8.11 所示。其中，表 8.10 为基于研发的前向关联效应和后向关联效应的回归结果，表 8.11 为基于技术改造升级的前向关联效应和后向关联效应的回归结果。

表 8.10　基于研发的前向关联效应和后向关联效应的回归结果（一）

变量	系数	标准误差	t 统计值	概率
C	1.469 912	0.029 703	49.487 11	0.000 0
$\mathrm{FS}^{\mathrm{RD}}$	−0.012 577***	0.003 679	−3.418 113	0.000 8
BS	1.05×10^{-5}	2.38×10^{-5}	0.442 414	0.658 8
R^2	0.792 521		F 检验	21.707 545***
调整的 R^2	0.756 274		Hausman 检验	16.768 617***
F 统计值	21.864 84***		估计模型	FE
D-W	2.112 348		估计方法	EGLS
观测量/个	196		截面数/个	28

***、**、*分别表示在 1%、5%、10%的显著水平

注：FE 为固定效应模型

（1）基于研发的外商直接投资前向关联效应对我国制造业绿色工艺创新动力的影响。如表 8.10 所示，FS^{RD} 的回归系数约为-0.012 6，意味着基于研发的外商直接投资前向关联效应每提高 1 百分点，我国制造业绿色工艺创新动力将降低约 0.0126 百分点，这表明基于研发的外商直接投资前向关联效应与我国制造业绿色工艺创新动力呈显著的负相关关系。

表 8.11　基于技术改造升级的前向关联效应和后向关联效应的回归结果（一）

变量	系数	标准误差	t 统计值	概率
C	1.432 367	0.062 599	22.881 75	0.000 0
FS^{TR}	0.000 897	0.012 600	0.071 190	0.943 3
BS	-3.50×10^{-5}	2.16×10^{-5}	$-1.618\,485$	0.107 5
R^2	0.782 441	F 检验		19.463 618***
调整的 R^2	0.744 433	Hausman 检验		6.310 771**
F 统计值	20.586 58***	估计模型		FE
D-W	2.032 810	估计方法		EGLS
观测量/个	196	截面数/个		28

***、**、*分别表示在 1%、5%、10%的显著水平

注：FE 为固定效应模型

（2）基于技术改造升级的外商直接投资前向关联效应对我国制造业绿色工艺创新动力的影响。如表 8.11 所示，虽然 FS^{TR} 的回归系数为正，但并未通过显著性检验，意味着基于技术改造升级的外商直接投资前向关联效应对我国制造业绿色工艺创新动力的影响并不明显。

（3）外商直接投资后向关联效应对我国制造业绿色工艺创新动力的影响。不论是在表 8.10 的结果中，还是在表 8.11 的结果中，BS 的回归系数均为未通过 10%水平下的显著性检验，表明外商直接投资后向关联效应对我国制造业绿色工艺创新动力的影响同样不显著。

此外，各行业自身特征影响外商直接投资前后关联效应对我国制造业绿色工艺创新动力作用效果的差异性如表 8.12 所示。

表 8.12 μ_{i1}、μ_{i2} 的值（一）

行业代码	μ_{i1}	μ_{i2}	行业代码	μ_{i1}	μ_{i2}	行业代码	μ_{i1}	μ_{i2}
C13	−0.350 2	−0.279 6	C24	−0.058 5	−0.196 5	C34	0.019 1	0.049 9
C14	−0.224 5	−0.212 4	C25	−0.387 7	−0.310 9	C35	0.233 5	0.250 7
C15	−0.373 1	−0.360 9	C26	0.000 8	0.209 8	C36	0.348 1	0.212 9
C17	0.059 2	0.167 7	C27	0.071 6	0.075 6	C37	0.372 7	0.315 3
C18	0.093 5	0.066 8	C28	0.029 5	0.007 1	C38	0.422 6	0.364 1
C19	−0.399 6	−0.387 7	C29	0.238 9	0.205 1	C39	0.722 4	0.785 0
C20	−0.331 5	−0.309 0	C30	−0.130 1	−0.099 1	C40	0.728 9	0.175 9
C21	−0.084 9	−0.092 1	C31	−0.024 2	0.018 8	C41	−0.263 4	−0.281 5
C22	−0.236 8	−0.200 1	C32	−0.092 4	0.087 1			
C23	−0.187 8	−0.225 9	C33	−0.196 5	−0.035 9			

8.3 外商直接投资溢出效应对制造业绿色工艺创新路径的影响

8.3.1 示范–竞争效应对绿色工艺创新路径的影响

1. 模型、变量与数据

结合面板数据建模的基本思想，本书建立如下模型分析示范–竞争效应对我国制造业绿色工艺创新路径的影响。

$$\text{GPIP}_{it}^{\text{RD}} = c_1 + \alpha_1 \text{FDI}_{it}^{\text{CD}} + \mu_{i1} + \varepsilon_{it1} \qquad (8.8)$$

$$\text{GPIP}_{it}^{\text{TA}} = c_2 + \alpha_2 \text{FDI}_{it}^{\text{CD}} + \mu_{i2} + \varepsilon_{it2} \qquad (8.9)$$

$$\text{GPIP}_{it}^{\text{CH}} = c_3 + \alpha_3 \text{FDI}_{it}^{\text{CD}} + \mu_{i3} + \varepsilon_{it3} \qquad (8.10)$$

其中，GPIP^{RD} 为研发式绿色工艺创新路径；GPIP^{TA} 为获取式绿色工艺创新路径；GPIP^{CH} 为两种绿色工艺创新路径的选择，上述三个指标的衡量方式见第 5 章；FDI^{CD} 为示范–竞争效应，用行业销售收入中外商直接投资所占比重衡量。

本节实证研究的样本数据为我国制造业 2004~2008 年 28 个行业的面板数据，数据源于《工业企业科技活动统计资料》。"烟草制品业"和"废弃资源和废旧材料回收加工业"的数据不连贯，本书最终选择的样本行业共 28 个。

2. 实证分析及结果探讨

根据 F 检验和 Hausman 检验的结果，本书选择用固定效应模型进行分析，具体结果如表 8.13 所示。

表 8.13　示范–竞争效应对我国制造业绿色工艺创新路径的影响

解释变量	$CPIP^{RD}$	$CPIP^{TA}$	$CPIP^{CH}$
C	0.413 780*** （3.814 392）	0.495 932** （2.495 519）	1.291 799*** （7.159 054）
FDI^{CD}	0.638 745** （2.116 029）	2.763 401** （4.999 025）	−2.095 334*** （−4.169 083）
调整的 R^2	0.939 038	0.925 907	0.723 237
F 统计值	77.468 03***	63.036 69***	13.972 67***
D-W	1.986 427	1.444 125	2.386 881
F 检验	65.093 988***	52.177 840***	8.664 748***
Hausman 检验	2.248 881	14.015 024***	30.631 822***
模型/方法	FE/EGLS	FE/EGLS	FE/EGLS
截面数/观测量	28/140	28/140	28/140

***、**、*分别表示在 1%、5%、10%的显著水平

注：FE 为固定效应模型

（1）外商直接投资示范–竞争效应与我国制造业研发式绿色工艺创新路径的关系。如表 8.13 所示，FDI^{CD} 对 $GPIP^{RD}$ 的回归系数约为 0.638 7，且通过了 5%水平下的显著性检验，意味着外商直接投资示范效应每增加 1 百分点，研发式绿色工艺创新投入将增加约 0.638 7 百分点，这表明外商直接投资示范–竞争效应对我国制造业研发式绿色工艺创新路径具有正向影响。

（2）外商直接投资示范–竞争效应与我国制造业获取式绿色工艺创新路径的关系。从表 8.13 可知，FDI^{CD} 对 $GPIP^{TA}$ 的回归系数为 2.763 4，且通过了 5%水平下的显著性检验，这表明外商直接投资示范–竞争效应对获取式绿色工艺创新路径具有较为显著的正向影响。相比而言，外商直接投资示范–竞争效应对获取式工艺创新路径的正向影响大于对研发式绿色工艺创新路径的正向影响。

（3）在两种绿色工艺创新路径的选择方面，外商直接投资示范–竞争效应的增加使得选择获取式绿色工艺创新路径的比重增加。如表 8.13 所示，FDI^{CD} 对 $GPIP^{CH}$ 的回归系数为−2.095 3，且在 1%的水平下通过了显著性检验，意味着研发式绿色工艺创新路径与获取式绿色工艺创新路径的比例，随着示范–竞争效应的增加而降低，这表明在外商直接投资示范–竞争效应的影响下，我国制造业更倾向于选择获取式绿色工艺创新路径。

此外，外商直接投资示范–竞争效应影响我国制造业绿色工艺创新路径时，各行业自身特征对绿色工艺创新路径的影响表现出了一定的行业差异性，具体如表 8.14 所示。

表 8.14　μ_{i1}、μ_{i2}、μ_{i3} 的值（一）

行业代码	μ_{i1}	μ_{i2}	μ_{i3}	行业代码	μ_{i1}	μ_{i2}	μ_{i3}
C13	-0.347 6	-0.793 6	-0.174 3	C28	0.017 0	0.508 6	-0.331 4
C14	-0.104 6	-0.818 5	0.302 2	C29	0.134 3	0.250 9	-0.037 9
C15	0.389 4	0.420 7	0.037 2	C30	-0.162 7	-0.814 3	0.257 9
C17	-0.189 4	-0.096 8	-0.417 3	C31	0.079 8	0.606 9	-0.508 4
C18	-0.407 6	-1.208 8	0.303 5	C32	0.421 1	4.127 8	-0.826 2
C19	-0.618 8	-1.609 6	0.197 3	C33	0.409 6	1.959 0	-0.629 9
C20	-0.135 0	-0.086 4	-0.369 9	C34	-0.133 4	-0.416 5	-0.071 8
C21	-0.556 2	-1.647 1	0.632 3	C35	0.340 5	0.691 1	-0.228 2
C22	0.191 3	0.275 3	-0.070 5	C36	0.454 9	1.049 1	-0.276 5
C23	-0.030 5	0.214 6	-0.252 4	C37	0.269 0	0.351 9	0.112 2
C24	-0.444 7	-1.896 8	1.485 2	C38	0.268 2	-0.244 8	0.208 4
C25	-0.255 9	0.718 6	-0.893 5	C39	-0.480 7	-2.101 8	1.106 5
C26	0.572 1	1.796 5	-0.343 0	C40	-0.182 8	-1.326 0	0.734 8
C27	0.729 3	0.974 1	-0.137 3	C41	-0.226 4	-0.884 2	0.191 0

8.3.2　人力资本流动效应对绿色工艺创新路径的影响

1. 模型、变量与数据

结合面板数据建模的基本思想，本书建立如下模型分析人力资本流动效应对我国制造业绿色工艺创新路径的影响：

$$\mathrm{GPIP}_{it}^{\mathrm{RD}} = c_1 + \beta \mathrm{FDI}_{it}^{\mathrm{HC}} + \mu_{i1} + \varepsilon_{it1} \tag{8.11}$$

$$\mathrm{GPIP}_{it}^{\mathrm{TA}} = c_2 + \beta \mathrm{FDI}_{it}^{\mathrm{HC}} + \mu_{i2} + \varepsilon_{it2} \tag{8.12}$$

$$\mathrm{GPIP}_{it}^{\mathrm{CH}} = c_3 + \beta \mathrm{FDI}_{it}^{\mathrm{HC}} + \mu_{i3} + \varepsilon_{it3} \tag{8.13}$$

其中，$\mathrm{GPIP}^{\mathrm{RD}}$ 为研发式绿色工艺创新路径；$\mathrm{GPIP}^{\mathrm{TA}}$ 为获取式绿色工艺创新路径；$\mathrm{GPIP}^{\mathrm{CH}}$ 为两种绿色工艺创新路径选择，上述三个指标的衡量方式见第 5 章；$\mathrm{FDI}^{\mathrm{HC}}$ 为人力资本流动效应，用行业员工数中外商直接投资所占比重衡量。

本节实证研究的样本数据为我国制造业 2004~2008 年 28 个行业的面板数据，数据源于《工业企业科技活动统计资料》。"烟草制品业"和"废弃资源和废旧材料回收加工业"的数据不连贯，因此本书最终选择的样本行业共 28 个。

2. 实证分析及结论探讨

根据 F 检验和 Hausman 检验的结果，本书选择用固定效应模型分析人力资本流动效应对我国制造业绿色工艺创新路径的影响，具体结果如表 8.15 所示。

表 8.15　人力资本流动效应对我国制造业绿色工艺创新路径的影响

解释变量	CPIPRD	CPIP^{TA}	CPIP^{CH}
C	1.474 401*** （8.518 543）	2.856 337*** （8.188 222）	0.930 798*** （4.963 325）
FDI^{HC}	−2.595 724*** （−4.809 053）	−4.273 712*** （−3.930 494）	−1.219 986** （−2.085 155）
调整的 R^2	0.900 811	0.908 502	0.764 098
F 统计值	46.084 31***	50.291 43***	17.079 55
D-W	2.038 017	1.416 643	2.453 441
F 检验	41.757 312***	27.467 607***	8.175 671***
Hausman 检验	7.876 531***	0.611 152	15.955 527***
模型/方法	FE/EGLS	FE/EGLS	FE/EGLS
截面数/观测量	28/140	28/140	28/140

***、**、*分别表示在 1%、5%、10%的显著水平

注：FE 为固定效应模型

（1）人力资本流动效应与我国制造业研发式绿色工艺创新路径的关系。

如表 8.15 所示，FDI^{HC} 对 GPIPRD 的回归系数约为−2.595 7，意味着外商直接投资的人力资本流动效应每增加 1 百分点，研发式绿色工艺创新投入将降低约 2.595 7 百分点，这表明人力资本流动效应对我国制造业研发式绿色工艺创新路径具有负向影响。

（2）人力资本流动效应与我国制造业获取式绿色工艺创新路径的关系。

从表 8.15 可知，FDI^{HC} 对 GPIP^{TA} 的回归系数约为−4.273 7，且通过了 1%水平下的显著性检验，表明人力资本流动效应对获取式绿色工艺创新路径具有较为显著的负向影响。相比而言，外商直接投资示范-竞争效应对获取式绿色工艺创新路径的负向影响大于对研发式绿色工艺创新路径的负向影响。一个可能的解释为外资企业较高的薪酬待遇导致了我国绿色工艺创新人才的流失。

（3）在两种绿色工艺创新路径的选择方面，人力资本流动效应与两种绿色工艺创新路径的比值呈负相关关系。

如表 8.15 所示，FDI^{HC} 对 GPIP^{CH} 的回归系数为−1.22，且在 5%的水平下通过显著性检验，意味着人力资本流动效应每增加 1 百分点，研发式绿色工艺创新路径与获取式绿色工艺创新路径的比例将降低 1.22 百分点，这表明在人力资本流动效应的影响下，我国制造业更倾向于选择获取式绿色工艺创新路径。

此外，人力资本流动效应影响我国制造业绿色工艺创新路径时，各行业自身特征对绿色工艺创新路径的影响表现出了一定的行业差异性，具体如表 8.16 所示。

表 8.16　μ_{i1}、μ_{i2}、μ_{i3} 的值（二）

行业代码	μ_{i1}	μ_{i2}	μ_{i3}	行业代码	μ_{i1}	μ_{i2}	μ_{i3}
C13	−0.630 0	−1.383 1	−0.132 6	C28	−0.332 5	−0.177 6	−0.340 6
C14	−0.157 4	−0.858 8	0.212 1	C29	0.315 0	0.587 2	−0.007 1
C15	0.194 9	0.138 8	−0.107 7	C30	0.186 7	−0.149 7	0.297 3
C17	−0.442 6	−0.705 9	−0.267 3	C31	−0.483 2	−0.616 2	−0.358 5
C18	0.163 4	−0.102 2	0.338 9	C32	−0.355 3	2.461 6	−0.648 2
C19	0.255 9	0.099 3	0.232 2	C33	−0.240 6	0.544 3	−0.453 7
C20	−0.563 2	−1.045 6	−0.215 4	C34	−0.162 5	−0.475 9	−0.069 4
C21	0.073 1	−0.355 2	0.570 1	C35	−0.050 8	−0.088 4	−0.222 9
C22	0.005 5	−0.047 9	−0.133 8	C36	0.119 3	0.340 1	−0.215 1
C23	−0.170 4	−0.092 2	−0.211 2	C37	0.133 6	0.283 6	−0.168 0
C24	0.665 7	0.351 8	1.418 8	C38	0.524 0	0.202 6	0.292 1
C25	−1.025 0	−0.961 6	−0.675 5	C39	0.891 1	0.958 7	0.628 9
C26	0.032 5	0.749 3	−0.374 4	C40	0.515 5	0.315 3	0.375 2
C27	0.327 7	0.128 9	−0.068 6	C41	0.209 5	−0.101 2	0.304 6

8.3.3　关联效应对绿色工艺创新路径的影响

1. 基于研发的前向关联效应和后向关联效应的影响

结合面板数据建模的基本思想，本书建立如下模型分析基于研发的前向关联效应和后向关联效应对我国制造业绿色工艺创新路径的影响：

$$\text{GPIP}_{it}^{\text{RD}} = c_1 + \alpha_1 \text{FS}_{it}^{\text{RD}} + \beta_1 \text{BS}_{it} + \mu_{i1} + \varepsilon_{it1} \qquad (8.14)$$

$$\text{GPIP}_{it}^{\text{TA}} = c_2 + \alpha_2 \text{FS}_{it}^{\text{RD}} + \beta_2 \text{BS}_{it} + \mu_{i2} + \varepsilon_{it2} \qquad (8.15)$$

$$\text{GPIP}_{it}^{\text{CH}} = c_3 + \alpha_3 \text{FS}_{it}^{\text{RD}} + \beta_3 \text{BS}_{it} + \mu_{i3} + \varepsilon_{it3} \qquad (8.16)$$

其中，GPIP^{RD} 为研发式绿色工艺创新路径；GPIP^{TA} 为获取式绿色工艺创新路径；GPIP^{CH} 为两种绿色工艺创新路径选择，上述三个指标的衡量方式见第 5 章；FS^{RD} 为基于研发的前向关联效应；BS 为后向关联效应，指标衡量方式参见 8.2.3 小节。

本节实证研究的样本数据为我国制造业 2004~2008 年 28 个行业的面板数据，数据源于《中国工业经济统计年鉴》、《工业企业科技活动统计资料》和《中国投入产出表 2007》。中国投入产出表每 5 年编制一次，2004~2007 年的直接消耗系数采用 2007 年的数据，而 2007 年之后投入产出关系的数据还无法获取，因此假设后两年的直接消耗系数保持不变。"烟草制品业"和"废弃资源和废旧材料回收加工业"的数据不连贯，因此本书最终选择的样本行业共 28 个。

根据 F 检验和 Hausman 检验的结果，本书选择用固定效应进行分析，具体结果如表 8.17 所示。

表 8.17　基于研发的前向关联效应和后向关联效应的回归结果（二）

解释变量	CPIPRD	CPIP^{TA}	CPIP^{CH}
C	0.820 149*** （0.028 474）	2.116 822*** （31.866 36）	0.499 471*** （26.722 35）
FSRD	−0.005 256 （0.003 458）	−0.004 325 （−1.349 845）	0.001 160 （0.311 444）
BS	−0.000 145*** （3.03×10^{-5}*）	−0.000 590*** （−8.619 433）	3.34×10^{-5}* （2.847 952）
调整的 R^2	0.946 252	0.961 061	0.871 203
F 统计值	85.384 43	119.300 4	33.421 39
D-W	2.342 560	1.683 119	2.338 205
F 检验	73.211 124***	93.859 379***	22.925 253***
Hausman 检验	14.811 887***	45.552 188***	1.917 608
模型/方法	FE/EGLS	FE/EGLS	FE/EGLS
截面数/观测量	28/140	28/140	28/140

***、**、*分别表示在 1%、5%、10%的显著水平

注：FE 为固定效应模型

（1）基于研发的前向关联效应对我国制造业两种绿色工艺创新路径及路径选择的影响。

如表 8.17 所示，FSRD 对研发式绿色工艺创新路径和获取式绿色工艺创新路径的回归系数都未通过显著性检验，意味着基于研发的前向关联效应对我国制造业绿色工艺创新路径的影响并不显著。同样，FSRD 对 GPIP^{CH} 的回归系数虽然为正，但也未通过显著性检验，这表明基于研发的前向关联效应对我国制造业绿色工艺创新路径选择的影响也不显著。

（2）后向关联效应对我国制造业绿色工艺创新路径具有较为显著的影响。

从对绿色工艺创新路径的影响来看，后向关联效应对我国制造业两种绿色工艺创新路径均具有负向的影响。如表 8.17 所示，FSRD 对 CPIPRD、CPIP^{TA} 的回归系数均为负数，且在 1%的水平下通过了显著性检验，意味着后向关联效应对我国制造业研发式绿色工艺创新路径和获取式绿色工艺创新路径具有显著的不利影响。相对而言，后向关联效应对获取式绿色工艺创新路径的影响更显著。

从对绿色工艺创新路径选择的影响来看，FSRD 对 CPIP^{CH} 的回归系数为正，其通过了 1%水平下的显著性检验，表明随着后向关联效应的增加，研发式绿色工艺创新路径与获取式绿色工艺创新路径的比值将扩大，即在后向关联效应的影响下，我国制造业更倾向于选择研发式绿色工艺创新路径。

此外，表 8.18 列出了基于研发的前向关联效应和后向关联效应影响的我国制造业绿色工艺创新路径时，各行业自身特征的影响。

表 8.18　μ_{i1}、μ_{i2}、μ_{i3} 的值（三）

行业代码	μ_{i1}	μ_{i2}	μ_{i3}	行业代码	μ_{i1}	μ_{i2}	μ_{i3}
C13	−0.452 7	−1.149 6	−0.008 5	C28	−0.098 6	0.043 8	−0.178 8
C14	−0.240 6	−1.303 6	0.280 2	C29	0.074 7	0.013 3	−0.068 2
C15	0.261 6	−0.034 7	0.022 9	C30	0.014 9	−0.088 3	0.115 5
C17	−0.156 0	0.087 6	−0.206 4	C31	−0.045 7	0.114 7	−0.142 6
C18	−0.472 9	−1.437 7	0.129 0	C32	0.562 1	4.726 9	−0.417 4
C19	−0.635 9	−1.600 3	−0.104 8	C33	0.496 1	2.351 5	−0.258 2
C20	−0.318 8	−0.805 6	−0.038 4	C34	−0.011 9	0.073 1	−0.086 7
C21	−0.608 6	−1.790 0	0.353 1	C35	0.480 5	1.196 1	−0.106 4
C22	0.159 8	0.190 3	−0.043 8	C36	0.331 9	0.430 5	−0.069 7
C23	−0.186 6	−0.412 4	−0.129 5	C37	0.246 8	0.253 5	−0.058 7
C24	−0.403 5	−1.783 2	0.997 6	C38	0.403 8	0.205 6	0.147 7
C25	−0.438 5	0.015 7	−0.380 5	C39	−0.126 9	−0.541 8	0.112 1
C26	0.880 9	3.108 0	−0.233 6	C40	0.096 8	−0.739 3	0.112 8
C27	0.499 5	0.081 0	0.124 9	C41	−0.312 4	−1.205 0	0.136 6

2. 基于技术改造升级的前向关联效应和后向关联效应的影响

结合面板数据建模的基本思想，本书建立如下模型分析基于研发的前向关联效应和后向关联效应对我国制造业绿色工艺创新路径的影响：

$$\text{GPIP}_{it}^{\text{RD}} = c_1 + \alpha_1 \text{FS}_{it}^{\text{TR}} + \beta_1 \text{BS}_{it} + \mu_{i1} + \varepsilon_{it1} \tag{8.17}$$

$$\text{GPIP}_{it}^{\text{TA}} = c_2 + \alpha_2 \text{FS}_{it}^{\text{TR}} + \beta_2 \text{BS}_{it} + \mu_{i2} + \varepsilon_{it2} \tag{8.18}$$

$$\text{GPIP}_{it}^{\text{CH}} = c_3 + \alpha_3 \text{FS}_{it}^{\text{TR}} + \beta_3 \text{BS}_{it} + \mu_{i3} + \varepsilon_{it3} \tag{8.19}$$

其中，GPIP^{RD} 为研发式绿色工艺创新路径；GPIP^{TA} 为获取式绿色工艺创新路径；GPIP^{CH} 为两种绿色工艺创新路径选择，上述三个指标的衡量方式见第 5 章；FS^{TR} 为基于技术改造升级的前向溢出效应；BS 为后向关联溢出效应，指标衡量方式参见 8.2.3 小节。数据来源参见前文。

根据 F 检验和 Hausman 检验的结果，本书选择用固定效应进行分析，具体结果如表 8.19 所示。

表 8.19　基于技术改造升级的前向关联效应和后向关联效应的回归结果（二）

解释变量	CPIPRD	CPIP^{TA}	CPIP^{CH}
C	0.777 345*** （16.873 42）	2.195 786*** （24.405 05）	0.429 077*** （19.939 95）
FS^{TR}	0.008 991 （1.128 646）	−0.013 970 （−0.982 671）	0.015 543*** （3.350 501）
BS	−0.000 172*** （−6.303 595）	−0.000 627*** （−9.850 750）	3.76×10^{-5}*** （3.792 242）
调整的 R^2	0.938 879	0.962 969	0.896 798
F 统计值	74.626 99	125.641 3	42.650 97
D-W	2.365 128	1.700 787	2.377 199
F 检验	51.693 332***	95.487 551***	24.260 688***
Hausman 检验	16.543 960***	48.942 468***	2.785 579
模型/方法	FE/EGLS	FE/EGLS	FE/EGLS
截面数/观测量	28/140	28/140	28/140

***、**、*分别表示在 1%、5%、10%的显著水平

注：FE 为固定效应模型

　　基于技术改造升级的前向关联效应对我国制造业绿色工艺创新路径具有显著的影响。如表 8.19 所示，FS^{TR} 对 CPIPRD、CPIP^{TA} 的回归系数都未通过显著性检验，意味着基于技术改造升级的前向关联效应，不论是对我国制造业研发式绿色工艺创新路径，还是获取式绿色工艺创新路径，都没有显著的影响。但 FS^{TR} 对 CPIP^{CH} 的回归系数约为 0.015 5，且在 1%的水平下通过显著性检验，意味着研发式绿色工艺创新路径与获取式绿色工艺创新路径的比值，随着基于技术改造升级的前向关联效应的增加而增加，表明在基于技术改造升级的前向关联效应的影响下，我国制造业更倾向于选择研发式绿色工艺创新路径。

　　同表 8.17 相比，在表 8.19 中，FSRD 对 CPIPRD、CPIP^{TA} 和 CPIP^{CH} 的回归系数符号方向并未改变，且显著性也未出现明显变化，意味着后向关联效应对我国制造业研发式绿色工艺创新路径和获取式绿色工艺创新路径的影响，以及对绿色工艺创新路径选择的影响均具有较好的稳健性。

　　此外，表 8.20 列出了基于技术改造升级的前向关联效应和后向关联效应影响的我国制造业绿色工艺创新路径时，各行业自身特征的影响。

表 8.20　μ_{i1}、μ_{i2}、μ_{i3} 的值（四）

行业代码	μ_{i1}	μ_{i2}	μ_{i3}	行业代码	μ_{i1}	μ_{i2}	μ_{i3}
C13	−0.395 2	−1.195 4	0.052 1	C28	−0.127 8	0.064 0	−0.215 0
C14	−0.221 7	−1.357 7	0.320 8	C29	0.033 1	0.039 6	−0.115 5
C15	0.280 7	−0.085 7	0.062 0	C30	0.001 8	0.004 4	0.046 7
C17	−0.087 1	0.096 7	−0.170 9	C31	−0.019 8	0.108 4	−0.125 6
C18	−0.490 0	−1.460 6	0.128 8	C32	0.660 7	4.782 2	−0.389 6
C19	−0.621 1	−1.638 2	−0.076 4	C33	0.591 5	2.383 9	−0.219 5
C20	−0.300 1	−0.834 5	−0.013 0	C34	−0.033 0	0.169 7	−0.163 9
C21	−0.612 4	−1.821 9	0.365 1	C35	0.471 2	1.266 0	−0.151 7
C22	0.183 2	0.180 6	−0.026 3	C36	0.238 1	0.449 2	−0.136 6
C23	−0.219 8	−0.415 0	−0.153 8	C37	0.217 0	0.236 6	−0.066 5
C24	−0.481 1	−1.809 0	0.970 0	C38	0.373 6	0.226 4	0.125 6
C25	−0.379 3	−0.019 8	−0.324 8	C39	−0.082 1	−0.543 5	0.140 1
C26	0.998 0	3.185 4	−0.207 8	C40	−0.165 4	−0.817 1	0.049 2
C27	0.510 3	0.031 5	0.157 2	C41	−0.323 4	−1.226 2	0.139 4

8.4　外商直接投资溢出效应对制造业绿色工艺创新绩效的影响

8.4.1　示范-竞争效应对绿色工艺创新绩效的影响

结合面板数据建模的基本思想，本书建立如下模型分析示范-竞争效应对我国制造业绿色工艺创新绩效的影响：

$$\mathrm{GPIE}_{it} = c + \alpha \mathrm{FDI}_{it}^{\mathrm{CD}} + \mu_i + \varepsilon_{it} \tag{8.20}$$

根据 F 检验和 Hausman 检验的结果，本书选择用固定效应模型分析示范-竞争效应对我国制造业绿色工艺创新绩效的影响，具体结果如表 8.21 所示。

表 8.21　示范-竞争效应对我国制造业绿色工艺创新绩效的影响

变量	系数	标准误差	t 统计值	概率
C	1.415 785***	0.121 990	11.605 79	0.000 0
FDI^{CD}	0.606 078**	0.276 806	2.189 544	0.029 8
R^2	0.024 237		F 检验	55.914 638***
调整的 R^2	0.019 208		Hausman 检验	0.003 123
F 统计值	4.818 865		估计模型	RE
D-W	1.868 731		估计方法	EGLS
样本数/个	196		截面数/个	28

***、**、*分别表示在 1%、5%、10%的显著水平

注：RE 为随机效应模型

如表 8.21 所示，FDI^{CD} 的回归系数约为 0.606 1，表明示范-竞争效应对我国制造业绿色工艺创新绩效具有积极的影响，外商直接投资示范-竞争效应每增加 1%，我国制造业绿色工艺创新绩效将提升约 0.606 1%。

如前文所述，示范-竞争效应对我国制造业绿色工艺创新绩效存在一种"螺旋式上升"的拓展效应。一方面，外商直接投资的先进、环保技术作为现实的证据为我国制造业绿色工艺创新提供了示范和指导，从而有利于我国制造业绿色工艺创新能力和绩效的提升；另一方面，随着我国环境管制制度不断完善和环境管制强度不断提高，外资企业从母国公司引进先进、环保技术的可能性更大，同时，我国制造业的市场竞争更趋于绿色竞争的发展方式，从而有效地激励我国制造业进行绿色工艺创新活动，从而有利于提升我国制造业绿色工艺创新绩效。

此外，示范-竞争效应影响我国制造业绿色工艺创新绩效时，各行业自身特征对绿色工艺创新绩效的影响表现出了一定的行业差异性，具体如表 8.22 所示。

表 8.22　μ_i 所对应的值（四）

行业代码	μ_i	行业代码	μ_i	行业代码	μ_i	行业代码	μ_i
C13	−0.358 1	C21	−0.155 2	C28	0.040 0	C35	0.530 2
C14	−0.390 8	C22	−0.400 2	C29	0.286 1	C36	0.606 5
C15	−0.210 5	C23	0.006 1	C30	−0.099 5	C37	0.737 1
C17	−0.162 8	C24	−0.455 1	C31	−0.512 5	C38	1.021 8
C18	−0.261 8	C25	−0.120 5	C32	0.089 5	C39	0.182 8
C19	−0.471 3	C26	0.027 4	C33	0.094 3	C40	0.180 8
C20	−0.067 5	C27	0.349 8	C34	−0.096 0	C41	−0.390 6

8.4.2　人力资本流动效应对绿色工艺创新绩效的影响

结合面板数据建模的基本思想，本书建立如下模型分析人力资本流动效应对我国制造业绿色工艺创新绩效的影响：

$$\text{GPIE}_{it} = c + \beta \text{FDI}_{it}^{\text{HC}} + \mu_i + \varepsilon_{it} \tag{8.21}$$

根据 F 检验和 Hausman 检验的结果，本书选择用固定效应模型分析人力资本流动效应对我国制造业绿色工艺创新绩效的影响，具体结果如表 8.23 所示。

表 8.23　人力资本流动效应对我国制造业绿色工艺创新绩效的影响

变量	系数	标准误差	t 统计值	概率
C	1.356 064	0.161 367	8.403 580	0.000 0
FDI^{HC}	0.852 754*	0.511 581	1.666 901	0.097 4
R^2	0.909 882		F 检验	61.436 654***
调整的 R^2	0.894 773		Hausman 检验	1.428 574*
F 统计值	60.218 94		估计模型	FE
D-W	2.140 384		估计方法	EGLS
样本数/个	196		截面数/个	28

***、**、*分别表示在 1%、5%、10%的显著水平

注：FE 为固定效应模型

如表 8.23 所示，FDI^{HC} 的回归系数约为 0.852 8，表明表明人力资本流动效应对我国制造业绿色工艺创新绩效具有积极的影响，人力资本流动效应每增加 1%，我国制造业绿色工艺创新绩效将提高约 0.852 8%。相比而言，绝大多数外资企业员工受到的培训和整体素质要高于内资制造业，从而对我国制造业存在一定的人力资本溢出效应。

一方面，这些员工不断向我国制造业企业流动或存在向我国制造业企业流动的可能，有助于提高我国制造业人力资本的数量；另一方面，我国制造业员工在与外资企业员工接触的过程中可以获得一定的溢出，有助于提升我国制造业人力资本的质量。而人力资本的提升有助于提高我国制造业绿色工艺创新的能力和绩效。

此外，外商直接投资人力资本流动效应影响我国制造业绿色工艺创新绩效时，各行业自身特征对绿色工艺创新绩效的影响表现出了一定的行业差异性，具体如表 8.24 所示。

表 8.24　μ_i 所对应的值（五）

行业代码	μ_i	行业代码	μ_i	行业代码	μ_i	行业代码	μ_i
C13	−0.328 8	C21	−0.240 4	C28	0.105 6	C35	0.602 1
C14	−0.365 2	C22	−0.359 3	C29	0.254 6	C36	0.653 4
C15	−0.144 7	C23	0.011 5	C30	−0.172 6	C37	0.869 3
C17	−0.176 8	C24	−0.628 9	C31	−0.484 0	C38	0.979 9
C18	−0.371 2	C25	−0.065 0	C32	0.163 4	C39	0.116 7
C19	−0.635 3	C26	0.127 6	C33	0.146 9	C40	0.181 7
C20	−0.045 6	C27	0.404 1	C34	−0.097 5	C41	−0.501 6

8.4.3　关联效应对绿色工艺创新绩效的影响

结合面板数据建模的基本思想，本书建立如下模型分析关联效应对我国制造业绿色工艺创新绩效的影响：

$$\text{GPIE}_{it} = c_1 + \alpha_1 \text{FS}_{it}^{\text{RD}} + \beta_1 \text{BS}_{it} + \mu_{i1} + \varepsilon_{it1} \tag{8.22}$$

$$\text{GPIE}_{it} = c_2 + \alpha_2 \text{FS}_{it}^{\text{TR}} + \beta_2 \text{BS}_{it} + \mu_{i2} + \varepsilon_{it2} \tag{8.23}$$

根据 F 检验和 Hausman 检验的结果，本书选择用固定效应模型进行分析，具体结果如表 8.25 和表 8.26 所示。表 8.25 为基于研发的前向关联效应和后向关联效应的回归结果，表 8.26 为基于技术改造升级的前向关联效应和后向关联效应的回归结果。

表 8.25　基于研发的前向关联效应和后向关联效应的回归结果（三）

变量	系数	标准误差	t 统计值	概率
C	1.601 334***	0.024 331	65.813 24	0.000 0
FS^{RD}	0.000 907	0.002 469	0.367 375	0.713 8
BS	1.40×10^{-5}	2.00×10^{-5}	0.700 939	0.484 3
R^2	0.910 375		F 检验	50.384 507
调整的 R^2	0.894 717		Hausman 检验	5.847 174*
F 统计值	58.143 21		估计模型	FE
D-W	2.108 199		估计方法	EGLS
样本数/个	196		截面数/个	28

***、**、*分别表示在 1%、5%、10%的显著水平

注：FE 为固定效应模型

（1）基于研发的前向关联效应对我国制造业绿色工艺创新绩效的影响。如表 8.25 所示，FS^{RD} 的回归系数约为 0.000 9，但并未通过 10%水平下的显著性检验，意味着基于研发的前向关联效应与我国制造业绿色工艺创新绩效不存在显著

表 8.26　基于技术改造升级的前向关联效应和后向关联效应的回归结果（三）

变量	系数	标准误差	t 统计值	概率
C	1.423 573	0.047 184	30.170 76	0.000 0
FS^{TR}	0.041 904	0.009 156	4.576 687	0.000 0
BS	2.42×10^{-5}	1.68×10^{-5}	0.143 842	0.885 8
R^2	0.923 355		F 检验	48.065 783
调整的 R^2	0.909 966		Hausman 检验	1.862 483
F 统计值	68.959 96		估计模型	FE
D-W	2.085 590		估计方法	EGLS
样本数/个	196		截面数/个	28

***、**、*分别表示在 1%、5%、10%的显著水平

注：FE 为固定效应模型

的相关关系。

（2）基于技术改造升级的前向关联效应对我国制造业绿色工艺创新绩效的影响。如表 8.26 所示，FS^{TR} 的回归系数为 0.041 904，且在 1%的水平下通过了显著性检验，意味着基于技术改造升级的前向关联溢出效应每提高 1%，我国制造业绿色工艺创新绩效将提升 0.041 9%，表明基于技术改造升级的前向关联溢出效应也与我国制造业绿色工艺创新绩效呈显著的正相关关系。

（3）后向关联效应对我国制造业绿色工艺创新绩效的影响。后向关联效应对我国制造业绿色工艺创新绩效的影响不显著。不论是在表 8.25 中，还是在表 8.26 中，BS 的回归系数均为正数，但都未通过 10%水平下的显著性检验。因此，本书认为后向关联溢出效应与我国制造业绿色工艺创新绩效不具有显著的关系。

此外，各行业自身特征影响前后关联效应对我国制造业绿色工艺创新绩效作用效果的差异性如表 8.27 所示。

表 8.27　μ_{i1}、μ_{i2} 的值（二）

行业代码	μ_{i1}	μ_{i2}	行业代码	μ_{i1}	μ_{i2}
C13	−0.400 1	−0.230 0	C21	−0.071 6	−0.053 0
C14	−0.364 4	−0.283 6	C22	−0.410 6	−0.357 7
C15	−0.185 1	−0.100 5	C23	−0.010 0	−0.107 0
C17	−0.240 7	−0.112 4	C24	−0.312 0	−0.426 3
C18	−0.197 9	−0.202 3	C25	−0.252 2	−0.089 9
C19	−0.376 5	−0.318 9	C26	−0.059 2	0.094 0
C20	−0.153 4	−0.088 4	C27	0.325 9	0.397 8

行业代码	μ_{i1}	μ_{i2}	行业代码	μ_{i1}	μ_{i2}
C28	0.020 8	−0.076 1	C35	0.470 6	0.364 8
C29	0.317 4	0.191 8	C36	0.575 8	0.361 9
C30	−0.094 3	−0.246 1	C37	0.827 6	0.785 1
C31	−0.624 6	−0.568 7	C38	1.038 1	0.977 6
C32	−0.069 5	0.072 2	C39	0.464 3	0.549 5
C33	−0.041 5	0.116 3	C40	0.314 1	0.026 9
C34	−0.125 3	−0.306 2	C41	−0.365 7	−0.370 8

8.5　本章小结

本章首先在界定外商直接投资溢出效应的定义基础上，分析了外商直接投资溢出效应的特征和形式；其次运用面板数据模型，分别研究了示范-竞争效应、人力资本流动效应、基于研发的前向关联效应、基于技术改造升级的前向关联效应和后向关联效应对我国制造业绿色工艺创新动力、绿色工艺创新路径、绿色工艺创新绩效的影响。

第9章 外商直接投资促进制造业绿色工艺创新能力提升的对策建议

从绿色工艺创新过程来看，提升我国制造业绿色工艺创新能力的关键在于增强我国制造业的绿色工艺创新动力、选择适合我国制造业发展的绿色工艺创新路径、对我国制造业的绿色工艺创新绩效进行准确的评价和把握。第一，增强绿色工艺创新动力是我国制造业提升绿色工艺创新能力的前提，在缺乏足够动力的条件下，我国制造业将缺乏提升绿色工艺创新能力的积极性；第二，选择绿色工艺创新路径是实现我国制造业绿色工艺创新能力提升的基本途径，只有选择适合当前创新能力的绿色工艺创新路径，才能高效地利用我国制造业的绿色工艺创新资源，快速提升我国制造业的绿色工艺创新能力；第三，把握绿色工艺创新绩效是衡量我国制造业绿色工艺创新能力提升的尺度，只有科学准确地评价我国制造业的绿色工艺创新绩效，才能形成有效的反馈机制，发现绿色工艺创新过程中的不足，从而确保我国制造业绿色工艺创新能力的快速提升。因此，本章将从绿色工艺创新动力、绿色工艺创新路径和绿色工艺创新绩效三个方面，提出合理利用外商直接投资促进我国制造业绿色工艺创新能力提升的对策建议。

9.1 利用外商直接投资加强绿色工艺创新动力的对策建议

9.1.1 加强外商直接投资对制造业绿色工艺创新技术推动力的影响

1. 加强绿色工艺的引进，增加绿色工艺创新的技术机会

一般来讲，绿色工艺越多，绿色工艺创新技术机会就越大，而绿色工艺创新的技术推动力就越强。前文的研究结果表明外商直接投资的进入对我国制造业绿色工艺创新的技术机会具有积极的作用。一方面，外商直接投资进入增加了绿色工艺的数量，增加了我国制造业通过技术购买获取技术机会的可能性；另一方面，

外商直接投资对内资企业绿色工艺创新具有示范效应，我国制造业企业可以通过非市场手段获取绿色工艺创新的技术机会。因此，通过外商直接投资获取更多的绿色工艺将有效地提高我国制造业绿色工艺创新的技术机会。

为保证外商直接投资对绿色工艺创新技术机会的积极作用：首先，我国制造业应实施对外开放，积极引进外商直接投资，扩大引进绿色工艺的规模。其次，注重引进外商直接投资的环境技术水平。在改革开放初期，不注重环境结果、仅追求经济效益的引资动机导致流入我国的外商直接投资环保水平较低，这对我国环境造成了极大的负面影响。因此，相关行业在调整、优化外资引入结构过程中，应着重考察所引用外资环保水平以保证环境效益，坚决杜绝引进绿色工艺技术水平低、环境污染严重的外资企业。为确保引进绿色外资，相关行业需要借助市场经济政策对外资的引入进行取舍，在保证经济高速增长的前提下，实现外资资源的合理配置，调整绿色外资的比例结构，保证兼顾经济发展与可持续发展。

目前，我国不少地区已经开始重视招商引资所带来的环境问题，从而在招商引资的过程中提高了外商直接投资进入的环境门槛，拒绝引进具有严重环境污染的项目。例如，广东省汕头市在 2012 年前 9 个月，陆续否决了海塘兴鱼露厂、澄华静侬（南澳）鱼仔店、日日香鹅肉面、大华汽修厂、南港龙翔喷油厂等 7 个选址不当、污染因素不能消除、相关环境指标达不到国家标准的项目，有效地控制了污染的进入，防止了引入污染资本对当地环境的污染。同样，湖北省黄冈市在招商引资的过程中也极度重视环境问题，2007~2011 年，该市已拒绝近 30 个高污染项目，总投资额 5 亿多元。

此外，为有效评价外资环保水平，相关行业需建立包括绿色设计标准、绿色包装标准以及绿色处理技术标准等在内的绿色制造技术标准体系，并科学优化各指标在评价过程中的权重。对通过环保水平评估的外资进行规范认证也是强化外资环保水平的重要途径之一。合理的行业环保认证制度可以在一定程度上有效减少环保水平差的外资流入，最大限度地节省资源、改善环境质量。

2. 加强知识产权保护，提高绿色工艺创新的独占性

绿色工艺创新的双外部性导致创新收益存在极大的外向溢出，存在创新投入者与创新受益者的较大分离，受益群体既包括本行业的竞争对手及其他企业，也包括社会公众和政府，从而导致绿色工艺创新的投入者无法获得与创新投入相匹配的经济效益。若绿色工艺创新双外部性导致的创新收益损失无法得到有效补偿，将导致创新主体缺乏足够的利润驱动力来平衡绿色工艺创新的市场和技术不确定性，从而不利于绿色工艺创新活动的开展。因此，应加强知识产权保护，提高绿色工艺创新的独占性，保护创新主体享有绿色工艺创新的收益。

我国制造业绿色工艺创新的知识产权保护应遵循适当的、循序渐进的基本原

则。首先，加强我国制造业绿色工艺创新知识产权保护制度的建设，提高我国知识产权保护的执法水平，这不仅能吸引更多绿色外商直接投资的进入，或促进现有外商直接投资提升绿色工艺水平，也能增加内资制造业绿色工艺创新的动力。其次，应选择适宜我国制造业绿色工艺创新发展的知识产权水平，循序渐进地提升我国制造业绿色工艺创新知识产权保护强度。

对于绿色工艺创新能力，尤其是自主创新能力不足的我国制造业而言，过于严格的知识产权保护强度，不利于我国制造业吸收外部绿色工艺创新成果，从而增加创新的难度和成本。在不具备足够自主创新能力和吸收能力的条件下，短时间内较快提升知识产权保护强度反而不利于我国制造业绿色工艺创新活动的开展。因此，应随着绿色工艺创新自主能力不断提升而循序渐进地提高我国制造业绿色工艺创新的知识产权保护水平。

9.1.2　加强外商直接投资对制造业绿色工艺创新市场拉动力的影响

1. 引导外资企业的绿色经营模式，促进市场消费的绿色化转变

市场需求是创新的最直接拉动力因素，随着市场需求的绿色化转变，将对绿色工艺创新产生越来越大的拉动作用。因此，在引进外商直接投资的过程中，促进其发挥对绿色消费的示范作用，对于我国市场需求向可持续的、绿色的消费模式转变具有积极的作用，进而对绿色工艺创新产生拉动力。

利用外商直接投资促使市场需求绿色化转变的措施包括引导性措施和强制性措施两种。

引导性措施是指通过制定相应的经济政策，确保外商直接投资能享有绿色经营模式所带来的经济绩效，从而促使外商直接投资主动采用绿色生产技术、推广绿色产品、实施绿色管理，并向消费者倡导绿色消费和环境保护的观念，进而获得绿色技术优势带来的经济利润，维持其领先地位。

强制性措施是指通过制定相应的环境管制政策，加强对外商直接投资的环境管制和监督，迫使外商直接投资制造业采用与母国公司一致的环境保护行为，从而转移更环保的生产技术和管理模式。通过引导性措施和强制性措施两种手段，引导外商直接投资制造业进行绿色经营，从而增强我国消费市场对绿色生产和绿色产品的要求，促进市场消费向可持续的、绿色的消费模式转变。

2. 支持内资企业绿色工艺创新，提高外商直接投资竞争溢出效应

发达国家的经验表明，市场竞争机制有利于创新活动的开展。因此，在引进外商直接投资的过程中，我国制造业应注重引进市场竞争机制，提升外商直接投

资的竞争溢出效应。如前文所述，外商直接投资市场竞争对我国制造业绿色工艺创新动力的影响具有双面性，其正向效应的发挥依赖于我国制造业绿色工艺创新能力的提升。在激烈的市场竞争中，如果我国制造业绿色工艺创新能力较强，能通过创新提高绿色工艺水平，提升竞争力，从而给外商直接投资形成竞争压力，外商直接投资才有可能从母国公司引进更为绿色、环保的新工艺，从而产生螺旋式上升的拓展效应。但如果我国制造业绿色工艺创新能力不足，将在与外商直接投资的竞争中被挤出市场。

因此，应加强对内资制造业绿色工艺创新的支持力度，提升内资制造业的绿色工艺创新能力和绿色竞争能力，促使外商直接投资竞争效应的良性循环。加强对内资制造业绿色工艺创新的具体措施包括：第一，通过税收优惠和财政补贴等手段，鼓励企业增加绿色工艺研发经费投入和外部绿色工艺获取经费投入。第二，加强中央和各级地方政府对绿色工艺创新研发经费和外部绿色工艺获取的财政倾斜。第三。完善绿色工艺创新的融资环境，拓宽绿色工艺创新活动的融资渠道，加强金融体系对绿色工艺创新投入的支持作用。

3. 深化国有企业体制改革，确保市场竞争机制的公平性

在不公平的市场竞争环境中，部分企业往往倾向于利用特权和等级优势获取优秀的创新资源，维持其垄断地位和市场利益，从而不利于创新资源的流动，导致绿色工艺创新动力不足。而在公平的市场竞争机制中，高效率的市场结构能够合理地引导创新资源的流动，优化资源配置，从而提高创新的效率。垄断竞争的市场结构被认为是最有效率的市场结构，有利于绿色工艺创新活动的开展。

因此，在保持国有控制地位的前提下，继续深化国有体制改革，进一步降低国有企业的比重，促使市场结构不断向垄断竞争的市场结构发展；同时，完善市场竞争的宏观管理制度，建立健全规范有序的市场竞争环境，确保市场竞争的公平性，这不仅能吸引更多的外商直接投资，也能增加外商直接投资对我国制造业绿色工艺创新的市场推动力。

9.1.3　加强外商直接投资对制造业绿色工艺创新管制推动力的影响

1. 鼓励外商直接投资采用母国标准，防止外资企业实施双重标准

随着环境资源问题的日益严重，世界各国越来越重视环境保护问题，并制定了相应的环境管制标准。一般来讲，发达国家的经济发展水平较高，其环境管制标准也高于发展中国家。对于大多数来自发达国家的外商直接投资，为降低环境保护所带来的成本，在向我国转移技术和产业时，往往选择采用我国的环境管制

标准，而非母国较高的环境管制标准。

我国环境管制标准较低，且环境管制制度尚未完善，导致发达国家公司在向我国进行跨国直接投资时，选择次环保或不环保的生产技术和产品，或者执行区别于母国环境管制的双重标准，从而无法对我国环境管制起到良好的示范作用，甚至给我们带来巨大的资源环境问题，不利于提升我国制造业绿色工艺创新的管制推动力。因此，在引进外商直接投资的过程中，应鼓励外商直接投资采用母国标准，防止外资企业实施双重标准。

目前，大多数大型跨国公司都制定了相应的环境管制标准，并承诺在东道国采用一致的环境标准，如道化学、日本电气等跨国公司；同时，欧盟地区开始要求跨国公司在当地进行的投资必须采用母国企业的标准，也要求向外开展外商直接投资活动的欧盟跨国公司采用一致的标准。借鉴欧盟的引资政策，我国制造业在引进外商直接投资的过程中，鼓励外商直接投资采用母国标准。

具体而言，一方面，采取严格的环境管制措施和增强社会舆论的监督，迫使外资企业采用与母国公司一致的环境保护标准；另一方面，制定和调整引资的经济政策及各项法规，引入竞争性因素的激励作用，使跨国公司的环境合法性转化为成本上的竞争优势，从而使在我国进行投资的跨国子公司有可能主动采用与母国公司一致的环境保护标准。

2. 协调引资政策，避免恶性竞争导致环境管制水平降低

在我国经济快速发展过程中的一段时期内，引进外商直接投资的数量是政府绩效考核中的一个重要经济指标。为完成引进外商直接投资的任务，推动经济的快速发展和技术的迅速提高，不少地区在引进外商直接投资的过程中不够重视或忽略了外商直接投资带来的环境影响，甚至在与其他地区竞争外资的过程中进行恶性竞争，通过放松对外资企业的环境保护要求（甚至不做要求），以牺牲环境为代价换取外商直接投资的进入。

因此，若缺乏有效的政策协调和监管，在引进外商直接投资的过程中，将存在降低环境管制水平以获取外商直接投资的恶性竞争。所以，应注重引资过程中的产业政策协调和区域政策协调，避免不同产业间和地区间为引进外商直接投资而形成恶性竞争，从而不利于我国实际环境管制水平的提高。

具体而言，一方面，协调不同产业和不同地区的引资政策，对不同地区和产业的引资目标和任务进行阶梯式划分，注重对外商直接投资的产业引导和地区引导；另一方面，转变政府绩效考核的方式，不仅重视该地区的经济发展绩效，也强调环境保护绩效，从而避免部分地区在引进外商直接投资的过程中忽略其所带来的环境问题。

9.2　利用外商直接投资选择绿色工艺创新路径的对策建议

9.2.1　加强外商直接投资对制造业研发式绿色工艺创新路径的影响

1. 加强与外商直接投资的研发式绿色工艺创新合作

任何一项创新活动都具有一定的不确定性和随机性，从而导致创新活动具有较高的风险。研发式绿色工艺创新更是如此。在我国制造业自主创新能力相对不足的情况下，加强与外商直接投资的创新合作，是促进我国制造业选择研发式绿色工艺创新路径重要手段。通过与外商直接投资的合作创新，不仅能有效地降低和分散研发式绿色工艺创新的成本和风险，还能有效地提高研发式绿色工艺的成功可能性以及创新效率。更重要的是，在与外商直接投资合作创新的过程中，我国制造业能获取一定的溢出效益。

加强与外商直接投资的研发式绿色工艺创新合作的具体措施如下。

第一，建立中外合资的研发机构。有关部门通过制定相应的优惠政策，规定中外合作的研发机构在税收、用地、金融支持、设备进出口等方面，享有比其他外商直接投资研发机构更优惠的政策，从而鼓励合资研发机构的设立。第二，成立专项研发基金，支持和鼓励内外资制造业企业合作开展研发式绿色工艺创新。第三，与外资制造业形成研发式绿色工艺创新战略联盟。

此外，在与外商直接投资企业进行研发式绿色工艺创新合作的过程中，应明晰知识产权归属问题，保护我国制造业的创新成果。

2. 吸引优秀的外资企业研发式绿色工艺创新人才

研发式绿色工艺创新具有更大的失败风险和难度，对企业的创新能力，尤其是原始创新能力具有较高要求，在很大程度上，创新人才能力水平的高低决定了我国制造业选择研发式绿色工艺创新可能性高低以及成功率的大小，而研发式创新人才不足正是我国制造业当前绿色工艺创新的主要问题之一。因此，加强研发式创新人才的开发和培养，在短时间内解决研发式创新人才不足的有效措施，吸引优秀的外资企业研发式绿色工艺创新人才。

优秀的外资企业研发式绿色工艺创新人才，不仅具有较强的绿色工艺创新能力，而且具有先进的研发管理经验，从而弥补我国制造业内资企业研发式绿色工艺创新能力的不足。因此，应完善吸引优秀外资企业研发式绿色工艺创新人才的优惠政策，加大引进人才的力度，结合制造业发展的需要，制定特色的人才引进政策。

一方面，通过提供良好的工作环境、优越的薪酬待遇和福利待遇、舒适的生活环境等政策措施吸引优秀外资企业研发式绿色工艺创新人才向内资企业流动，并通过解决配偶工作及子女等问题留住绿色工艺创新人才。

另一方面，加强柔性人才引进机制的建设，提倡"不为我有，但为我用"的智力引进宗旨，通过会议交流、合作研究等方式寻求优秀外资企业研发式绿色工艺创新人才的智力支持。

但值得注意的是，在吸引优秀的外资企业研发式绿色工艺创新人才的同时，我国应更加注重本土优秀研发式绿色工艺创新人才的培养，避免对外资企业优秀人才形成依赖。从长期的发展战略来看，培养优秀的本土研发式绿色工艺创新人才，才是从根本解决我国研发式绿色工艺创新能力不足的关键。

9.2.2　加强外商直接投资对制造业获取式绿色工艺创新路径的影响

1. 加强对外资绿色工艺的创造性模仿

获取式绿色工艺创新受到现有技术范式和技术轨迹的影响，其创新路径是一个在特定方向上实现知识累积的过程。而跨国公司作为世界主要技术创新的完成者，通过外商直接投资向我国制造业提供了技术有效追赶的窗口，有利于我国制造业提高知识积累的速度。因此，加强对外资先进绿色工艺的创造性模仿，对我国制造业获取式绿色工艺创新具有积极的影响。

在对外资先进绿色工艺创造性模仿的过程中，我国制造业应注重以下几个问题。

首先，重视对外资先进绿色工艺的创造性模仿。内资制造业应提高学习、模仿外资先进绿色工艺的主动性，积极地对外资企业绿色工艺的技术范式进行创造性模范，甚至二次创新。

其次，增加消化吸收经费的投入，提高企业的消化吸收能力。消化吸收能力是制约外商直接投资溢出效应的关键因素，增加消化吸收经费的投入，将有利于我国制造业充分吸收外商直接投资的绿色工艺，提高绿色工艺二次创新的可能性。

最后，加强对外资绿色工艺的选择和识别。在选择绿色工艺进行创造性模仿的过程中，我国制造业应选择新兴技术和实验室技术等尚未成熟的技术，而非成熟的、趋于技术极限的绿色工艺，避免陷入外商直接投资导致的技术获取陷阱。

2. 强化环境管制，提高外资制造业绿色工艺的示范作用

在早期引进外商直接投资的过程中，为实现经济的快速发展和技术的迅速提

升，我国存在追求极度压缩过程并迅速显示结果的引资动机，从而导致经济实力不强的我国制造业，在与跨国公司的博弈时处于相对劣势的地位，跨国公司凭借其强大的经济技术实力，迫使我国制造业在一定程度上忽略了其带来的资源环境问题。

但随着经济不断增长，我国作为新兴的世界市场，在与跨国公司的博弈中具有越来越强的谈判力量，从而在加强对外商直接投资环境管制的条件下，也可能获取较多的绿色外商直接投资，并有可能要求外商直接投资采用与母公司一致的环境政策和行为。但不少跨国公司存在"绿色形象塑造"的问题，因此需要加强对外商直接投资的环境管制力度，促使其采用绿色生产工艺和产品，从而加强对获取式绿色工艺创新路径示范效应。

加强外商直接投资环境管制力度的措施具体如下：一方面，促使外商直接投资制造业公开披露其环境管理信心，接受社会公众的监督，进而促使外商直接投资制造业制定全球化的环境绩效标准和标准化的环境运营策略，提高企业的绿色工艺水平；另一方面，通过环境沟通标准化的手段，加强对各国政府的影响，促使形成趋同性的环境管制标准，从而促使外商直接投资制造业采用统一的环境策略。

3. 提高内资制造业的绿色工艺吸收能力

制造业企业仅仅专注于利用外资技术外溢平台远远无法满足绿色工艺创新需求，应同时不断地提升对外资绿色工艺创新信息、知识、技术的整合和转化能力。

一方面，重视对先进的清洁工艺技术和末端治理技术的消化吸收以提高企业绿色工艺的自主创新能力。本土制造业企业能在多大程度上吸收外商直接投资的技术外溢，必然影响到绿色工艺创新的绩效，因此，本土制造业企业通过引进高新设备、成立绿色工艺创新研发团队以及聘请专家顾问等来提升制造业企业的消化吸收能力。与此同时，政府或行业协会可以采取一系列措施，如专利保护法律化等优惠政策等帮助企业提升吸收能力。制造业企业通过学习、消化和吸收，将绿色工艺技术模仿转化为自主的绿色工艺创新能力，形成与跨国公司的技术对接。

另一方面，增加绿色工艺的消化吸收费用投入，提高制造业对外商直接投资溢出效应的吸收能力以及绿色工艺的应用能力和二次创新能力。吸收能力的高低是制约外商直接投资溢出效应的关键因素，增加消化吸收经费的投入，不仅有利于外商直接投资正向溢出效应的产生，也有利于我国制造业绿色工艺的应用与推广，同时还有助于工业行业二次创新能力的提高，从而避免陷入技术"引进—落后—再引进—再落后"的恶性循环。

9.3　利用外商直接投资提升绿色工艺创新绩效的对策建议

9.3.1　加强外商直接投资对制造业绿色工艺创新内部化应用的影响

1. 促进外商直接投资提升本土人力资源水平

人力资源水平是绿色工艺创新成果内部化引用的关键，人力资源水平越高，内部化应用的效率和效果就越好。这些人力资源不仅包括源于创新部门的绿色工艺研发人才，也包括其他职能部门的人才，如一线工人、管理人才、销售人才等。因此，利用外商直接投资提升本土人力资源水平，对提升绿色工艺创新的内部化应用效果具有重要的意义。

利用外商直接投资提高本土人力资源水平包括两个方面的内容：一是促进外商直接投资开发利用本土人力资本，二是促进外商直接投资本土人力资本的回流。

在促进外商直接投资开发利用本土人力资本的对策方面：制定相应的政策，鼓励外商直接投资制造业优先利用当地人力资源，并要求外商直接投资对本土员工与母国公司员工提供同样的培训教育机会；鼓励兴办合资企业和合作经营企业，对愿意转让环保技术的外商直接投资提供政策、财税上的优惠措施，扩大本土员工在外商直接投资企业工作的机会，从而通过干中学提高本土员工的水平。

在促进外商直接投资本土人力资本回流的对策方面：鼓励内资制造业加大对优秀外资人才的引进力度，吸引优秀外资人才（不仅包括本土人才，也包括海外其他人才）向内资制造业流动；提供相应的优惠政策，鼓励外资企业的优秀人才进行本土创业；完善人力资源市场，促进人力资本要素的自由选择和自由流动，从而提高外商直接投资的人力资本流动效应。

2. 鼓励和支持外资制造业进行本土化的绿色工艺创新

相比而言，外资制造业比内资制造业具有更强的绿色工艺创新能力，鼓励外商直接投资制造业进行绿色工艺创新不仅直接提升我国制造业绿色工艺创新的产出绩效和应用效果，也能对内资制造业形成良好的示范效应和竞争效应。因此，应鼓励和支持外商直接投资企业进行本土化的绿色工艺创新活动。

首先，制定相应的优惠政策，鼓励外商直接投资在华研发机构巩固当前的创新活动,并积极从事绿色工艺创新活动。

其次,加强对外商直接投资研发活动的产业化引导,对于绿色工艺水平较薄弱的产业,应大力支持外资企业进行绿色工艺创新活动;而对于具有较高绿色工艺水平的产业,应鼓励外资企业进行研发式绿色工艺创新活动。

最后,改善外商直接投资的绿色工艺创新环境,推动外商直接投资研发能力和绿色工艺创新积极性进一步提升。例如,通过完善相关法律加强知识产权保护;通过搭建沟通渠道促进绿色工艺创新的信息资源共享;通过建立公共服务平台提高绿色工艺创新服务水平;等等。

9.3.2 加强外商直接投资对制造业绿色工艺创新外部化扩散的影响

1. 完善以内外资制造业为主体的绿色工艺创新系统

绿色工艺创新的外部化扩散依赖于我国制造业绿色工艺创新系统的开放程度和完善程度。我国制造业绿色工艺创新系统的开放程度越高、范围涵盖越广、完善程度越高,新的绿色工艺、绿色设备、绿色技术的外部化扩散速度越快、扩散效果越好。因此,要提高我国制造业绿色工艺创新的外部化扩散效果,凸显外商直接投资的积极作用,就要完善以内外资制造业为主体的绿色工艺创新系统。

利用外商直接投资完善我国制造业绿色工艺创新系统的措施主要包括以下方面。

首先,通过制定相应优惠政策,鼓励外商直接投资在我国设立更多的研发机构,充实我国制造业绿色工艺创新的创新主体。

其次,鼓励在华拥有多个研发机构的跨国公司整合研发机构,形成在其母公司中国地位更重要的海外研发机构,从而提升其研发机构在我国制造业中的研发能力。

最后,加强对外商直接投资研发机构的管理,掌握其发展动向。例如,加强对外商直接投资研发机构的注册、登记和攻击工作;加强对外商直接投资研发机构技术出口的管理,以防止我国技术资源的流失。

2. 建立健全绿色工艺创新成果交易市场

随着知识产权保护制度不断加强,制造业通过非市场手段获取绿色工艺创新成果扩散的可能性越来越低。因此,应提高绿色工艺创新成果通过市场化手段的外部化扩散能力,即建立健全绿色工艺创新成果交易市场。绿色工艺创新成果交易市场越完善,外商直接投资对绿色工艺创新成果的外部化扩散的影响越大。具体包括以下三个方面的措施。

首先，完善绿色工艺创新成果交易市场的运行政策和法规。运行政策和法规是规范绿色工艺创新成果交易市场行为的规则和规定，是绿色工艺创新成果交易市场正确运行的保障。具体包括以下方面：完善绿色工艺创新成果服务的规则和规定，完善绿色工艺创新成果交易行为的规则和规定，完善绿色工艺创新成果交易市场管理者行为的规则和规定。

其次，加快绿色工艺创新成果交易市场的信息化平台建设，加强绿色工艺创新成果提供方和接收方的信息交流。绿色工艺信息的不对称对绿色工艺创新成果的扩散具有不利的影响。因此，通过引入信息化技术，加快建设绿色工艺创新成果交易市场的平台建设，从而加强绿色工艺创新成果提供方和接收方的沟通与交流，不仅有利于接收方迅速地选择绿色工艺创新成果，也有利于交易双方建立良好的信任关系，促进绿色工艺创新成果的顺利交易。

最后，加强政府和中介组织在绿色工艺创新成果交易市场中的作用。政府部门要加强对绿色工艺创新成果交易市场的管理和引导，并对绿色工艺创新成果的交易提供资金和财税上的帮助，如提供多渠道的绿色工艺创新成果交易的融资体系，组成与绿色工艺创新成果转让为资助对象的风险投资公司等。此外，要加强绿色工艺创新成果交易市场中介组织的建设和宣传，发挥中介组织的辅助作用。

9.4　本章小结

结合前文的分析结果，本章提出了合理利用外商直接投资提升我国制造业绿色工艺创新能力的对策建议。具体包括以下方面：利用外商直接投资加强我国制造业绿色工艺创新动力的对策建议，利用外商直接投资选择我国制造业绿色工艺创新路径的对策建议，利用外商直接投资提升我国制造业绿色工艺创新动力的对策建议。

第 10 章 结论与展望

10.1 研究结论

绿色工艺创新是我国制造业突破资源约束、解决环境污染的有效手段,绿色工艺创新能力对制造业的绿色化发展至关重要。在一个开放的经济体系中,绿色工艺创新行为必然受到外资企业的影响。因此,研究外商直接投资对我国制造业绿色工艺创新的影响,对我国制造业的绿色发展具有重要的理论意义和现实意义。本书在总结归纳现有相关研究的基础上,基于绿色工艺创新过程,构建了外商直接投资对我国制造业绿色工艺创新的影响模型,并分别研究了外商直接投资对我国制造业绿色工艺创新动力、绿色工艺创新路径和绿色工艺创新绩效的影响,并进一步分析了外商直接投资研发本土化与溢出效应对我国制造业绿色工艺创新的影响效应。通过研究,本书得出了以下主要结论。

(1)绿色工艺创新是以绿色发展为指导的,旨在减少生产活动所带来的污染和消耗而进行的工艺创新活动,从技术角度来看包括清洁生产工艺创新和末端治理技术创新两个方面,从创新过程来看包括工艺研发过程绿色化、工艺应用过程绿色化和工艺扩散过程绿色化等。此外,绿色工艺创新的双外部性导致绿色工艺创新具有一定的被动性,从而需要比传统工艺创新更为强大的创新激励。

(2)绿色工艺创新过程实际上是一个从创新发起阶段,经过创新实施阶段,到创新实现阶段的动态发展过程,每个阶段都有各自需要解决的关键问题。绿色工艺创新发起阶段需要回答的关键问题是为什么要实施绿色工艺创新,即解决绿色工艺创新动力的问题;绿色工艺创新实施阶段需要回答的关键问题是如何实施绿色工艺创新,即选择绿色工艺创新路径的问题;绿色工艺创新实现阶段需要回答的关键问题是绿色工艺实践应用的绩效如何,即评价绿色工艺创新绩效的问题。

(3)外商直接投资对我国制造业绿色工艺创新的影响十分复杂。从外商直接投资影响途径来看,外商直接投资不仅可以通过建立本土化的研发机构、进行绿色工艺研发合作与研发外包、形成研发战略联盟等途径对我国制造业绿色工艺创新产生直接影响,也可以通过示范-竞争效应、人力资本流动效应、关联效应等途径对我国制造业绿色工艺创新产生间接影响，即溢出效应。从绿色工艺创新过程来看，外商直接投资的进入不仅影响我国制造业绿色工艺创新的动力，还对绿色工艺创新路径和绿色工艺创新绩效产生影响。因此，外商直接投资对我国制造业绿色工艺创新的影响，是通过上述众多途径对不同绿色工艺创新维度影响的综合结果。

（4）外商直接投资对我国制造业绿色工艺创新动力具有积极的影响。从总体上来看，外商直接投资对我国制造业绿色工艺创新的综合动力产生了显著的积极影响。从各动力来源来看，外商直接投资对我国制造业绿色工艺创新的技术推动力、市场拉动力和管制推动力均产生了积极的作用。相比而言，外商直接投资对绿色工艺创新管制推动力的影响最为显著，绿色工艺创新的市场拉动力次之，而对绿色工艺创新技术推动力的影响最小。

（5）外商直接投资对我国制造业绿色工艺创新两种基本路径的影响具有较大差异。外商直接投资对研发式绿色工艺创新路径具有负向的影响，而对获取式绿色工艺创新路径产生了积极的影响。造成这种截然相反影响的原因在于，研发式绿色工艺创新路径是超出现有技术范式和技术轨迹的、具有极大创造性破坏的创新路径，而获取式绿色工艺创新路径是囿于现有技术范式的创新路径。前者的创新风险和创新成本远远大于后者，后者的创新成功率却远远大于前者。两种绿色工艺创新路径的这种差异，导致在外商直接投资的影响下，我国制造业更倾向于选择获取式绿色工艺创新路径，从而对研发式绿色工艺创新路径产生不利的影响。

（6）外商直接投资对我国制造业绿色工艺创新绩效具有消极的影响。实证结果表明，外商直接投资与我国制造业绿色工艺创新绩效呈负相关关系。一个可能的解释是，绿色工艺创新作为新的竞争力来源，其创新成果必然受到创新主体的严格保护，这种保护程度随着竞争激烈程度的增加而提高。而外商直接投资的进入加剧了市场竞争激烈程度，使绿色工艺创新成果的自主知识产权保护意识更加强烈，从而不利于绿色工艺创新成果的外部化扩散，进而对绿色工艺创新绩效产生不利影响。

（7）外商直接投资研发本土化对我国制造业绿色工艺创新的影响存在差异性。从绿色工艺创新动力来看，外商直接投资内生性研发活动对我国制造业绿色工艺创新动力具有显著的负向影响，而外生性创新活动对我国制造业绿色工艺创新的技术推动力具有正向影响。从绿色工艺创新路径来看，外商直接投资内生性研发活动对两种绿色工艺创新路径均具有负向影响，而外生性创新活动对两种绿色工艺创新路径均具有正向影响；在两种路径的选择方面，在外商直接投资内生性研发活动的影响下倾向于选择研发式绿色工艺创新路径，而在外生性创新活动的影响下更倾向于选择获取式绿色工艺创新路径。从绿色工艺创新绩效来看，外商直接投资内生性研发活动的影响不显著，而外生性创新活动对我国制造业绿色工艺创新绩效具有正向影响。

（8）外商直接投资对我国制造业绿色工艺创新的溢出效应，因溢出渠道的不同而存在差异。从绿色工艺创新动力来看，示范–竞争效应和人力资本流动效应产生了显著的积极影响，基于研发的前向关联效应具有显著的负向影响，而基于技术改造升级的前向关联效应和后向效应对绿色工艺创新动力的影响不显著。从绿色工艺创新路径来看，示范–竞争效应对两种绿色工艺创新路径均具有显著的积极影响，人力资本流动效应和后向关联效应对两种绿色工艺创新路径均具有显著的负向影响，基于研发的前向关联效应和基于技术改造升级的前向关联效应的影响并不显著；在创新路径选择方面，示范–竞争效应、人力资本流动效应倾向于选择获取式绿色工艺创新路径，基于技术改造升级的前向关联效应和后向关联效应倾向于选择研发式绿色工艺创新路径。从绿色工艺创新绩效来看，示范–竞争效应、人力资本流动效应和基于技术改造升级的前向关联效应具有较显著的积极影响，而基于研发的前向关联效应和后向关联效应的影响不显著。

10.2 研究展望

本书之前尚未有文献定量研究外商直接投资与绿色工艺创新之间的关系，这是本书在该方向上试图进行的一个开拓。由于绿色工艺创新理论的研究正处于起步阶段，且外商直接投资对绿色工艺创新的影响十分复杂，同时限于研究思路、原始数据来源、研究时间不足等问题的限制，本书难免会存在一些不足之处和需进一步研究的问题。

因此，在后续的研究中，作者试图在以下几个方面进行补充和尝试：第一，进一步细分研发式绿色工艺创新和获取式绿色工艺创新的动力来源，并探讨外商直接投资对两种绿色工艺创新动力的影响。第二，选择企业为研究对象，从微观个体的角度有针对性地研究外商直接投资对绿色工艺创新的影响。

此外，受统计数据来源的限制，本书部分指标采用了近似替代的衡量方式，在今后的研究中，若条件允许将对这些问题进行再次验证，以求研究更为精确。

参 考 文 献

安同良. 2003. 中国企业的技术选择[J]. 经济研究, (7): 76-84.

班允浩. 2004. FDI 进入方式选择: 绿地投资与跨国并购[D]. 东北财经大学硕士学位论文.

毕克新. 2008. 制造业企业产品创新与工艺创新协同发展系统研究[M]. 北京: 经济科学出版社.

毕克新, 孙德花. 2010. 基于复合系统协调度模型的制造业企业产品创新与工艺创新协同发展实证研究[J]. 中国软科学, (9): 156-162.

毕克新, 丁晓辉, 冯英浚. 2002. 制造业中小企业工艺创新及测度评价现状和发展趋势研究综述[J]. 科研管理, 23 (6): 125-132.

毕克新, 高巍, 程蕴娇. 2011a. 制造业企业工艺创新机制的系统研究[J]. 预测, 30 (4): 70-74.

毕克新, 杨朝均, 黄平. 2011b. FDI 对我国制造业绿色工艺创新的影响研究——基于行业面板数据的实证分析[J]. 中国软科学, (9): 172-180.

毕克新, 黄平, 施芳芳. 2012. 基于知识管理的制造业企业工艺创新过程及模型[J]. 系统管理学报, (4): 478-485.

曹淑艳, 谢高地. 2010. 中国产业部门碳足迹流追踪分析[J]. 资源科学, (11): 2046-2052.

陈菲琼, 任森. 2011. 创新资源集聚的主导因素研究: 以浙江为例[J]. 科研管理, 32 (1): 89-96.

陈劲. 1999. 国家绿色技术创新系统的构建与分析[J]. 科学学研究, (3): 37-41.

陈劲, 刘景江, 杨发明. 2001. 绿色技术创新审计指标测度方法研究[J]. 科研管理, 22 (6): 69-75.

陈劲, 刘景江, 杨发明. 2002. 绿色技术创新审计实证研究[J]. 科学学研究, 20 (1): 107-112.

陈琳, 罗长远. 2011. FDI 的前后向关联和中国制造业企业生产率的提升——基于地理距离的研究[J]. 世界经济研究, (2): 48-53.

陈莎莎. 2009. 浙江省中小企业技术创新路径研究[D]. 浙江工业大学硕士学位论文.

陈诗一. 2009. 能源消耗、二氧化碳排放与中国工业的可持续发展[J]. 经济研究, (4): 41-55.

陈羽, 邝国良. 2009. FDI、技术差距与本土企业的研发投入[J]. 国际贸易问题, (7): 88-96.

陈羽, 李小平, 白澎. 2007. 市场结构如何影响 R&D 投入?——基于中国制造业行业面板数据的实证分析[J]. 南开经济研究, (1): 135-145.

陈媛媛, 李坤望. 2010. 中国工业行业 SO_2 排放强度因素分解及其影响因素——基于 FDI 产业前后向联系的分析[J]. 管理世界, (3): 14-21.

陈媛媛, 王海宁. 2010. FDI、产业关联与工业排放强度[J]. 财贸经济, (12): 90-95.

程华, 廖中举. 2011. 中国区域环境创新绩效评价与研究[J]. 中国环境科学, 31 (3): 522-528.

戴鸿轶, 柳卸林. 2009. 对环境创新研究的一些评论[J]. 科学学研究, 27 (11): 1601-1610.

杜健. 2005. 基于产业技术创新的 FDI 溢出机制研究[D]. 浙江大学博士学位论文.

段小华, 鲁若愚. 2001. 技术创新路径的概念与类型[J]. 四川经济管理学院学报, 3 (4): 38-40.

范群林, 邵云飞, 唐小我. 2011. 以发电设备制造业为例探讨企业环境创新的动力[J]. 软科学,
　　25 (1): 67-70,74.
范群林, 邵云飞, 唐小我. 2012. 中国汽车产业环境技术创新影响因素实证研究[J]. 管理学报,
　　9 (9): 1323-1329.
傅家骥, 姜彦福, 雷家啸. 1992. 技术创新[M]. 北京: 企业管理出版社.
傅京燕, 李丽莎. 2010. FDI、环境规制与污染避难所效应——基于中国省级数据的经验分析[J].
　　公共管理学报, (3): 65-74.
高大伟, 姚奕, 仵雁鹏. 2010. 基于投影寻踪分类模型的各地区节能降耗评价研究[J]. 数理统计
　　与管理, 29 (3): 391-399.
葛晓梅, 王京芳, 薛斌. 2005. 促进中小企业绿色技术创新的对策研究[J]. 科学学与科学技术管
　　理, (12): 87-91.
顾雅洁. 2009. 基于技术体制视角的产业技术创新问题研究[D].天津大学博士学位论文.
郭斌. 1999. 企业产品创新与工艺创新的交互过程及模式研究[J]. 科技管理研究, (6): 51-55.
国家统计局社会和科技统计司. 2008. 2007 年全国工业企业创新调查统计资料[M]. 北京: 中国
　　统计出版社.
国家统计局. 2010a. 工业企业科技活动统计资料[M]. 北京: 中国统计出版社.
国家统计局. 2010b. 中国统计年鉴 2010[M]. 北京: 中国统计出版社.
郭蓉, 余宇新. 2011. 中小企业创新投入的技术体制地区差异性研究——以我国制造业中小企业
　　的调研数据为例[J]. 科学学与科学技术管理, 32 (6): 65-71.
何洁. 2000. 外国直接投资对中国工业部门外溢效应的进一步精确量化[J]. 世界经济, (12):
　　29-36.
何艳. 2007. 外资对中国经济的影响: 基于来源地差异视角[J]. 财贸研究, (4): 12-16.
洪燕云. 2001. 实施绿色工程, 创建绿色企业[J]. 数量经济技术经济研究, (3): 30-32.
华锦阳. 2011. 制造业低碳技术创新的动力源探究及其政策涵义[J]. 科研管理, 32 (6): 42-47.
华振, Cheng C C, Shiu E C. 2011. 中国绿色创新绩效研究——与东北三省的比较分析[J]. 技术
　　经济, 30 (7): 30-34.
黄静. 2006. 影响 FDI 技术外溢效果的因素分析——基于吸收能力的研究[J]. 世界经济研究,
　　(8): 60-66.
黄静. 2007. 吸收能力对 FDI 技术外溢的影响——基于工业层面及生产力非参数估计方法的研
　　究[J]. 财贸经济, (5): 26-32.
侯铁珊, 苏振东. 2004. 绿色壁垒引致出口产业链技术创新效应研究[J]. 科学学研究, (4):
　　376-381.
姜付秀, 刘志彪. 2005. 行业特征、资本结构与产品市场竞争[J]. 管理世界, (10): 74-81.
姜永生. 2011. 面向全面小康社会的城市居住水平发展评价研究[D]. 哈尔滨工业大学博士学位论文.
蒋殿春, 张宇. 2008. 经济转型与外商直接投资技术溢出效应[J]. 经济研究, (7): 26-38.
焦俊, 李垣. 2011.基于联盟的企业绿色战略导向与绿色创新[J]. 研究与发展管理, 23 (1): 84-89.
焦少飞, 张炜, 杨选良. 2010. 技术体制、研发努力与创新绩效: 来自中国制造业的证据[J]. 中
　　国软科学, (5): 37-44.
金菊良, 刘永芳, 丁晶, 等. 2004. 投影寻踪模型在水资源工程方案优选中的应用[J]. 系统工程
　　理论方法应用, 13 (1): 81-84.

阚大学，罗良文. 2010. 对外贸易及 FDI 对我国人力资本效率的影响——基于省级面板数据[J].
　　国际经贸探索，（6）：61-65.
肯伍德 A，洛赫德 A. 1997. 国际经济的成长：1820—1990[M]. 王春法译.北京：经济科学出版社.
匡王番. 2008. 创意产业的就业效应[D].湖南大学硕士学位论文.
赖明勇，包群，阳小晓. 2002. 我国外商直接投资吸收能力研究[J]. 南开经济研究，（3）：45-50.
李柏洲，苏屹. 2011. 大型企业原始创新模式选择研究[J]. 中国软科学，（12）：120-127.
李斌，彭星，陈柱华. 2011. 环境规制、FDI 与中国治污技术创新——基于省际动态面板数据的
　　分析[J]. 财经研究，（10）：92-102.
李成刚. 2008. FDI 对我国技术创新的溢出效应研究[D]. 浙江大学博士学位论文.
李传军. 2003. 企业技术创新过程理论及持续创新问题的研究[D]. 合肥工业大学硕士学位论文.
李东阳. 2002. 国际直接投资与经济发展[D]. 东北财经大学博士学位论文.
李国良，李忠富，付强. 2011. 基于投影寻踪模型的企业绩效评价研究[J]. 运筹与管理，（4）：
　　170-175.
李海萍，向刚，高忠仕，等.2005. 中国制造业绿色创新的环境效益向企业经济效益转换的制度
　　条件初探[J]. 科研管理，26（2）：46-49.
李蕊. 2003. 跨国并购的技术寻求动因解析[J]. 世界经济，（2）：19-24.
李婉红. 2011. 信息化条件下制造业企业工艺创新机制系统研究[D]. 哈尔滨工程大学博士学位论文.
梁永强. 2010. FDI 流入对中国内资企业的溢出效应[D].南开大学博士学位论文.
林德特 P H，金德尔伯格 C P. 1985. 国际经济学[M]. 谢树森，沈锦昶，常勋译. 上海：上海译
　　文出版社.
刘刚. 2015. 我国制造业绿色创新系统动力因素与绿色创新模式研究[D]. 哈尔滨工程大学博士
　　学位论文.
刘宏程，仝允桓. 2010. 产业创新网络与企业创新路径的共同演化研究：中外 PC 厂商的比较[J].
　　科学学与科学技术管理，（2）：72-76.
刘慧，陈光. 2004. 企业绿色技术创新：一种科学发展观[J]. 科学学与科学技术管理，25（8）：
　　82-85.
刘岩，蔡虹，向希尧. 2015. 企业技术知识基础多元度对创新绩效的影响——基于中国电子信息
　　企业的实证分析[J]. 科研管理，36（5）：1-9.
刘志彪，姜付秀，卢二坡. 2003. 资本结构与产品市场竞争强度[J]. 经济研究，（7）：60-67.
隆娟洁，陈治亚. 2009. 不同来源地 FDI 的技术溢出效应——基于行业面板数据的实证研究[J].
　　中国科技论坛，（8）：72-76.
卢建波，王颖，伦学廷. 2003. 我国中小企业工艺创新中存在的问题及对策分析[J]. 技术经济与
　　管理研究，4：47-48.
陆小成. 2011. 区域低碳创新系统综合评价实证研究——以中部六省为例[J]. 科学学与科学技
　　术管理，32（7）：52-57.
陆旸. 2010-05-04. 出口导向型 FDI 将生产环节的污染留在中国[N]. 中国社会科学报，第 9 版.
罗良文，阚大学. 2009. 外商直接投资对人力资本结构影响的实证研究——基于省级面板数据
　　[J]. 中南财经政法大学学报，（4）：41-46.
吕燕，王伟强. 1994. 企业绿色技术创新研究[J]. 科学管理研究，12（4）：46-48.
吕燕，蔡宁. 1998. 生态技术创新选择环境的探讨[J]. 科研管理，19（2）：38-43.

吕燕，王伟强，许庆瑞. 1994. 绿色技术创新：21 世纪企业发展的机遇与挑战[J]. 科学管理研究，12（6）：10-14.

马丽，刘卫东，刘毅. 2003. 外商投资对地区资源环境影响的机制分析[J]. 中国软科学，（10）：129-132.

孟亮，宣国良. 2005. FDI 技术溢出效应理论研究述评[J]. 生产力研究，（9）：222-224.

潘安成. 2008. 基于知识创新的企业成长内在机理模型研究[J]. 中国管理科学，16（4）：170-174.

潘文卿. 2003. 外商投资对中国工业部门的外溢效应：基于面板数据的分析[J]. 世界经济，（6）：3-7.

彭新敏，吴晓波，吴东. 2011. 基于二次创新动态过程的企业网络与组织学习平衡模式演化——海天 1971～2010 年纵向案例研究[J]. 管理世界，（4）：138-166.

秦夼. 2008. 跨国公司研发国际化的方式与对中国的启示[D].北京师范大学硕士学位论文.

曲晶. 2010. 制造业企业绿色工艺创新运行机制及过程控制分析[D].哈尔滨工程大学硕士学位论文.

任耀，牛冲槐，牛彤，等. 2014. 绿色创新效率的理论模型与实证研究[J]. 管理世界，（7）：176-177.

沈坤荣，孙文杰. 2009. 市场竞争、技术溢出与内资企业 R&D 效率——基于行业层面的实证研究[J]. 管理世界，（1）：38-48.

史晋川，赵自芳. 2007. 所有制约束与要素价格扭曲——基于中国工业行业数据的实证分析[J]. 统计研究，24（6）：42-47.

宋马林，王舒鸿，汝慧萍，等. 2010. 基于省际面板数据的 FDI 绿色创新能力统计分析[J]. 中国软科学，（5）：143-151.

苏屹，李柏洲. 2013. 基于随机前沿的区域创新系统创新绩效分析[J]. 系统工程学报，28（1）：126-133.

隋俊. 2015. 跨国公司技术转移对制造业绿色创新系统创新绩效的影响[D]. 哈尔滨理工大学博士学位论文.

孙冰. 2003. 企业技术创新动力研究[D]. 哈尔滨工程大学博士学位论文.

孙青春. 2008. 企业可持续创新的实现机理研究[D]. 昆明理工大学博士学位论文.

孙青春，向刚，孙红兵. 2008. 中国企业可持续创新驱动模式探析[J]. 科技进步与对策，25（4）：59-62.

孙少勤，邱斌. 2010. 制度因素对中国制造业 FDI 技术溢出效应的影响研究[J]. 世界经济与政治论坛，（2）：23-33.

孙玮. 2011. FDI 质量特征对高技术产业自主创新效率影响的研究[D].哈尔滨工业大学博士学位论文.

田红娜. 2012. 基于动力源的制造业绿色工艺创新模式研究[J]. 学习与探索，（8）：116-118.

仝允桓，陈晓鹏. 2010. 企业面向低收入群体的可持续创新[J]. 中国人口资源与环境，20（6）：125-130.

童昕，陈天鸣. 2007. 全球环境管制与绿色创新扩散——深圳、东莞电子制造企业调查[J]. 中国软科学，（9）：69-76.

汪波，杨尊森，刘凌云. 2000. 基于生命周期的绿色产品开发设计及绿色性评价[J]. 中国软科学，（10）：101-104.

汪涛，叶元煦. 1998. 政府激励企业环境技术创新的初步研究[J]. 中国人口资源与环境，（1）：77-80.

王炳成，李洪伟. 2009. 绿色产品创新影响因素的结构方程模型实证分析[J]. 中国人口资源与环境，19（5）：168-174.

王方瑞. 2008. 我国企业自主创新路径研究[D]. 浙江大学博士学位论文.

王国印，王动. 2011. 波特假说、环境规制与企业技术创新——对中东部地区的比较分析[J]. 中国软科学，（1）：100-112.

王红领，李稻葵，冯俊新. 2006. FDI与自主研发：基于行业数据的经验研究[J]. 经济研究，（2）：44-55.

王建明，陈红喜，余建. 2009. 循环经济产业价值链测度的实证研究——以江苏板块上市公司为例[J]. 科学学与科学技术管理，（10）：118-122.

王建明，陈红喜，袁瑜. 2010. 企业绿色创新活动的中介效应实证[J]. 中国人口资源与环境，20（6）：111-117.

王俊豪，李云雁. 2009. 民营企业应对环境管制的战略导向与创新行为——基于浙江纺织行业调查的实证分析[J]. 中国工业经济，（9）：16-26.

王林佳. 2007. 绿地投资与跨国并购的比较研究[J]. 商场现代化，（17）：184-185.

王林生. 2000. 跨国并购与中国外资政策[J]. 世界经济，（7）：3-7.

王然，燕波，邓伟根. 2010. FDI对我国工业自主创新能力的影响及机制——基于产业关联的视角[J]. 中国工业经济，（11）：16-24.

王伟光，马胜利，姜博. 2015. 高技术产业创新驱动中低技术产业增长的影响因素研究 [J]. 中国工业经济，（3）：70-82.

王伟强，许庆瑞. 1993. 企业工艺创新的源与模式研究[J]. 科研管理，（5）：48-54.

王希，徐慧玲. 2008. 资本结构与产品市场竞争之间的交互作用研究[J]. 管理科学，21（5）：19-26.

王向阳. 2009. FDI技术溢出对高技术企业技术创新的影响研究[D].吉林大学博士学位论文.

王欣，陈丽珍. 2008. 外商直接投资、前后向关联与技术溢出——基于江苏制造业面板数据的经验研究[J]. 数量经济技术经济研究，25（11）：85-97.

文丰，王玉. 2006. 企业持续技术创新的路径及传导机理[J]. 经济管理，（7）：39-44.

吴贵生.2000. 技术创新管理[M]. 北京：清华大学出版社.

吴建军，仇怡. 2007. 我国R&D存量对国际贸易技术扩散效应的影响研究[J]. 科学管理研究，25（5）：99-101.

吴琨，赵顺龙. 2011. 企业可持续创新能力评价研究——基于ANP方法[J]. 技术经济与管理研究，（12）：3-8.

吴雷. 2009. 基于DEA方法的企业生态技术创新绩效评价研究[J]. 科技进步与对策，（18）：114-117.

吴晓波. 1995. 二次创新的进化过程[J]. 科研管理，16（2）：27-35.

吴晓波，杨发明. 1996. 绿色技术的创新与扩散[J]. 科研管理，17（1）：38-41.

吴晓波，黄娟. 2007. 技术体制对FDI溢出效应的影响：基于中国制造业的计量分析[J]. 科研管理，28（5）：18-24，51.

吴晓波，黄娟，郑素丽. 2005. 从技术差距、吸收能力看FDI与中国的技术追赶[J]. 科学学研究，23（3）：347-351.

吴晓波，马如飞，毛茜敏. 2009. 基于二次创新动态过程的组织学习模式演进——杭氧1996～2008纵向案例研究[J]. 管理世界，（2）：152-164.

向刚，段云龙. 2007. 基于制度结构的绿色持续创新动力机制研究[J]. 科技进步与对策，24（12）：118-120.

肖德云，王恕立，朱金生. 2007. 武汉市 FDI 的技术溢出绩效实证研究[J]. 科研管理，28（2）：173-179.

肖璐. 2010. FDI 与发展中东道国环境规制的关系研究[D].江西财经大学博士学位论文.

小岛清. 1997. 对外贸易论[M]. 天津：南开大学出版社.

谢和平. 2010. 发展低碳技术推进绿色经济[J]. 中国能源，32（9）：5-10.

徐侠. 2007. 外商直接投资对中国高技术产业自主创新的影响研究[D]. 南京航空航天大学博士学位论文.

徐啸琼，刘月华. 2006. 自主研发创新制胜——跨国公司研发全球化对我国企业的利弊分析及对策[J]. 科技进步与对策，（2）：14-16.

许梅. 2007. 加工贸易方式下的 FDI 技术溢出[D].苏州大学博士学位论文.

许庆瑞，王伟强. 1995. 中国企业环境技术创新研究[J]. 中国软科学，（5）：16-20.

许蔚. 2008. 基于后向关联分析的 FDI 技术溢出效应研究[J]. 世界经济研究，（7）：60-64.

严兵. 2005. "以竞争换技术"战略与外资溢出效应——基于我国工业部门相关数据的分析[J]. 财贸经济，（1）：18-22.

燕安，黄武俊. 2010. FDI、人力资本与我国技术水平提升——基于 DEA 与 VAR 的实证分析[J]. 财经科学，（2）：92-98.

杨发明，吕燕. 1998. 绿色技术创新的组合激励研究[J]. 科研管理，19（1）：40-44.

杨发明，许庆瑞，吕燕. 1997. 绿色技术创新功能源研究[J]. 科研管理，18（3）：56-61.

杨发明，魏江，陈劲，等. 1998. 基于信息过程的绿色技术创新模式研究[J]. 环境导报，（6）：28-32.

杨帆，梁巧梅. 2013. 中国国际贸易中的碳足迹核算[J]. 管理学报，10（2）：288-292.

杨亚平. 2008. 基于后向关联的 FDI 技术溢出研究——以广东为例[D]. 暨南大学博士学位论文.

姚平，梁静国，陈培友. 2008. 煤炭城市人口—资源—经济—环境系统协调发展测度与评价[J]. 运筹与管理，17（5）：160-166.

姚树洁，冯根福，韦开蕾. 2006. 外商直接投资和经济增长的关系研究[J]. 经济研究，（12）：35-46.

姚维保. 2005. 我国生物技术与新医药产业专利保护：现状、问题与可持续创新战略[J]. 科技管理研究，25（9）：20-23.

姚战琪. 2007. 不同外国资本跨国公司在华投资的动机、行为与表现[J]. 财贸经济，（5）：18-25.

叶阿次. 2010. 在华跨国公司全球一体化与本土化战略的决定因素及其对绩效的影响[D]. 复旦大学博士学位论文.

叶川. 2006. 外商直接投资激励政策协调研究[D]. 华中师范大学硕士学位论文.

叶子青，钟书华. 2003. 欧盟的绿色技术创新[J]. 中国人口资源与环境，13（6）：113-115.

原正行. 1995.海外直接投资论[M]. 封小云译.广州：暨南大学出版社.

张建华，欧阳轶雯. 2003. 外商直接投资、技术外溢与经济增长——对广东数据的实证分析[J]. 经济学季刊，2（2）：647-666.

张静. 2010. 全球化背景下跨国公司伦理沟通研究——以西方跨国公司在中国的经历为例[D].上海外国语大学博士学位论文.

张磊. 2010. 外商直接投资中国制造业的效应与决定因素研究[D]. 中国社会科学院研究生院博士学位论文.

张目. 2010. 高技术企业信用风险影响因素及评价方法研究[D].电子科技大学博士学位论文.

张目，周宗放. 2011. 基于投影寻踪和最优分割的企业信用评级模型[J]. 运筹与管理，（6）：226-231.

张欣莉，王顺久，丁晶. 2002. 投影寻踪方法在工程环境影响评价中的应用[J]. 系统工程理论与实践，（6）：131-134.

张学刚，钟茂初. 2010. 外商直接投资与环境污染——基于联立方程的实证研究[J]. 财经科学，（10）：110-117.

张玉明，段升森. 2012. 区域低碳技术创新能力评价模型研究[J]. 统计与信息论坛，27(9)：32-38.

张云龙. 2006. 技术体制对行业技术创新活动影响的研究[D]. 浙江大学硕士学位论文.

赵颖，戴淑芬. 2005. 意大利模式对促进我国家族企业技术创新的启示[J]. 现代管理科学，（6）：61-62.

赵娜. 2008. 加强跨国并购在华的规制[J]. 黑龙江对外经贸，（6）：64-65.

赵荣钦，黄贤金，钟太洋. 2010. 中国不同产业空间的碳排放强度与碳足迹分析[J]. 地理学报，65（9）：1048-1057.

赵细康. 2004. 环境政策对技术创新的影响[J]. 中国地质大学学报（社会科学版），4（1）：24-28.

赵细康. 2006. 引导绿色创新——技术创新导向的环境政策研究[M]. 北京：经济科学出版社.

赵玉林. 2006. 创新经济学[M]. 北京：中国经济出版社.

郑月明. 2008. 利用外商直接投资与中国外资政策调整[D]. 华中科技大学博士学位论文.

郑长娟. 2004. 服务业外商投资进入模式与中国服务业发展研究[D]. 哈尔滨工程大学博士学位论文.

中国科学院可持续发展战略研究组. 2010.中国可持续发展战略研究报告 2010——绿色发展与创新[M]. 北京：科学出版社.

周晨. 2011. FDI 影响技术创新中间传导环节的实证分析——基于苏州地区 1995-2008 年的数据[J]. 管理评论，23（3）：11-20，38.

周五七，聂鸣. 2011. 中国低碳技术创新企业专利战略研究[J]. 情报杂志，30（6）：20-24.

周杨. 2011. 科技成果转化视角的高校知识生产力研究[D]. 浙江大学博士学位论文.

朱华兵，龚江洪. 2009. 不同来源地外资对中国技术进步影响的实证分析[J]. 科技进步与对策，26（11）：41-44.

Abernathy W J, Utterback J M. 1975. A dynamic model of process and product innovation[J].The International of Management Science, 3：639-656.

Abernathy W J, Utterback J M. 1978. Patterns of industrial innovation[J]. Technology Review, 7（80）：40-47.

Ahuja G, Katila R. 2001. Technological acquisitions and the innovation performance of acquiring firms：a longitudinal study[J]. Strategic Management Journal,（22）：197-220.

Aitken B J, Harrison A E. 1999. Do domestic firms benefit from direct foreign investment? Evidence from Venezuela[J]. American Economic Review, 89（3）：605-618.

Arundel A, Kemp R, Parto S. 2007. Indicators for environmental innovation：what and how to measure[J]. International Handbook on Environmental Technology Management,（1）：324-339.

Albornoz F, Cole M A, Elliott R J R, et al. 2009. In search of environmental spillovers[J]. The World Economy, 32（1）：136-163.

Andonova L B. 2003. Openness and the environment in central and Eastern Europe：can trade and foreign investment stimulate better environmental management in enterprises?[J]. The Journal of Environment Development, 12（2）：177-204

Andreoni J, Levinson A. 2001. The simple analytics of the environmental kuznets curve[J]. Journal of Public Economies, 80 (2): 269-286.

Arrow K J. 1962. The economics implications of learning by doing[J]. The Review of Economic Studies, 39 (3): 155-173.

Baumol W J. 2002. The Free-Market Innovation Machine: Analyzing the Growth Miracle of Capitalism[M]. Princeton: Princeton University Press.

Barrios S, Görg H, Strobl E. 2005. Foreign direct investment, competition and industrial development in the host country[J]. European Economic Review, 49 (7): 1761-1784.

Behrman J N, Wallender H W. 1976. Transfer of Manufacturing Technology Within Multinational Enterprises[M]. Cambridge: Publishing Company.

Bigoness W J, Perreault Jr W D. 1981. A conceptual paradigm and approach for the study of innovators[J]. Academy of Management Foumal, 24: 68-82.

Blalock G, Gertler P J. 2003. Technology from foreign direct investment and welfare gains through the supply chain[R]. Working Paper, Department of Applied Economics and Management, Cornell University.

Blomström M. 1986. Foreign investment and productive efficiency: the case of Mexico[J]. Journal of Industrial Economics, 35 (1): 97-110

Blomström M. 1988. Labor productivity differences between foreign and domestic firms in Mexico [J]. World Development, 16 (11): 1295-1298.

Blomström M, Kokko A.1996. The impact of foreign investment on host countries: a review of the empirical evidence[R]. World Bank Policy Research Working Paper.

Blomström M, Kokko A. 1998. Multinational corporations and spillovers[J]. Journal of Economic Surveys, 12 (3): 247-277.

Blomström M, Persson H. 1983. Foreign investment and spillover efficiency in an underdeveloped economy: evidence from the Mexican manufacturing industry[J]. World Development, 11 (6): 493-501.

Borensztein E, Gregorio J D, Lee J W. 1998. How does foreign direct investment affect economic growth?[J]. Journal of International Economics, 45 (1): 115-135.

Braun E, David W. 1994. Regulation as a means for the social control of technology[J]. Technology Analysis and Strategic Management, 6 (3): 259-273.

Buckley P, Casson M.1976. The Future of the Multinational Enterprises[M]. London: Holmes and Meier.

Carrión-Flores C E, Innes R. 2010. Environmental innovation and environmental performance [J]. Journal of Environmental Economics and Management, 59 (1): 27-42.

Castellani D, Zanfei A. 2007. Multinational companies and productivity spillovers:is there a specification error?[J]. Applied Economics Letters, 14 (14): 1047-1051.

Caves R E. 1971. International corporations: the industrial economics of foreign investment[J]. Economica, 38 (149): 1-27.

Caves R E. 1974. Multinational firms, competition, and productivity in host-country markets[J]. Economica, 41 (162): 176-193.

Chen Y S, Lai S B, Wen C T. 2006. The influence of green innovation performance on corporate advantage in Taiwan[J]. Journal of Business Ethics，（4）：331-339.

Chesbrough H. 2003. The logic of open innovation：managing intellectual property[J]. California Management Review，45（3）：33-58.

Chiou T Y，Chan H K，Lettice F，et al. 2011. The influence of greening the suppliers and green innovation on environmental performance and competitive advantage in Taiwan[J]. Transportation Research Part E，47（6）：822-836.

Chudnovsky D，Pupato G. 2005. Environmental management and innovation in Argentine industry：determinants and policy implications[R]. CENIT Working Paper，mimeo. Buenos Aires.

Cleff T，Rennings K. 1999. Determinants of environmental product and process innovation[J]. European Environment，9（5）：191-201.

Coe D T，Helpman E.1995. International R&D spillovers[J]. European Economic Review，39（5）：859-887.

Cokden W M. 1967. Protection and foreign investment[J]. Economic Record，43（2）：209-232.

Cole M A，Elliott R J R，Zhang J. 2009. Corruption，governance and FDI location in China：a province-level analysis[J]. Journal of Development Studies，45（9）：1494-1512.

Crespi G，Criscuolo C，Haskel J. 2008. Productivity，exporting，and the learning-by-exporting hypothesis：direct evidence from UK firms[J]. Canadian Journal of Economics/Revue canadienne d'économique，41（2）：619-638.

Cruz-Cázares C，Bayona-Sáez C，García-Marco T. 2013. You can't manage right what you can't measure well：technological innovation efficiency[J]. Research Policy，42（6~7）：1239-1250.

Cunha-e-sá M A，Reis A B. 2007. The optimal timing of adoption of a green technology[J]. Environmental and Resource Economics，36（1）：35-55.

Daft R L A. 1978. Dual-core model of organizational innovation[J]. Academy Management Journal，21：193-210.

Dasgupta P. 1980. Industrial structure and the nature of innovative activity[J]. The Economic Journal，90（358）：266-293.

Davenport T H. 1992. Process Innovation：Reengineering Work through Information Technology[M]. Cambridge：Harvard Business School Press.

Driffield N. 2001. The impact on domestic productivity of inward investment in the UK[J]. The Manchester School，69（1）：103-119.

Dunning J H. 1977. Trade，location of economic activity and the MNE：a search for an eclectic approach[A]// Ohlin B，Hesselborn P O，Wijkman P M. Proceedings of the International Allocation of Economic Activity，F[C]. London：Macmillan.

Dunning J H. 1981. International Production and the Multinational Enterprise[M]. London：Allen & Unwin.

Dunning J H. 1993. Multinational enterprises and the global economy[J]. Journal of International Business Studies，39（7）：1236-1238.

Eiadat Y，Kelly A，Roche F，et al. 2008. Green and competitive? An empirical test of the mediating role of environmental innovation strategy[J]. Journal of World Business，43（2）：131-145.

Engels S V. 2007. Determinants of environmental innovations in the Swiss and German food and beverage industry：what role does environmental regulation play?[D]. ETH ZÜRICH.

Eskeland G S, Harrison A E. 2003. Moving to greener pastures? Multinationals and the pollution haven hypothesis[J]. Journal of Development Economics, 70（1）: 1-23.

Ettile J E, Reza E M. 1992. Organizational integration and process innovation[J]. Academy of Management Journal, 35（4）: 795-827.

Fana C S, Hub Y. 2007. Foreign direct investment and indigenous technological efforts: evidence from China[J]. Economics Letters, 96（2）: 253-258.

Findlay R. 1978. Relative backwardness, direct foreign investment, and the transfer of technology: a simple dynamic model[J]. The Quarterly Journal of Economics, 92（1）: 1-16.

Frondel M, Horbach J, Rennings K. 2007. End-of-pipe or cleaner production? An empirical comparison of environmental innovation decisions across OECD countries[J]. Business Strategy and the Environment, 16（8）: 571-584.

Geffen A C. 1995. Radical innovation in environment technologies the influence federal policy[J]. Science and Public Policy, 22（5）: 313-323.

Girma S, Görg H, Pisu M. 2004. The role of exporting and linkages for productivity spillovers from FDI[R]. University of Nottingham Research Paper, No. 2004/30.

Gittens D. 2006. The effects of foreign direct investment on the accumulation of human capital in developing countries: are there implications for future growth?[D]. PhD. Dissertation, Fordham University.

Globerman S. 1979. Foreign direct investment and "spillover" efficiency benefits in Canadian manufacturing industries[J]. Canadian Journal of Economics, 12（1）: 42-56.

Gong H, Wang X Y. 2004. Measure and evaluation of efficiency of regional technical innovation jiangsu province[J]. Journal of China University of Mining&Technology,（6）: 26-32.

Görg H, Greenaway D. 2001. Foreign direct investment and intra-industry spillovers: a review of the literature[J]. Globalisation and Labour Markets Programme Research Paper, No. 2001/37.

Görg H, Greenaway D. 2004. Much ado about nothing? Do domestic firms really benefit from foreign direct investment?[J]. The World Bank Research Observer, 19（2）: 171-197.

Guana J, Chen K. 2012. Modeling the relative efficiency of national innovation systems[J]. Research Policy, 41（1）: 102-115.

Haddad M, Harrison A. 1993. Are there positive spillovers from direct foreign investment? Evidence from panel data for Morocco[J]. Journal of Development Economics,（42）: 51-74.

Harrison A E. 1994. Productivity, imperfect competition and trade reform: theory and evidence[J]. Journal of International Economics, 36（1~2）: 53-73.

Hellström T. 2007. Dimensions of environmentally sustainable innovation: the structure of eco-innovation concepts[J]. Sustainable Development, 15（3）: 148-159.

Hemmelskamp J.1997. Environmental policy instruments and their effects on innovation[J]. European Planning Studies, 5（2）: 177-194.

Henriques I, Sadorsky P. 2007. Environmental technical and administrative innovations in the Canadian manufacturing industry[J]. Business Strategy and the Environment, 16（2）: 119-132.

Hippel E V. 1998. The Sources of Innovation[M]. New York: Oxford University Press.

Horbach J. 2005. Indicator Systems for Sustainable Innovation[M]. Heidelberg: Physica-Verlag Heidelberg.

Hymer S H. 1960. The International operations of national firms: a study of direct foreign investment[D]. Ph D. Dissertation, MIT.

Imbriani C, Reganati F. 1997. International efficiency spillovers into the Italian manufacturing sector[J]. English Summary, Economia In-ternazionale, 50: 583-595.

Iyigun M. 2006. Clusters of invention, life cycle of technologies and endogenous growth[J]. Journal of Economic Dynamics and Control, 30 (4): 687-719.

Jabbour L, Mucchielli J L. 2007. Technology transfer through vertical linkages: the case of the Spanish manufacturing industry[J]. Journal of Applied Economics, 10 (1): 115-136.

Jamasb T, Nuttall W J, Pollitt M G. 2008. Future Electricity Technologies and Systems[M]. Cambridge: Cambridge University Press.

Javorcik B S. 2004. Does foreign direct investment increase the productivity of domestic firms? In search of spillovers through backward linkages[J]. The American Economic Review, 94 (3): 605-627.

Jenkins R. 1990. Comparing foreign subsidiaries and local firms in LDCS: the oretical issues and empirical evidence[J]. Journal of Development Studies, 26 (2): 205-228.

Konar S, Cohen M. 1997. Information as regulation: the effect of community right to know laws on toxic emissions[J]. Journal of Environmental Economics & Management, 32 (1): 109-124.

Kammerer D. 2009. The Effects of customer benefit and regulation on environmental product innovation: empirical evidence from appliance manufacturers in Germany[J]. Ecological Economics, 68 (8): 2285-2295.

Katz J M. 1969. Production Functions, Foreign Investment and Growth[M]. Amsterdam: North Holland.

Keller W, Yeaple S R. 2003. Multinational enterprises, international trade, and productivity growth: firm-level evidence from the United States[R]. NBER Working Paper No. 9504.

Kim L. 1997. Imitation to Innovation: The Dynamics of Korea's Technological Learning[M]. Boston: Harvard Business School Press.

Kindleberger C P. 1969. American business abroad[J]. The International Executive, 11 (2): 11-12.

Knight G A, Cavusgil S T. 2004. Innovation, organizational capabilities, and the born-global firm[J]. Journal of International Business Studies, 35 (2): 124-141.

Kojima K. 1978. Direct Foreign Investment: A Japanese Model of Multinational Business Operations[M]. London: Croom Helm.

Kokko A. 1994. Technology, market characteristics, and spillovers[J]. Journal of Development Economics, 43 (2): 279-293.

Lall S. 1987. Learning to Industrialize: The Acquisition of Technological Capability by India[M]. London: MacMillan Press.

Landau R, Rosenberg N. 1986. The Positive Sum Strategy: Harnessing Technology for Economic Growth [M]. Washington D C: National Academies Press.

Langdon S. 1981. Multinational Corporations in the Political Economy of Kenya[M]. New York: St. Martin's Press.

Lapan H E, Bardhan P K. 1973. Localized technical progress and the transfer of technology and economic development[J]. Journal of Economic Theory, 6 (6): 585-595.

Laplante B, Rilstone P. 1996. Environmental inspections and emissions of the pulp and paperindustry in Quebec[J]. Journal of Environmental Economics and Management, 31（1）: 19-36.

Lee Y, Kim Y H. 2001. Approximate analysis of roll force in a round-oval-round pass rolling sequence[J]. Journal of Material Processing Technology, 113（1~3）: 124-130.

Lin M J J, Chang C H. 2009. The positive effect of green relationship learning on green innovation performance: the mediation effect of corporate environmental ethics[J]. Portland International Conference on Management of Engineering & Technology, 1（7）: 2341-2348.

Lebel P. 2008. The Role of creative innovation in economic growth: some international comparisons[J]. Journal of Asian Economics, 19（4）: 334-347.

MacDougall G D A. 1960. The Benefits and costs of private investment from abroad: a theoretical approach[J]. Economic Record, 36（73）: 13-35.

Mansfield E, Romeo A. 1980. Technology transfer to overseas subsidiaries by U.S.-based firms[J]. The Quarterly Journal of Economics, 95（4）: 737-750.

McJeon H C, Clarke L, Kyle P, et al. 2011. Technology interactions among low-carbon energy technologies what can we learn from a large number of scenarios?[J]. Energy Economics, 33（4）: 619-631.

Mericana Y, Yusopb Z, Noorc Z M, et al. 2007. Foreign direct investment and the pollution in five ASEAN nations[J]. International Journal of Economics and Management, 1（2）: 245-261.

Mukoyama T. 2003. A theory of technology diffusion[D]. PhD. in Economics, University of Rochester.

Myers S, Marquis D G. 1969. Successful Industrial Innovations: A study of Factors Underlying Innovation in Selected Firms[M]. Washington D C: National Science Foundation.

Nill J, Kemp R. 2009. Evolutionary approaches for sustainable innovation policies: from niche to paradigm [J]. Research Policy, 38（4）: 668-680.

Nicholson M, Biegler T, Brook B W. 2011. How carbon pricing changes the relative competitiveness of low-carbon baseload generating technologies[J]. Energy Economics, 36: 305-313.

Nogareda J S. 2007. Determinants of environmental innovation in the German and Swiss chemical industry: with special consideration of environmental regulation[D]. PhD. Dissertation, University of Zurich.

Nonaka I, Takeuchi H. 1995. The Knowledge-creating Company: How Japanese Companies Foster Creativity and Innovation for Competitive Advantage[M]. New York: Oxford University Press.

OECD. 1997. Oslo Manual: Proposed Guidelines for Collecting and Interpreting Technological Innovation Data[M]. Paris: Eurostat.

OECD. 2007. Oslo Manual: The measurement of Science and Technology Activities（Third edition）[M]. Paris: Eurostat.

Ohtsuki H, Hauert C, Lieberman E, et al. 2006. A simple rule for the evolution of cooperation on graphs and social networks[J]. Nature, 441（7092）: 502-505.

Oltra V, Jean S M. 2009. Sectoral systems of environmental innovation: an application to the French automotive industry [J]. Technological Forecasting and Social Change, 76（4）: 567-583.

Pack H. 1993. Technology gaps between industrial and developing countries: are there dividends for late comers?[A]//Proceedings of the In Proceedings of the World Bank Annual Conference on

Development Economics, F [C]. Washington D C: World Bank.

Papinniemi J. 1999. Creating a model of process innovation for reengineering of business and manufacturing[J]. International Journal of Production Economics, （5）: 95-101.

Park K H, Lee K. 2006. Linking the technological regime to the technological catch-up: analyzing Korea and Taiwan using the US patent data[J]. Industrial and Corporate Change, 15 （4）: 715-753.

Penner-Hahn J, Shaver M. 2005. Does international research and development increase patent output? An analysis of Japanese pharmaceutical firms[J]. Strategic Management Journal, 26 （2）: 121-140.

Perez T. 1998. Multinational Enterprises and Technological Spillovers[M]. Chur: Harwood Academic Publishers.

Porter M E. 1991. America's green strategy [J]. Scientific American, 264 （4）: 168.

Porter M E, van der Linde C. 1995. Toward a new conception of the environment- competitiveness relationship[J]. The Journal of Economic Perspectives, 9 （4）: 97-118.

Quirin S, Jeff T, Tony S, et al. 2008. Electricity without carbon[J]. Nature, 454 （7206）: 816-823.

Rehfeld K M, Rennings K, Ziegler A. 2007. Integrated product policy and environmental product innovations: an empirical analysis[J]. Ecological Economics, 61 （1）: 91-100.

Rennings K. 2000. Redefining innovation — eco-innovation research and the contribution from ecological economics[J]. Ecological Economics, （2）: 319-332.

Rennings K, Ziegler A, Ankele K, et al. 2006. The Influence of different characteristics of the EU environmental management and auditing scheme on technical environmental innovations and economic performanc[J]. Ecological Economics, 57 （1）: 45-59.

Romer P M. 1990. Endogenous technological change[J]. The Journal of Political Economy, 98 （5）: 71-102.

Rugman A M. 1981. Inside the multinationals: the economics of internal markets[J]. Canadian Public Policy, 8 （1）: 64-65.

Schiederig T, Tietze F, Herstatt C. 2012. Green innovation in technology and innovation management—an exploratory literature review[J]. R & D Management, 42 （2）: 180-192.

Schmookler J. 1966. Invention and Economic Growth[M]. Cambridge: Harvard University Press.

Sinani E, Meyer K E. 2004. Spillovers of technology transfer from FDI: the case of Estonia[J]. Journal of Comparative Economics, 32 （3）: 445-466.

Smolny W. 2003. Determinants of innovation behaviour and interstment estimates for west-german manufacturing firms[J]. Economics of Innovation & New Technology, 12 （5）: 449-463.

Teece D J. 1996. Firm organization, industrial structure, and technological innovation[J]. Journal of Economic Behavior & Organization, 31 （2）: 193-224.

Tian X. 2007. Accounting for sources of FDI technology spillovers: evidence from China[J]. Journal of International Business Studies, 38 （1）: 147-159.

Tseng M L, Wang R, Chiu A S F, et al. 2013. Improving performance of green innovation practices under uncertainty[J]. Journal of Cleaner Production, （40）: 71-82.

UNCTAD. 2005. World Investment Report 2005: Transnational Corporations and the Internatio-nalization of R&D[M]. New York and Geneva: United Nations.

Vernon R. 1966. International investment and international trade in the product cycle[J]. The Quarterly Journal of Economics, 80（2）: 190-207.

Vernon R. 1974. The location of economic activity[A]//Dunning J H. Economic Analysis and the Multinational Enterprise[C]. London: Allen and Unwin: 89-114.

Wang E C, Huang W. 2007. Relative efficiency of R&D activities: a cross-country study accounting for environmental factors in the DEA approach[J]. Research Policy, 36（2）: 260-273.

Wang J Y, Blomström M. 1992. Foreign investment and technology transfer: a simple model [J]. European Economic Review, 36（1）: 137-155.

Wells L T. 1983. Third World Multinationals: The Rise of Foreign Investments from Developing Countries[M]. Cambridge: MIT Press.

Young A. 1998. Growth without scale effects[J]. Journal of Political Economy, 106（1）: 41-63.

Young S, Lan P. 1997. Technology transfer to China through foreign direct investment[J]. Regional Studies, 31（7）: 669-679.

Zhong W, Yuan W, Li S X, et al. 2011. The performance evaluation of regional R&D investments in China: an application of DEA based on the first official China economic census data [J]. Omega, 39（4）: 355-447.

Ziegler A, Rennings K. 2004. Determinants of environmental innovations in Germany: do organizational measures matter? A discrete choice analysis at the firm level[R]. ZEW Discussion Paper No. 04-30.

Zukowska-Gagelmann K. 2002. Productivity spillovers from foreign direct investment in Poland [J]. Economics Systems, 24（3）: 223-256.

后　　记

　　在本书的写作过程中，我的导师——毕克新教授给予了悉心指导和无私帮助，值此本书出版之际，谨向毕克新教授致以诚挚的敬意和衷心的感谢！三生有幸，师从毕老师！

　　本书的部分研究内容来源于笔者承担的国家自然科学基金青年项目（71502074）、云南省哲学社会科学规划项目（YB2016014）、昆明理工大学引进人才基金资助项目（KKSY201308100）和昆明理工大学管理与经济学院博士科研启动基金项目（BS2014007），在项目立项、研究过程中得到了许多评审专家、同行评议人和有关管理人员的悉心指导和无私帮助，这对于本书的构思和撰写工作具有重要的启发作用，在此谨向他们表示衷心的感谢！

　　本书从酝酿、策划、整理加工到编辑排版，自始至终得到了科学出版社经管分社的热情鼓励和支持，李莉编辑、刘文娟编辑等的辛勤工作和高度的敬业精神，使我们得到了强有力的帮助，在此表示衷心的感谢。此外，在本书的写作过程中，我们还参考了大量国内外同行专家的相关研究成果，从中得到了许多启示和帮助，在此也向这些成果的完成者表示衷心的感谢。

　　由于绿色工艺创新环境的日渐复杂以及后危机时代的国际经济、科技环境的不断发展和变化，加之本书研究内容广泛、所涉及的知识丰富而又复杂，而我们的学识与经验有限，因此本书难免会存在不足之处，恳请同行专家学者和广大读者对我们的研究工作进行批评指正。

杨朝均

2017 年 1 月于昆明